주식 네 이놈

바닥 신호 이렇게 잡아라
주식 네 이놈 3. 매매 편

초판 1쇄 발행 2024년 2월 29일

지은이 문제룡
그린이 문규정
발행인 박옥분
편 집 권병두
디자인 롬디
마케팅 서선교
도서주문 북스북스 (전화 : 031-942-0420)
　　　　　　　　　 (팩스 : 031-942-0421)

발행처 도서출판 지서연
출판등록 제307-2015-30호
주　소 (02710) 서울시 성북구 정릉로21길 29, 302호
이메일 sunkyo21@naver.com

값 35,000원
ISBN 979-11-977240-2-2 (13320)
Copyright ⓒ 문제룡 2024

* 이 책은 저작권법에 따라 보호받는 저작물이므로 무단전재와 무단복제를 금지하며, 이 책의 내용을 전부 또는 일부를 이용하시려면 반드시 저작권자와 〈도서출판 지서연〉의 서면 동의를 받아야 합니다.
* 잘못된 책은 구입하신 곳에서 바꾸어 드립니다.

> 투자로 인한 손해는 투자자 본인에게 있으며, 본서는 고객의 투자 결과에 대한 법적 책임 소재 관련 증빙 자료로 활용될 수 없습니다.

바닥 신호 이렇게 잡아라

주식 네 이놈

문제롱 지음
문규정 그림

지서연

목차

1부

주식 시장은 계절을 탄다
- 시장 전환기를 읽고 수익을 내는 방법

1. 시장을 이기는 기법은 없다 … **32**
2. 경기 순환 사이클, 어디까지 알고 있나요? … **37**
   - ※ 시장의 내일을 주도하는 섹터를 찾는 데 도움이 되는 자료 : 경기순환시계 … **47**
3. 회복기 직전, 주식 차트는 어떤 그림을 그릴까? … **48**
4. 시장 왜곡 현상 : 하락의 지연 … **54**
5. 징후 : 본격적인 투자가 시작되는 계절 … **64**
6. 금융장세 초입부, 어떻게 공략할까? - 2가지 응용 패턴 … **71**
7. 반등장 확인을 위한 체크 포인트 … **75**
8. 어떤 종목을 공략할까? … **80**
9. 차트만으로 매수 타점 잡기, 언제 살까? … **84**
   - 추세 확인하기 … **85**
   - 매수 타점 … **86**
   - 손절 라인을 지킨다 … **88**
   - 이런 차트의 특징 가운데 하나 : 깊은 하락 … **89**
   - 하락 중 만들어진 박스권에서는 매수 비추 … **90**
   - 분할 매수가 좋다 … **92**
   - 애매한 돌파는 경계한다 … **94**
   - 실전 매수 타점 … **97**
   - 위쪽에 박스권이 있다면 그 아래에서 파는 게 득 … **98**
10. 남의 떡이 커 보이는 시기, 실적장세 … **101**
11. 공기가 차가워지면 옷을 갈아입어야 한다, 역금융장세 … **106**
12. 폭락이 나올 때를 기다려야 할 때, 역실적장세 … **109**

2부

개별 종목 공략법
- 상승 추세로 전환한 종목, 이렇게 찾는다

1장 이런 종목을 공략하라 ❶ 확률 높은 정배열

    1. 상승 추세를 알려주는 징후, 정배열 - 이평선 배열로 찾기   **126**

    2. 확률 높은 정배열 찾기 - 일봉 차트에서 나타나는 특징   **130**

    3. 이평선 배열과 일봉 차트를 결합하면 이렇다 - 경험과 노하우의 영역   **135**
        ※ 왜 정배열이 좋다는 걸까? - 단기 이평선의 반등 현상   **141**

    4. 제2의 [에코프로] 잡기 - 대상승으로 이어지는 정배열 5일선 매매   **143**
        ※ 정배열 5일선 매매의 시점은, 사실 훨씬 이전이다   **156**

2장 이런 종목을 공략하라 ❷ 매수하기 좋은 자리, 가격의 벽

    1. 직관성이 돋보이는 매매법, 가격의 벽   **160**

    2. 가격의 벽, 매수 타점은 어디?   **163**

    3. 가격의 벽, 디테일을 잡아라   **167**

    4. 가격의 벽, 더 큰 그림을 보자   **176**

    5. 응용편 : 가격의 벽으로 단타 매매   **186**
        ※ 지지와 저항을 활용한 또 다른 매매법 : 짝짓기 매매의 2등주 공략법   **198**

3부

저점에서 이런 캔들이 나타났다면
- 방향 전환기에 나타나는 캔들 패턴

1. 하나의 캔들에는 무슨 의미가 담겨 있을까? — **242**
2. 캔들의 결합이 의미를 만든다 - 상승장악형 캔들 조합 — **248**
   ※ 상승/하락장악형, 상승/하락잉태형 캔들을 자동으로 포착하는 방법 — **256**
3. 힘의 응축, 도지형 — **259**
   ※ 힘이 응축되어 있는 캔들 조합 : 적삼병과 흑삼병 — **274**
4. 위치에 따라 의미가 달라지는 또 다른 캔들 조합 — **276**
5. 강한 반등 신호, 음양양 3봉 캔들 — **282**
6. 수십 개의 1분봉이 모여서 추세를 만들 때 — **292**
   ※ 일문일답 - 개별주 매매할 때 시장은 어느 정도 고려해야 할까? — **309**

필독 부록

귀로 들리는 모든 것을 의심하라
- 사적인 추천과 공시, 위험성을 내포한 주식 정보들

시작하며 : 당신이 덥석 물기만을 기다리는 누군가가 있다 ········ **318**

   1. "아무나 받아주는 데가 아니에요." - 초대형 주가조작 사태와 세력의 작전 방법 ········ **321**

   2. 급등 다음에 나타나는 호재 공시 - 개미가 매번 당하는 작전 유형, 공시 ········ **342**

프롤로그

주식시장 환절기 주의보

[환절기] : 계절이 바뀌는 시기. 큰 일교차에 의해 몸이 쉽게 피로해지고 졸음이 몰려오는 경우가 많은 시기이기도 하다. – 나무위키

주식시장이 여름의 한복판을 지날 때는 큰 걱정이 없다. 주가는 일정한 상승 각도를 유지하며 추세를 이어간다. 시장이 겨울의 한복판을 지날 때도 별로 걱정은 없다. 어느 정도 예측이 가능한 하락 추세를 지속하기 때문이다. 지수만 놓고 보면 뜻밖의 급락이나 손실 없이 우리가 늘 활용하던 요소들, 예컨대 차트, 재료, 뉴스, 실적 등을 토대로 매매를 하면 실력만큼 손에 쥐는 게 있는 때다.

그러나 계절이 바뀌는 시기, 즉 환절기가 되면 모든 게 뒤죽박죽이 된다. 환절기는 일교차가 심해, 하루 중에도 급등과 급락을 반복하며 안 그래도 점치기 어려운 지수(index)의 향방을 더욱 오리무중으로 만든다.

환절기를 만드는 건 주식시장을 둘러싼 외부환경의 변화 때문이다. 단타가 스윙 안에 있고, 스윙이 중장기 매매 안에 있으며, 중장기 매매가 지수 안에 있

는 것처럼 지수 역시 더 거대한 존재인 외부환경 안에 놓여 있다. 그 외부환경이 바뀌는 때에 맞춰 주식시장은 환절기를 맞이하게 되고, 차트만으로는 설명하기 어려운 현상들이 벌어지기 시작한다. 하루 중에도 냉탕과 온탕을 오가는 급변이 일어나는데 이때가 깡통을 차는 일이 빈번해지는 때이기도 하다.

2020년 2월 20일이었다. 당시는 코로나에 대한 경각심이 극에 달했을 때였다. 들려오는 소식들도 갈수록 나빠지고 있었다.

각국이 국제선 민항기 입항을 앞다퉈 막자 전 세계 공항이 텅텅 비었다. 국가 간 여행뿐 아니라 각종 공연, 축제, 대학 수업이 줄줄이 취소되었고, 상점과 식당이 일찍 문을 닫았다. 주요 도심의 거리가 한산해졌다. 병원 출입이 통제되었고 화장장이 밤낮없이 풀가동되었다. 사망한 가족의 시신조차 보지 못한 채 서둘러 시신을 매장하는 나라도 생겼다.

중국에서는 새해 인사를 하러 외지에서 찾아온 자식과 친지들을 마을 어귀에서 몽둥이로 패서 쫓아냈다는 소식이 들렸다. 중국 정부는 도시를 넘어 성 단위 격리라는 초유의 봉쇄정책까지 꺼내들었다. 초창기, 코로나 바이러스가 공기 중으로 전파된다는 증거가 없다는 등 여유를 부리던 한국도 뷔페 등 대형 식당의 영업금지령을 내렸다. 그 흔하던 마스크를 못 구해 각국이 마스크 확보 전쟁에 들어갔다. 타국으로 가는 선박에 뛰어들어 마스크를 강탈한 사건이 뉴스를 장식하기도 했다.

세계화 이후 이 정도 규모로 전 세계를 강타한 바이러스는 처음이었다. 백신이 없고, 정체를 모른다는 사실이 세계를 공포에 빠뜨렸다. 그런데 이상했다. 가속화된 세계화가 기약 없이 중단되고 사회 폐쇄라는 극도의 처방을 내리며 지구촌 사회가 반시계 방향으로 퇴보하고 있는데도 주식시장은 나름 분전하며 잘 버티고 있는 것처럼 보였다. 겉으로 보기에는 말이다.

그날 2월 20일, 미국 시장, 일본 시장, 중국 시장의 차트 등을 보던 나는 다음과 같은 글을 카페에 올렸다(이 글은 네이버 카페 〈주식네이놈〉에서 찾아볼 수 있다.).

하락장 시작일 가능성 주의

일본 니케이 차트를 보니 하락이 시작된 것 아닌가 싶습니다. 그동안 사망자가 나오지 않으면서 그나마 선방을 하며 추이를 지켜보는 차트였는데 고점 횡보를 끝내가는 것 아닌가 싶은 의심이 듭니다.

[일본 니케이225 일봉차트] 참고로, 위 차트는 최근에 다시 캡처한 것이고, 카페에 들어가면 장중에 캡처해서 올린 차트를 볼 수 있다. 당시는 장이 진행 중이어서 마지막 일봉 모습이 다르다(아래 차트들도 마찬가지).

중국상해종합지수도 의미 있는 자리까지 올랐습니다. 그 동안의 갭을 다 메워서 이제는 횡보를 하거나 하락하거나 할 가능성이 높은 자리에 왔습니다.

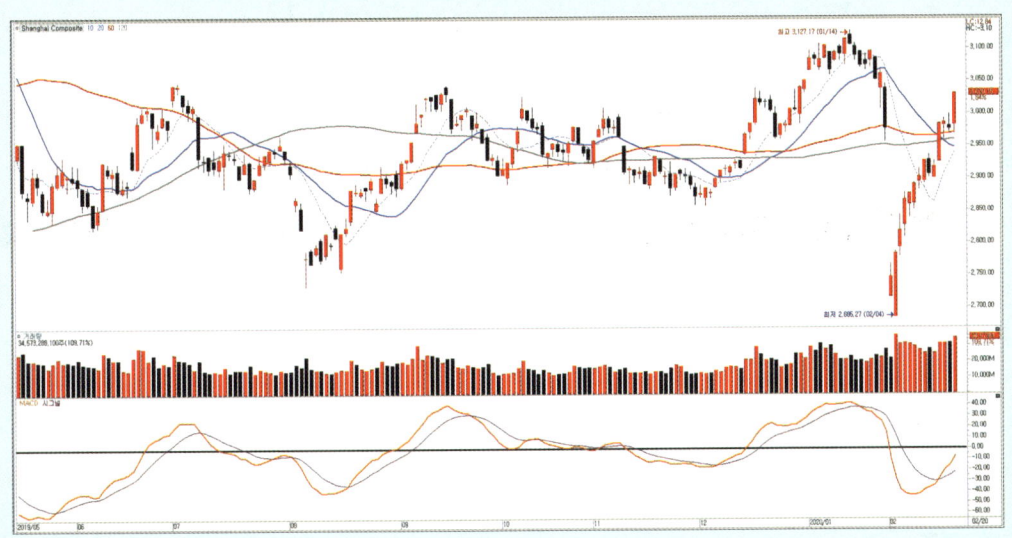

[중국상해종합지수 일봉차트]

우리나라도 심상치 않은 일이 계속 생기고 있습니다. 어제 19명 신규 환자가 발생했고, 신천지 신도 중에서 이상이 있다고 신고한 사람이 90명이라고 합니다. SK하이닉스는 사원 800명을 자가 격리시켰습니다.

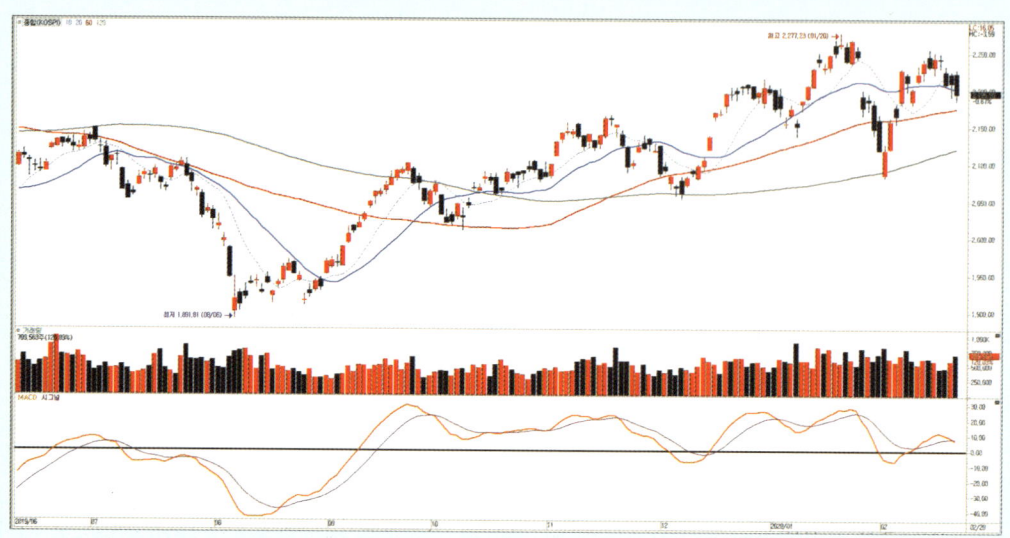

[코스피 일봉차트]

[코스닥 일봉차트]

코스피와 코스닥도 주의를 해야 할 것 같은 모습을 보이고 있습니다. 지수 차트는 완전히 허를 찌르는 움직임이 잘 나오기 때문에 지수 차트를 내가 언급하는 건 무리일 수도 있습니다. 하지만 내가 보는 관점에서는 일본, 중국, 한국 모두 주의해야 하는 차트로 보입니다.

철저하게 주식 매매 관점에서만 본다면, 과거 사스 때 등을 되돌아볼 때 라면 등 생필품 사재기가 발생할 수도 있습니다. 마스크나 기타 질병 관련주들, 생필품 관련주, 온라인 쇼핑몰 등이 얼마간 수혜주가 될 수도 있을 것 같습니다. 생필품 관련주가 뜨는 일은 절대 없었으면 하는 바람입니다.

모쪼록 이 위기를 잘 넘기기를 간절히 기원합니다.

2020-2-20

미미르

폭락장의 시작일 수 있겠다고 판단한 데에는 두 가지 근거가 있다. 하나는 시장을 둘러싼 외부상황이었고, 둘은 고점에서 나타난 횡보 움직임이었다. 위에 소개했던 4개의 지수 차트를 보면 3봉, 혹은 헤드앤숄더(Head&Shoulders)라고 부르는 유명한 패턴이 등장한다. 고점에서 나타나는 세 개의 봉우리(가운데 봉우리가 더 높을 때가 헤드앤숄더 형)는 하락을 예고하는 신호일 때가 많다. 이런 현상이 동북아 3개국에서 동시에 나올 때는 당연히 초국경적인 이슈가 시장을 덮치고 있다고 보는 게 일반적이겠다(실제로는 미국, 유럽 등의 차트에서도 유사한 움직임이 나타났다.). 당시 국제적 이슈란 게 코로나 말고 뭐가 있겠는가. 실제로 이틀 뒤인 2020년 2월 24일 시장은 갭 하락을 시작으로 연일 폭락장을 이어간다.

하락장의 시작에 이어, 바닥장 예측

하락의 시작을 예측하는 것보다 바닥을 예측하는 건 더더욱 어려운 일이 아닐 수 없다. 세계적인 투자자들이 하는 말도 결국은 무릎에서 사서 어깨에 판다는 건데 이 말은 저점은 예측하는 게 아니고 눈으로 확인하면서 시장에 진입해야 한다는 뜻이겠다. 그럼에도 2020년 3월 19일 대폭락을 더 이상 내려갈 데가 없는 대바닥이라고 본 이유는 그게 아니면 1929년 전 세계를 뒤흔든 대공황에 버금가는 사태가 벌어질 것처럼 느껴졌기 때문이다. 시장 파멸이냐, 아니면 반등이냐. 그 기로에서 시장은 공멸을 피하는 길을 택했다고 보인다.

마지막 날 장대음봉을 보면서 나는 '이게 바닥이 아니라면, 도대체 무엇이 바닥일 수 있겠는가' 하는 글을 카페에 올렸다.

이게 바닥이 아니라면, 도대체

이게 바닥이 아니라면 도대체 어떤 장이 바닥이 될 것인지 상상이 안 됩니다. 바닥일 수 있는 모든 형태와 현상이 나타나고 있습니다.

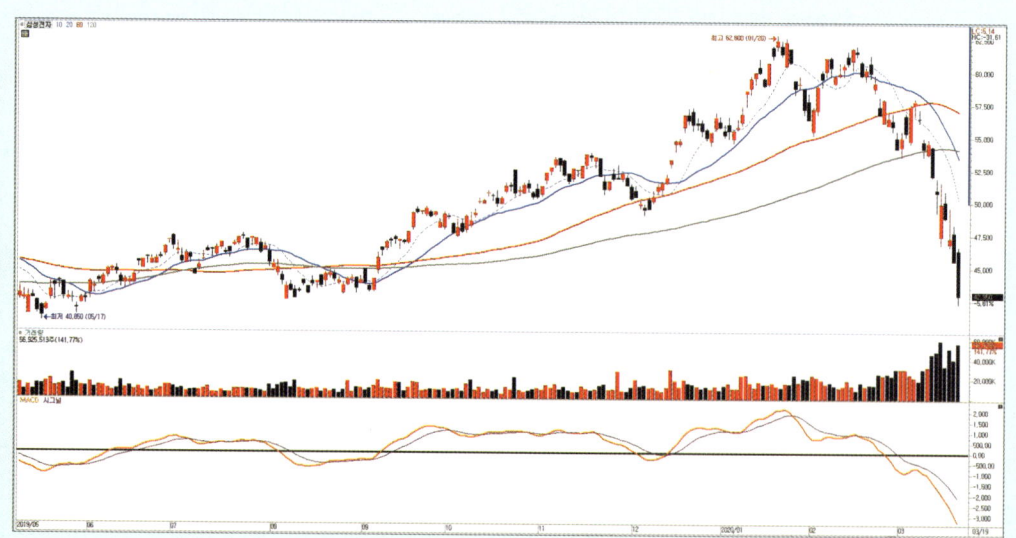

혼자 생각을 적은 겁니다. 이젠 예측이 힘듭니다.

4단 수직 폭락에 매물대, 전 시장이 장대음봉인 초유의 공포장. 이게 바닥이 아니라면 도대체 어떤 장이 바닥이 될 수 있을지 도저히 상상이 안 됩니다.
정말 안타깝습니다. 여기서 더 하락하면 안 되는데요.
보고 있기도 괴롭네요.

2020-3-19
미미르

당시 느꼈던 공포와 당혹감이 지금도 느껴진다. 어쩌면 나는 바닥을 예측한 게 아니고 소원을 빌었던 것인지 모른다. 다만, 차트를 분석하는 관점에서 2020년 3월 19일의 마지막 거대음봉이 이전에 구축되었던 단단한 박스권의 중심부까지 깊게 내려갔기 때문에 이게 '바닥이 되어야 한다'는 생각은 있었다. 만일 이 박스권의 하단마저 깨진다면 우상향 종목의 대표주자인 [삼성전자가 별 볼일 없는 기업체로 전락한다는 뜻이다. 당시 사정을 고려하더라도 그런 일을 상상하기란 쉬운 일이 아니다.

물론 수많은 매체나 주식 전문가들은 최대한 보수적으로 접근하여 시장을 바라보고 있었다. 반등은 쉽지 않을 것이고, 이 늪은 어느 정도의 깊이를 갖고 있는지 모른다… 대다수는 검은 예언자가 되어 불길한 주술만 되뇌고 있었다. 사실 누구라도 이 거대음봉이 떨어진 날을 바닥으로 보기란 쉽지 않았을 것 같다. 그러나 차트에서 답을 찾지 못하면 그 어디서도 답을 찾을 수 없다고 믿고 있는 나는, 물론 100% 차트만 보면서 판단한 것은 아니지만 차트가 보여주는 대로 생각했을 뿐이다. 오히려 차트가 보여주는 현상이 진짜인지 스스로 의심이 들 정도였으니까. 차트는 바닥이라고 말하는데 지금까지 벌어진 기괴한 하락 현상 때문에 판단이 마비되고 있었다. '이젠 예측이 힘듭니다.'라고 적은 글에서 당시 당혹감이 그대로 묻어난다.

긴 텀으로 주식을 바라보는 습관을 만들기 전에는 같은 일이 되풀이 된다

그런데 너무도 잘 알려진 대로, 자칭 주식 천재들을 대거 양산해낸 급등장이 이제부터 열린다. 바닥이라는 것과 급등장은 또 다른 의미일 텐데 도대체 다 죽여 놓고 누가 다시 시작한 것일까? 이 급반등장을 만든 원인에 대해서는 다음 1부에서 설명키로 하고, 여기서는 조금 다른 걸 보려고 한다.

> "초보운전자의 시야 폭은 18도로 측정되었는데, 이는 경력운전자의 92도에 비해 5분의 1 수준이었다. 또한, 초보운전자가 운전 중 좌우를 탐색하는 시간은 전체 주시시간의 8.6%로 경력운전자의 4분의 1 수준(37.2%)에 불과하였다."
> – 현대해상 교통기후환경연구소 <초보운전자 사고감소를 위한 정책방안 연구(2016년)>

찰리 채플린이 그랬다. 인생은 가까이서 보면 비극이지만 멀리서 보면 희극이라고. 인생을 논하고 싶은 생각은 없고, 그의 원근법을 참고하고 싶다. 우리는 종종 시장을 너무 가까이서 바라본다. HTS 화면에 코를 바짝 들이대고 급등 종목을 쳐다보며 침을 흘린다. 그러다 고점에 물려서 사색이 되곤 한다. 자기

뺨을 때리고 싶은 충동을 느낀다. 가까이서 주식시장을 볼 때 우리를 지배하는 건 탐욕과 공포다.

 반면 한 걸음 떨어져서 보면 경력운전자처럼 시야가 92도 넓어지며 다른 감성을 갖게 된다. 코로나, 리먼 브러더스 파산, 카드대란, 미중분쟁, 미연준발 긴축정책 등 시장을 침묵 속에 빠뜨리는 사건들도 결국은 계절의 큰 순환 속에서 벌어지는 잠깐의 겨울일 뿐이라는, 조금은 여유로운 접근이다. 그 겨울이 어떻게 오는지, 어떻게 이 시절을 보내야 하는지 모를 때, 나아가 겨울이 있는지조차 모를 때 우리는 지구가, 세상이 멸망하는 듯한 착각에 빠진다. 그래서 지금부터 우리가 볼 것은 코스피 시장이 개장한 이래 지금껏 흘러왔던 차트다.

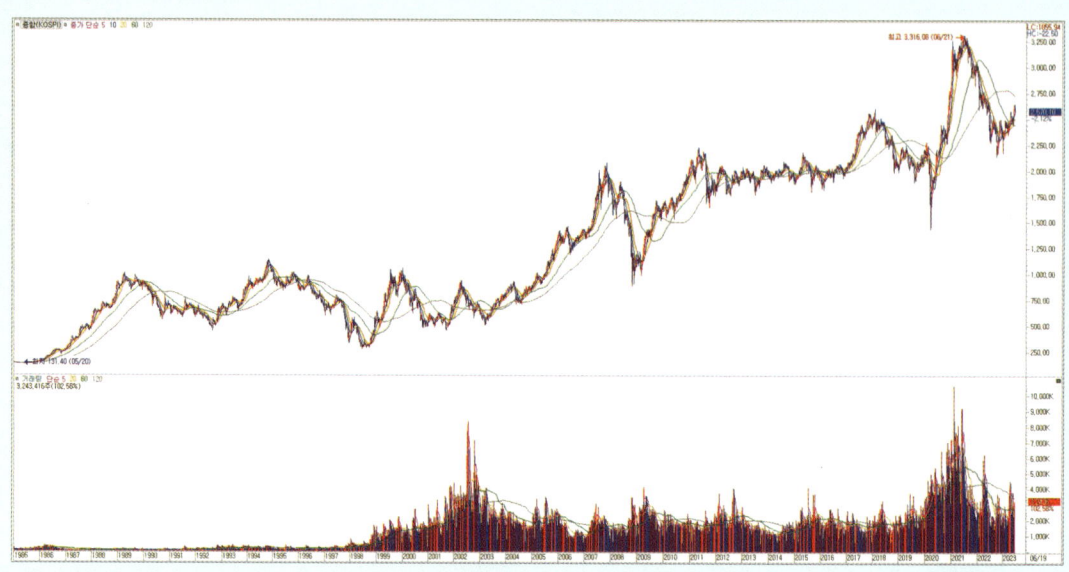

[코스피의 전체 역사가 담긴 주봉 차트] 코스피 개장일부터 지금까지의 주봉 차트다. 일봉이란 하루에 봉이 하나씩 만들어지는 차트고, 주봉이란 일주일에 봉이 하나씩 만들어지는 차트다. 주봉 차트는 비교적 긴 기간의 변화를 보고 싶을 때 쓰는 차트다. 차트를 보며 굴곡의 역사를 음미해 보자.

가까이 코 대고 봤을 때는 보이지 않던 것이 멀찍이 떨어져서 보면 보일 때가 있다. 시장 전체는 우상향을 하고 있다는 점이 하나요, 오르는 시기가 있으면 내리는 시기도 있다는 것이 또 다른 하나다. 조금 더 디테일하게 보자면 급등이 있으면 급락도 있다! 그 둘은 공교롭게도 잘 붙어 다닌다. 그리고 전 고점을 돌파하는 상승이 나오면 연이어 깊은 조정 시기, 즉 하락기가 나타난다는 점도 우리 눈에 들어와야 한다.

너도나도 주식판에 뛰어들던 그 급등기에 나는 어떤 마인드로 시장에 참여하게 되었는지도 되새겨야 한다. 끝없이 오르기만 하는 주식을 보면서, 주식에 처음 관심을 갖게 된 사람도 있다. 자고 일어났더니 시장이 고점을 갱신하고 있으면 마음이 급해져 적금 깨고, 대출 받아 예수금을 마련한다. 이런 시기에는 수익이 쉽게 나고, 설령 물려도 금방 빠져나오니까 자칭 주식 천재들이 탄생한다. 주식이 너무 쉽다. 혹시 내 유전자에 주식 DNA가 있는 건 아닐까 싶은 생각마저 든다. 수익이 난 사람들이 주변에 자랑하고, 매스컴은 연일 상한가 랠리를 보도하면 잠자고 있던 또 다른 이들마저 주식에 눈을 뜨며 대거 시장에 참여한다. 그렇게 시장은 과열되며 다시금 급락의 기회를 엿보는 것이다.

이런 일은 시대가 변해도 항상 반복되어 왔다.

그동안 우리의 시야가 얼마나 좁았는지 알아야 할 때다. 주식 차트를 넓게 보는 것만으로는 조금 부족해 보인다. 다른 것도 같이 보자. 다음은 과거 한국은행 기준금리의 역사가 담긴 그래프다.

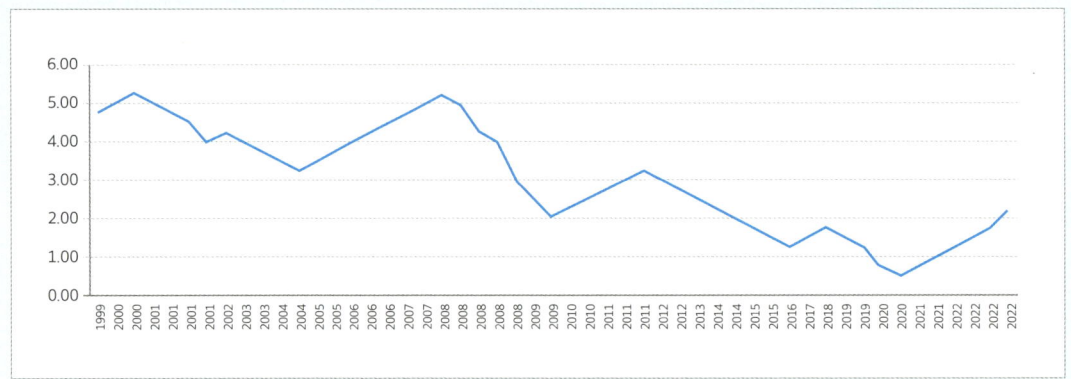

1999년부터 2022년까지 한국은행 기준금리 변화를 나타낸 그래프

1999년부터 2022년까지 코스피 월봉 차트

아래 붙인 건 같은 기간 코스피의 월봉차트다. 둘의 움직임을 비교해 보면 과거에는 같이 움직이는 경향이 컸으나 최근 들어서는 반대로 움직이는 현상이 뚜렷해졌다. 주식을 조금 더 넓은 시야에서 보는 사람들은 이처럼 금리와 주가가 커플링되어 있는지, 디커플링되었는지도 함께 살핀다. 이뿐 아니다. 미국 주식시장과의 동기화, 탈동기화도 주의 깊게 바라보며, 환율이나 채권, 석유값, 선물 시장이나 광물 가격, 나아가 주식 주변 자금까지 시선을 확대하는 사람들도 많다.

개인적으로는 너무 외연을 넓힐 필요는 없고, 얼마든지 차트 안에서 답을 찾을 수 있다고 믿고 있지만 주식 시장에 너무 매몰되면 시야가 좁아지기 마련이다. 때로는 시선을 밖으로 돌릴 때 도리어 주식 차트가 더 객관적이고, 더 여유롭게 관찰될 수 있을 거라고 생각한다.

환절기는 어렵다. 주식시장의 전환기는 누구라도 어렵다. 그러나 큰 그림을 알고 맞이하는 하락장은 더 이상 나를 절망에 빠뜨리는 시장만은 아니겠다. 이 큰 그림을 이해하기 위한 것, 그 그림 안에서 내 계좌를 지키고 수익을 차곡차곡 쌓아가는 방법을 모색하고 내 몸에 장착해 가는 것이 이 책의 목표다.

주식을 바라보는 당신의 눈이 가을 물처럼 깊어지고, 가을 하늘처럼 높아지기를 기원한다.

2024년 1월
〈주식 네 이놈〉 저자 문제룡

주식장의 사계절

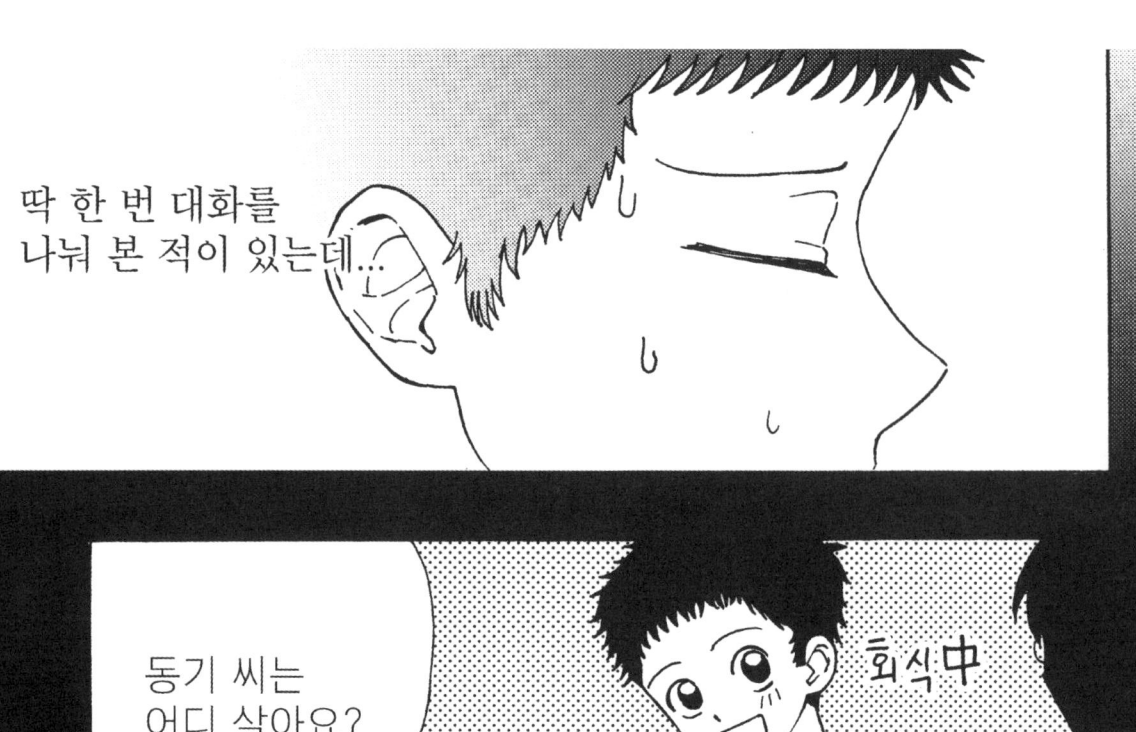

딱 한 번 대화를
나눠 본 적이 있는데...

동기 씨는
어디 살아요?

회식中

비밀입니다

아......

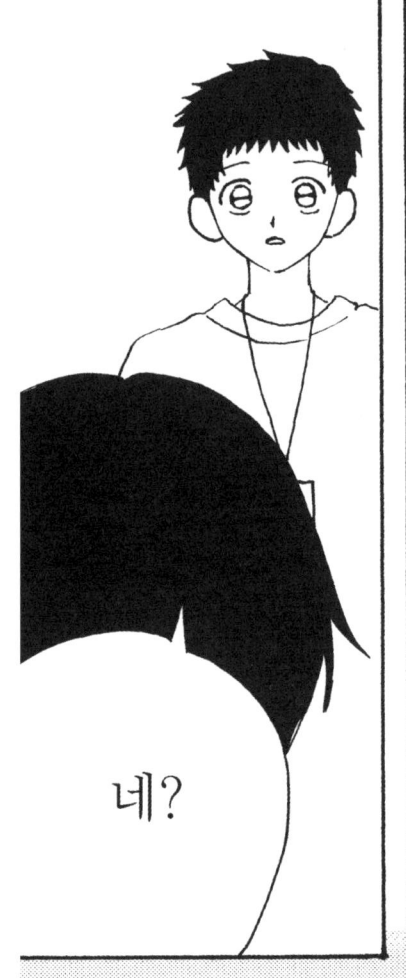

겨울엔 조금씩 반등하고 많이 하락하길 반복하는 주식들만 보이다가

봄에는 갑자기 급등하는 종목들이 자주 나오기 시작해요

이때가 주식을 시작하기 좋은 시기예요

시작을 잘 하면 봄, 여름, 초가을까지 비교적 수익이 쉽게 날 수 있어요

이제부터 설명해 드릴게요 잘 공부해서 따스한 봄날의 햇살을 즐기기 바래요

그러면 봄이 오는지 어떻게 알아요?

주식 얘기를 할 땐 항상 웃고 있네

1부

주식 시장은
계절을 탄다

- 시장 전환기를 읽고 수익을 내는 방법

시장을 이기는 기법은 없다

"아침에 피는 버섯은 한 달이라는 시간을 알지 못하고, 여름에 나고 죽는 쓰르라미는 봄가을과 겨울을 알지 못한다." - 장자

2021년 〈주식 네 이놈〉 카페에 글 하나를 올렸다. 금리는 분명 오르니까 최소 1년 전부터는 대비해야 한다는 내용이었다. 주식은 시장의 급변이 예상되면 3~6개월 전부터 대비해도 대부분 대처가 가능하다. 반면 보다 긴 텀으로 움직이는 부동산은 최소한 1년 전부터 준비해야 한다.

당시는 부동산 혹은 주식에서 미래를 찾는 게 가능한 것처럼 보이던 때다. 마침 금리도 쌌다. 이럴 때 대출받아서 집을 사지 않으면 바보라는 말도 돌았다. 빌라까지 덩달아 뛰니까 부동산 투자의 금기 가운데 하나인 빌라 매매까지 서슴지 않았다.

코인만큼의 화제성은 아니었지만 주식 시장도 마찬가지였다. 2020년 주식 시장이 미친 듯이 오르던 시기에는 살던 아파트를 팔고 전세로 옮기거나 혹은 전세를 월세로 옮긴 뒤 그 차액을 주식에 올인하는 사람들도 있었다.

아무것도 안 하고 가만있는 사람은 패배자가 된다는 '벼락거지론'도 널리 퍼졌다. 조급함이 사람들을 들썩이게 만들었다.

그럴 때였다. 누군가는 경고등을 켜주어야 할 것 같았고, 최소한 우리 카페에 드나드는 분들만이라도 사태의 변화를 예의주시하기 바랐다.

금리 급등은 대단한 예측이 아니었다. 경제의 흐름이 그러했기 때문에 10년 사이클을 여러 차례 살아본 사람이라면 같이 느끼고 있었을 것 같다. 금리 상승이 점쳐지는 상황에서는 부동산 가격도 조정기에 접어들 수밖에 없다. 이미 위기를 느낀 정부는 부동산 담보 대출을 옥죄며 각종 규제를 쏟아내고 있었다.

그런데 사이클 변화에 둔감한 사람들이 생각보다 많았다. 아침에 피는 버섯들과 여름에 태어난 쓰르라미들이다. 내일도 오늘과 다를 것 없는 하루가 이어지리라는 생각에, 마치 해가 영원히 지지 않을 것처럼 똑같이 투자 재테크에 나선다. 과거의 비슷한 사이클에 어떤 변화가 있었는지 경험해보지 못한 사람들은 숫자로 된 모든 것은 우상향을 할 거라는 막연한 기대감에 취한 채 백일몽에 빠졌다. 어스름이 내리면 시장이 잿빛으로 변하리라는 예상을 조금도 하지 못한 채 말이다.

우리는 미래를 알 수 없다. 금방이라도 시장 전체를 태워버릴 것처럼 뜨겁게 타오르는 열기가 어떤 사건을 계기로 차갑게 식어갈지 정확히 예측할 수 없다. 그러나 사이클이 존재한다는 사실은 알고 있다. 변치 않을 것 같은 시장도 오르막과 내리막을 반복한다는 사실을 알고 있다. 사이클이 바뀌는 시기에는 주식 시장을 지배하는 지표들이 추세 변화를 시작하며, 그 지표들의 변화에 따라 주식 시장은 여름에서 가을로, 때로는 가을 없이 바로 겨울로 진입한다.

그런데 많은 사람들이 기법에만 열을 올린다. 지금이 어떤 계절인지 관심 없다. 왜냐하면 우리의 믿음에 기법이란 시간을 초월한 존재이기 때문이다. 기법이 초월적 능력을 가지고 있다고 철석같이 믿을 때, 바로 그때 시장이 돌변한다. 나의 기법은 만능열쇠라고 믿고 있는 탓에 지금 눈앞에서 벌어지는 변화가 그저 일시적 하락일 것이라고 치부한다. 기법에 대한 맹신 탓에 현실을 부정하고 자기 합리화에 빠진다. 그렇게 깊은 나락으로 떨어진다.

그러나 아는 사람은 안다. 기법이란 게 얼마나 유동적인지. 오죽하면 오전에 통하던 매매기법이 오후에는 안 통할까. 그래서 오전에 벌고 오후에 까먹는다는 웃지 못할 얘기까지 일상화되었다.

두더지와 개와 비둘기와 고등어가 달리기 시합을 벌인다. 누가 승자가 될지는 달리는 곳에 달렸다. 만일 내가 들녘을 달려야 한다면 나는 '개'라는 기법으로 승부에 나설 것이다. 만일 내가 땅속을 달려야 한다면 '두더지'라는 기법으로 갈아탈 것이다. 키움증권 실전투자대회에서 우승한 실력자들도 자신의 매매가 잘 통하는 시절을 지나 비수기에 접어들면 깡통을 차기도 한다. 오전에는 승률이 좋지만 오후가 별로임을 아는 트레이더들은 오후를 버린다. 오전보다 오후가 잘 맞는 트레이더들은 오전을 버리고 종가베팅을 한다. 자기가 잘 아는 시간대만 공략하는 것이다. 그들이 대단한 비밀을 알고 있다고 말할 수는 없어도 최소한 시장의 변화상을 알고, 그에 맞게 대응하고 있으므로 트레이더라고 불러도 될 것 같다.

찐 고수는 시장이 익숙하지 않은 얼굴로 나타나면 방어적인 태도를 취한다. 매수 금액을 대폭 줄이고 보수적인 매매로 바꾼다. 수익보다 계좌 사수가 최우선순위에 올라간다. 때가 되어 잘 아는 얼굴이 나타나면 다시 공격적인 투자로 대응할 수 있다는 생각을 갖고 있지만 지금은 잠시 몸을 사린다. 세기의 복서 무하마드 알리의 말대로 헤비급 선수가 로프에 몸을 기대는 것은 아름다운 일이다. 알리는, 그의 경기 가운데 가장 유명했던 '킨샤샤의 기적'에서, 역사상 최고의 펀치력을 뽐내던 24세의 챔프 조지 포먼에 대항하여 로프에 몸을 기대는 방식으로 상대의 폭풍 같은 펀치를 견뎌냈고, 끝내 포먼은 때리다 지친 나머지 알리에게 턱을 내주고 쓰러지고 말았다. 시종일관 자기 펀치력만 믿고 덤비는 포먼이 될 것인가, 때로는 물러설 때도 있어야 함을 아는 알리가 될 것인가.

    시장을 이기는 기법이란 없다. 기법은 마치 바람 앞의 촛불과 같아서 시장 앞에만 서면 작아진다. 그러므로 시장의 흐름을 아는 데서부터 모든 것이 시작되어야 한다. 시장을 아는 자가 기법까지 갖게 되었을 때 그게 우리가 부러워하는 주식 고수의 탄생이다.

기법이란 가위 바위 보와 같다.
내가 가위라는 기법으로 승리하려면
상대가 보를 내야 한다.
내가 바위라는 기법으로 승리하려면
상대가 가위를 내야 한다.
상대가 무슨 패를 들고 있는지
아무런 고려 없이
'남자는 무조건 주먹이야!' 하는 식으로
게임에 임하는 것,
이를 무지성 기법 만능주의라고 한다.

2

경기 순환 사이클,
어디까지 알고 있나요?

낯선 일이 처음 터지면 당황하고 난감하지만 그 상황이 지속되면 당연한 일상이 된다. 비상식의 상식화다. 산전수전 다 겪어본 노장들조차도 감각이 둔해져 변화를 놓치는 경우가 흔하다.

한때 달러 환율이 1,100원에서 1,200원 사이를 장기간 유지한 적이 있다. 1,100원으로 가치가 상승하면 다시 1,200원으로 가치가 하락하고, 반대로 1,200원까지 가치가 떨어지면 환율은 다시 1,100원까지 올랐다. 오르고 내리기가 이처럼 규칙적으로 이루어지다 보니 이 갭을 이용하여 달러에 투자하는 사람들도 나타났다.

이 투자법은, 달러 환율은 절대로 1,100원 밑으로 내려가거나 1,200원을 넘는 일이 벌어질 수 없다는 사실에 근거를 둔다. 그런데 한 걸음 떨어져서 보면 '언제까지 이렇게 투자할 수 있겠어?'라고 생각되는 게 당연하다. 그럼에도 환율 사이클의 붕괴로 손해를 보았다면 그는 내일 없이 오늘에 매몰된 사람이겠다.

나는 젊다고 내일을 모른다고 생각지 않는다. 다만 오늘이 너무 강렬하여 내일을 잊는 것 같다. 우리는 겨울 다음에 봄이 옴을 알고 있다. 뜨거운 한낮이 지나면 선선한 저녁이 찾아오는 것도 안다. 서리를 밟으면 머지않아 얼음이 얼 것을 안다는 뜻의 이상견빙지도 귀에 못이 박히도록 들었다. 변화를 모른다는 건 정말 말이 안 된다.

그런데 주식 시장의 사이클에 대해서는 잘 모르는 분들이 있는 것 같다. 변화에 대응하려면 변화상을 알아야 하는데 어떻게, 어떤 모습으로 변하는지 모른다. 모르면 대응도 안 된다. 얼어붙은 듯 옴짝달싹 못한 채 시장이 날리는 손바닥에 뺨이 얼얼하도록 맞고 서 있는 게 고작이다. 대응을 하려면 변화하는 모습에 대해서도 공부해야 한다.

매스컴에서 '금융장세다, 실적장세다' 하는 말을 들은 적이 있을 것 같다. 나와 무관한 말 같지만 주식 매매를 하는 사람이라면 꼭 알아야 하는 말이다. 왜냐하면 이때 쓰인 '장세'란 시장의 흐름을 의미하며, 사이클을 나타내는 표현이기 때문이다. 실적장세가 끝났다고 하면 시장에서 돈이 빠져나가고 있다는 이미지가 머릿속에 그려져야 한다. 그게 아니면 남들은 다 돈을 뺄 궁리를 하는데 혼자서만 '묻고 따불로' 하고 엉뚱하게 움직인다. 물론 개별 종목이 강세를 보이는 경우도 많으므로 '묻는 것'이 옳은 선택일 수도 있다. 그러나 시장의 흐름을 감안하면 '따불'보다는 '절반'으로 줄이는 것이 지키는 매매가 된다.

시장에는 큰 흐름이 있다. 그 흐름을 설명한 이론 중 가장 많이 인용되는 것 중 하나가 우라가미 구니오의 '주식의 경기 순환 4국면'이다. 별다른 추가 설명 없이도 직감적으로 이해하기 쉽기 때문에 유명한 것 같은 이 이론은, 경기 순환에도 봄여름가을겨울 같은 4개의 국면이 순차적으로 이어진다고 말한다.

얼어붙은 땅이 녹으면서 대지에 '물'이 공급되는 시기인 봄처럼 시장에도 '돈'이 유입되는 시기가 있다. 불경기가 지속되던 어느 날, 이러다 다 죽겠다며 정부에서 돈을 풀기 시작하는 때다. 일명 금융완화 정책이 출범하는 순간인데, 금리가 떨어지며 돈 구하기가 쉬워진다. 시장에 돈이 졸졸졸 들어온다. 수위가 어느 정도 높아지면 돈이 힘을 발휘한다. 주가는 바닥을 찍고 상승세로 변하는데 이를 '금융장세'라고 한다.

① 금융장세

정부에서 인위적으로 돈을 풀고, 그 돈이 시장에 유입되면서 주가가 상승하는 국면이다. 코로나 시절, 미국을 비롯한 세계 각국 정부가 저금리 정책으로 돈을 푼 것도 금융장세다.

이제 정부의 바람대로 시중에 돈이 돌기 시작한다. 국가 경제의 막힌 동맥이 풀린다. 기업의 숨통이 트이고 공장이 24시간 풀가동된다. 일손이 딸리고 취업률이 오른다. 화물트럭이 꼬리를 물고 고속도로를 달린다. 컨테이너박스를 실은 선박이 뱃고동을 울리며 부산하게 항구를 출항한다. 기업들의 영업이익이 작년 동기간 성적을 웃돈다. 각종 생산성 지표들이 보기 좋게 오른다. 어떤 경제학자가 보더라도 활황세를 부정키 어려운 숫자들이다. 금융장세에 이어 다음으로 나타나는 국면은 기업들이 실적을 거두며 주가를 밀어 올리는 '실적장세'다. 기업 성적표가 좋으니까 주가도 연일 상승이다. 코스피, 코스닥이 연일 전고점을 뚫는다.

② 실적장세

기업 활동이 활발해지고, 소비자의 구매력이 높아지면서 각종 경제 지표들이 상승한다. 이런 시기에 주가 역시 같이 오르는데 이를 실적장세라고 한다.

그러다가 언제부턴가 '과열'이라는 단어가 빼꼼 얼굴을 내민다. 주부들의 장

바구니가 신상품으로 가득 차고, 제주도와 일본으로 향하는 비행기가 만석일 무렵이다. 신규 아파트 가격이 사상 최고가에 팔렸다는 소식이 들리고 물가상승률이 심상치 않다는 진단이 나온다. 시중에 돈이 풀려도 단단히 풀렸다. 이런 징후들이 누적되면 정부가 갈퀴를 꺼내든다. 드디어 긴축의 계절이다. 기준금리가 오른다. 은행들의 대출심사가 까다로워진다. 시중에 넘쳐나던 자금이 회수된다. 경기가 한 걸음 후퇴한다. '역금융장세'의 시작이다.

③ 역금융장세

경기가 과열 양상을 보이면 인플레이션에 대한 부담으로 정부가 나서서 찬물을 끼얹기 마련이다. 금리가 오르고 돈의 수위가 낮아진다. '역금융장세'다. 2022년 이후 우리는 역금융장세를 맞이했다.

돈줄이 마르기 시작한다. 기업 실적이 나빠진다. 직원 몇 명 내보내는 것으로 타파할 위기가 아니다. 구조조정에 들어간 곳이 등장한다. 밀린 월세를 내지 못해서 폐업을 신고하는 가게들이 늘어난다. 검정 글씨인 흑자가 빨간 글씨인 적자로 바뀐다. 주가도 맥을 못 춘다. 계단식 하락이라는 말을 실감하게 된다. '역실적장세'다.

④ 역실적장세

주가가 바닥을 기는 장세다. 그러나 달리 보면 바닥을 잡아가는 장세다. 역실적장세의 끝은 대개 급락이라는 형태가 나타나는데 이는 다음 장세로 넘어가는 디딤돌이 된다. 그 징후를 누가 읽느냐가 이 사이클의 승자가 된다.

우라가미 구니오의 이론 말고도 경기를 하나의 주기로 설명하는 이론은 많다. 흔히 경기순환이라고 부르는 것도 이 가운데 하나다. 경기 사이클을 호황-침체-불황-회복처럼 4단계나 혹은 2단계로 설명하는데 학자에 따라 GDP 수치를 통해 각 단계를 구분하기도 한다.

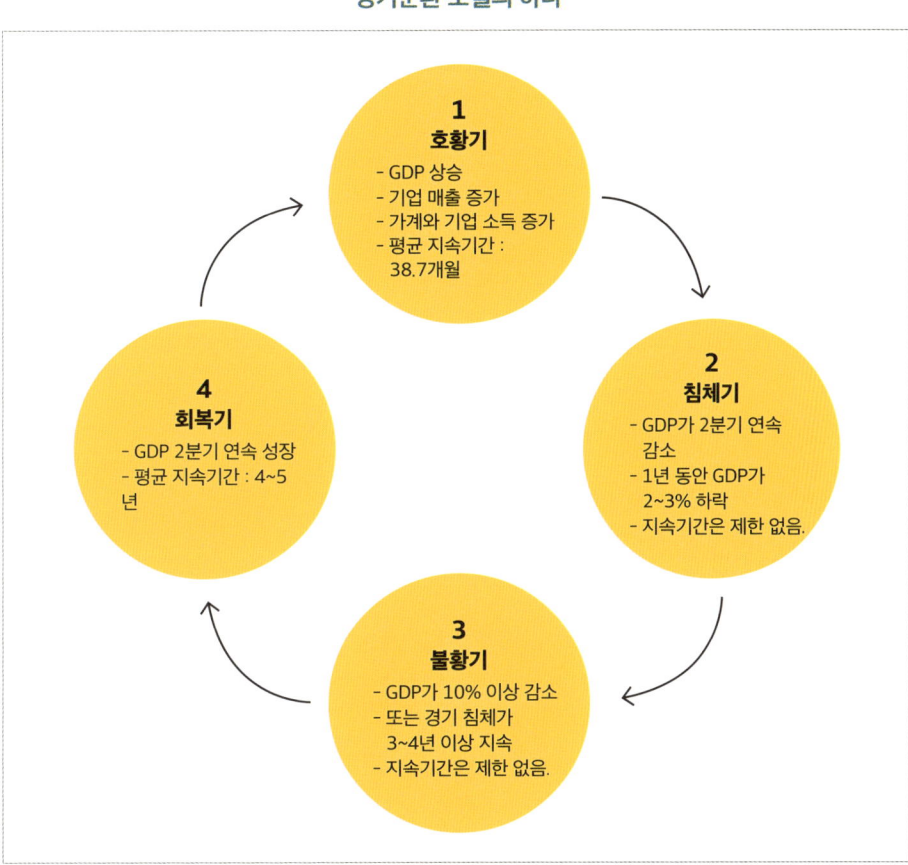

경기순환 모델의 하나

통계청에서도 우리나라의 경기순환 사이클을 발표한다. 아래 표는 기준순환일과 국면지속기간을 나타내는데 '기준순환일'이란 하나의 사이클이 시작되고 끝나는 시기를 의미하고, '국면지속기간'은 하나의 사이클이 얼마나 지속되었는지 나타낸다. 특히 지속기간을 확장(상승)과 수축(하강)으로 구분하여 각 지속 개월까지 표시한다.

우리나라 경기순환 사이클

구분	기준순환일			지속기간(개월)		
	저점	정점	저점	확장기	수축기	순환기
제1순환기	1972.3	1974.2	1975.6	23	16	39
제2순환기	1975.6	1979.2	1980.9	44	19	63
제3순환기	1980.9	1984.2	1985.9	41	19	60
제4순환기	1985.9	1988.1	1989.7	28	18	46
제5순환기	1989.7	1992.1	1993.1	30	12	42
제6순환기	1993.1	1996.3	1998.8	38	29	67
제7순환기	1998.8	2000.8	2001.7	24	11	35
제8순환기	2001.7	2002.12	2005.4	17	28	45
제9순환기	2005.4	2008.1	2009.2	33	13	46
제10순환기	2009.2	2011.8	2013.3	30	19	49
제11순환기	2013.3	2017.9	2020.5	54	32	86
제12순환기	2020.5					
평균				33	20	53

(* 2023년 3월에 발표한 통계청 자료에서 2020년 5월이 제12순환기가 시작되는 시점으로 잠정 설정되었다.)

도표에 따르면 우리는 지금 12번째 순환기를 살고 있다. 우리나라는 1972년 3월부터 2020년 5월까지 총 11번의 경기순환을 거쳤는데 평균 순환주기는 53개월이었다. 즉 53개월이 되면 확장기-수축기의 한 사이클이 끝난다는 얘기다. 그러나 순환주기는 순환기마다 다른데 바로 직전인 11번째 순환기는 86개월로 가장 길었고(코로나의 영향으로 보인다.), 20세기에서 21세기로 넘어가던 7번째 순환기는 35개월로 가장 짧았다.

또 한 가지 주목할 점은 순환주기를 크게 확장기(상승기)와 수축기(하강기)의 두 가지로 나누는데 확장기는 평균 33개월로 길었고, 수축기는 20개월로 짧다는 점이다. 회복 과정은 더디고, 하락은 빠르다는 뜻이겠다. 오르기는 천천히 오르고, 곤두박질 칠 때는 벼락보다 빠르게 바닥으로 내리꽂는 주가를 생각해 보면 그림이 잘 그려질 것 같다.

또한 확장기가 길고 수축기가 짧은 이유는 경제가 기본적으로 우상향을 하기 때문에 벌어지는 일일 수도 있다. 그간 우리나라의 GDP는 우상향을 해왔는데 이게 가능하려면 확장기가 더 길어야 한다(한편 특정 기간으로 줄여서 보면 확장기가 수축기보다 짧은 구간도 나온다. 경제위기가 닥쳐서 경제지표가 후퇴하고 있을 때다.).

어떤 투자자는 '장 보러 가기가 무섭다',
'살 게 없다'는 아내의 푸념을 들으며
경기 순환을 감지한다.
어떤 투자자는 백화점에 진열된 상품과
상가의 풍경이 달라지는 모습을 보면서
경기 순환을 감지한다.
경기 순환은 잠깐 불고 그치는 바람이 아니다.
일정 방향으로
진득하게 밀어붙이는 해류와 같아서
한 번 방향이 정해지면 더 큰 힘이
오기 전까지 강력한 힘으로 작용한다.
변곡의 신호가 겹치고
누적되었다고 판단했다면
뭔가 변화가 시작될 수 있음을
알아차려야 한다.

아무튼 우리는 이런 자료를 통해서 뭔가가 되풀이되고 있다는 점을 알게 된다. 주글라 파동으로 유명한 프랑스 경제학자 클레망 주글라는 1862년 경기가 순환한다는 사실을 가장 먼저 알아차렸다. 이전 학자들이 공황 같은 경기 침체를 독립적으로 분석하는 데 그쳤다면 주글라는 공황이 실은 어떤 주기 안에서 벌어지는 하나의 국면에 불과하다는 점을 지적했다. 그의 발견 이후 위기, 공황, 불경기, 침체 등을 바라보는 시각에 큰 변화가 생긴 건 두말할 것 없겠다. 다시 말하지만 위기란 거대한 주기를 구성하는 하나의 요소일 뿐이다. 그래서 폭락시기가 도리어 기회가 되는 사람도 있다.

물론 어떤 경제학자는 경기에 순환이 존재할 수 없다고 여기기도 한다. 순환한다는 말은 원래 자리로 돌아가는 것을 말하는데 경기가 과거로 회귀하는 게 아닌 이상 순환이 될 수 없다는 생각이다. 그러나 자연도 봄 다음에 겨울이 오지만 그 겨울이 1년 전 겨울과 완전히 똑같지는 않다. 보통 이런 경우 제자리로 돌아오는 폐곡선, 즉 원 대신 시작과 끝이 만나지 않고 계속 멀어지는 나선이 진짜 순환 구조에 가깝기는 하겠다.

그러나 원래 자리로 돌아가느냐 돌아가지 않느냐는 중요한 문제가 아니고 사이클이 존재한다는 사실, 현재가 사이클의 어떤 국면인지 아는 것이 훨씬 중

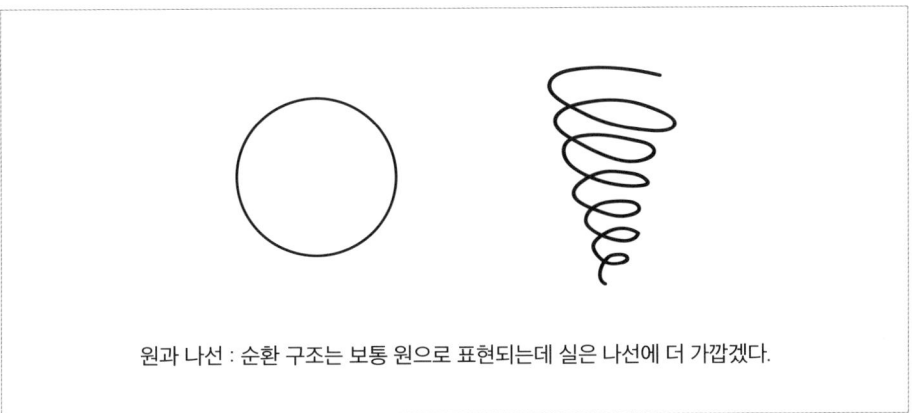

원과 나선 : 순환 구조는 보통 원으로 표현되는데 실은 나선에 더 가깝겠다.

요하다. 특히 하락 국면을 마무리하고 상승 국면으로 접어드는 때가 우리의 관심사다. 이 기회를 잘 활용하면 가장 큰 수익을 거둘 수 있기 때문에 주식을 하는 사람이라면 이 시기를 절대 놓쳐서는 안 된다. 그런데 이런 중대한 전환기에 차트는 어떤 형태를 만들며 '징후'를 보여줄까?

시장의 내일을 주도하는 섹터를 찾는 데 도움이 되는 자료 : 경기순환시계

통계청에서는 '경기순환시계'라는 걸 제공한다. 검색창에 '통계청 경기순환시계'를 입력하고 들어가서 보면 다음 화면이 뜬다(자료 : 통계청).

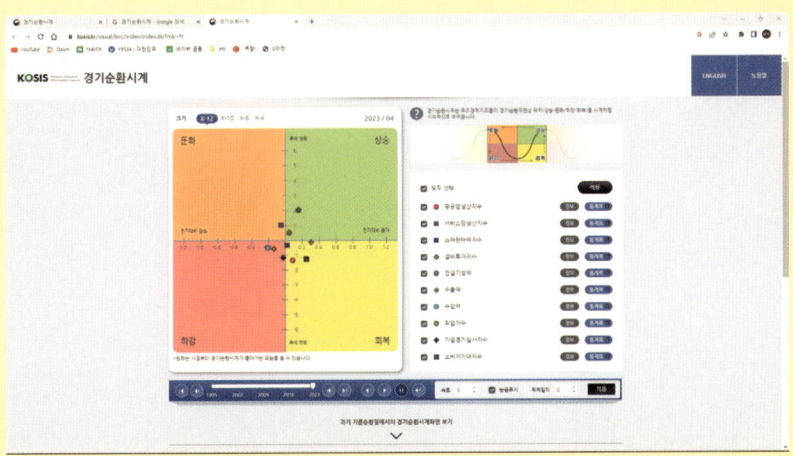

사분면으로 이루어진 경기순환시계는 1사분면(연두색)이 상승, 2사분면(주황색)이 둔화, 3사분면(빨강색)이 하강, 4사분면(노란색)이 회복으로 이루어져 있고, 각종 경기 지표나 산업군이 현재 어떤 위치에 있는지, 나아가 현재 위치에 도달하기까지 시계열에 따라 어떻게 움직였는지까지 보여준다.

주식 투자자 관점에서 이 데이터가 흥미로운 것은, 내가 매매하려는 산업이나 종목군이 사이클의 어떤 국면에 있는지, 어떤 과정을 거쳐 진행되고 있는지 볼 수 있다는 점 때문이다. 하락장에서도 버텨주는 섹터는 존재하기 마련이며, 특히 상승장에서는 주도 섹터가 출현하기도 한다. 주도 섹터의 대장주를 잡는 게 우리의 목표 가운데 하나이므로 경기순환시계가 제공하는 정보를 참고하면 도움이 되겠다.

회복기 직전,
주식 차트는 어떤 그림을 그릴까?

"The darkest hour is before the dawn." – 서양 속담

우리가 경기 사이클을 공부하려는 이유는, 주식 때문이다. 어떤 타이밍에 어떻게 진입하고, 빠져나와야 하는지 알기 위함이다. 그렇다면 시중에 돈이 풀리는 신호가 오면, 즉 머지않아 금융장세가 시작되겠다고 판단되면 매수를 시작하면 될까? 그러나 그렇게 쉽다면 또 주식이 아니다. 세상을 어둠에 빠뜨렸던 역실적장세가 종말을 고하고 먼 하늘에서 금융장세가 동 트기 시작할 때도 주가 지수는 생각처럼 반등세가 강하게 나타나지 않는다.

금융장세는 경기순환 이론의 단계로 보면 '회복기'에 해당되는데 회복기의 특징을 기억하는가? 상대적으로 길고 지루하다. 특히 불황기와 회복기 사이를 뚜렷하게 구분해주는 움직임도 없기 때문에 어려움이 가중된다. 훗날, 이 무렵이 회복기의 시작이었다는 사실을 알게 되더라도 실제로 이 시기를 보내는 주식 투자자들의 심리는 여전히 깊은 터널을 통과하는 중이다. 시장은 조금씩 신

호를 보내오고 있지만 투자자들의 심리는 여전히 바닥이라는 말이다.

상승을 기대하기는 난망이고 주식이 반등해도 많이 오르지는 않을 거라는 체념에 빠져 있다. 물린 종목을 손절 치고 짧게 끊어 먹는 식으로 바꿔야 할까, 고민이 깊다. 침체기에 한없이 주식이 내려가기만 하고 반등은 짧았기 때문이다.

경우에 따라 주식에 관심을 끊거나 자포자기 심정으로 증권 계좌를 아예 쳐다보지 않는 사람도 생긴다. 계좌 손실이 커서 반짝 반등해봤자 언 발에 오줌 누기밖에 안 되고 여전히 하락 중인 종목이 많아서 계좌 들여다보는 즐거움이 전혀 없다. 액수도 만만치 않아서 손절은 언감생심. 이제는 욕도 안 나온다. 왜 투자 실패로 자살하는 사람들이 생기는지 알 것 같은 기분이다. 김빠진 듯 한숨만 푹 내쉬고 있는 그때, 이게 바닥일 거라고 믿고 싶었던 그때, 마지막 강력한 추락이 기다리고 있었다.

그렇다, 속담처럼 동 트기 전이 가장 어둡다.

바닥없이 떨어지고 있는 침체장일 때 주식 차트는 이렇다

가장 어두운 시기의 차트부터 보자. 아래는 종목 [POSCO홀딩스]의 2008년 2월부터 10월까지의 일봉차트다. 이 차트를 꼽은 이유는, 침체장에서 나타나는 가장 두드러진 특징 3가지가 다 들어 있기 때문이다.

[차트1-1] 침체장의 대표적인 특징 3가지를 잘 보여주는 [POSCO홀딩스]의 일봉차트. 2008년 2월부터 10월까지.

이 차트는 9월까지는 정상 범주 안에서의 일시적 저점 이탈로 봐도 이상이 없을 것 같은 박스권 흐름을 보이지만 10월에 접어들자 갑자기 하락폭을 키우며 폭포수처럼 쏟아지기 시작한다.

침체장의 특징 ❶ 중장기 이동평균선이 모두 하락이다

20일, 60일, 120일 이동평균선이 모두 하락한다. 차트에서 ㄱ, ㄴ, ㄷ은 각각 이동평균선 120일선, 60일선, 20일선을 의미한다. 배열은 역배열(정배열의 반대. 주기가 더 긴 이평선이 주기가 짧은 이평선보다 위에 있는 현상으로 하락할 때의 특징 가운데 하나다.)이고, 모든 이평선이 하락하고 있다. 차트에서 보자면 7월 초반에 20일선이 60일선과 120일선 밑으로 내려가는 데드크로스가 일어났고, 이어 9월 초반에 60일선이 120일선 밑으로 내려가는 2차 데드크로스가 일어났다. 10월 말이 되면 이평선 이격(이평선 사이의 거리)이 극대화된다.

침체장의 특징 ❷ 60일선을 못 뚫는다

개인투자자들이 특히 주의해야 할 게 두 번째 특징이다. 하락 중에도 반짝 반등은 얼마든지 나올 수 있는데 이때도 종가가 60일선을 뚫는 경우가 드물다. 차트에서 동그라미 친 부분을 보자. 붉은 선인 60일선을 뚫을 것처럼 올랐으나 실제로 성공하지는 못한다. 60일선은 대부분 강한 매물대와 일치한다. 간혹 힘이 좋은 종목이 하락 중에 60일선을 뚫고 올라가는 경우도 있다. 그러나 주가가 60일선 위에서 안착하는 경우는 확률적으로 드물다. 만일 1) 역배열 상태에서 2) 주가가 60일선 턱밑까지 수직 급등하면, 특별한 경우가 아닌 한 일단 판다. 그런 뒤 관망하는 게 낫다.

침체장의 특징 ❸ MACD*가 기준선인 0 밑이다

MACD가 기준선인 0선을 뚫지 못한다. 차트에서 동그라미 친 부분이 기준선인 0과 가까워진 구간이지만 뚫지는 못했다. 0선을 살짝 뚫는 경우가 간혹 있을 수 있다. 그러나 완전한 반등장이 아니라면 곧장 0선 밑으로 내려가며 하락한다.

※ MACD(Moving Average Convergence Divergence)란 장기 이평선과 단기 이평선이 서로 가까워졌다가 멀어졌다가 하는 이격 현상을 이용하여 매매 타점을 잡으려고 개발된 보조지표다. 제럴드 아펠이 개발했다. 보통 추세의 힘과 방향성을 읽기 위해 참고한다.

이런 특징들을 알아야 하는 이유가 뭘까? 이 차트는 지나고 나서 보니까 하락장이었지 실상 시간의 한복판에 서 있을 때는 진짜 하락장에 진입하는 것인지, 어디까지 하락일지 잘 보이지 않는다. 그때 이 3가지 특징이 계속 확인된다면 하락은 멈추지 않은 것으로 보는 게 좋다.

대개 이런 차트는 굵직한 사건 하나가 터지면서 만들어진다. 이 차트 역시 '리먼 브러더스 사태'라는 폭탄이 터진 직후에 만들어진 차트다. 그런데 지금부터 하는 얘기는 폭탄이 터진 직후에 나타났던 아주 이상한 현상에 대한 이야기다. 이는 시장을 왜곡하는 대표적인 현상으로 개미들의 판단을 흐리게 만들어 손실폭을 더 크게 만든다.

이 책에서 잊지 말아야 할 게 딱 하나 있다면
그건 60일선이다.
주식을 경험하고, 탐구하고, 수익을 거두며
지금 자리에 도달하는 동안
나는 의도치 않게
너무나 자주 60일선과 만났다.
60일선에 대한 이해가 깊어질수록
주식이 달라진다.

60일선을 기억하자.

4
시장 왜곡 현상 : 하락의 지연

보통은 악재가 터지면 주가는 곤두박질친다고 여기는 게 일반적이다. 다 던지고 도망쳐야 한다는 건 상식 중의 상식이다. 그러나 주식판이란 게 생각처럼 단순치 않다. 왜냐하면 주식은 떨어지는 데 베팅하는 인버스, 곱버스도 있기 때문이다. 코로나가 확산될 당시 주가 대폭락을 예언했던 '인버스좌' 같은 사람들은 얼마든지 있기 마련이다.

2008년 9월 15일 금융업계 역사상 가장 큰 파산 중 하나로 기록된 리먼 브러더스 사태가 벌어진다. 리먼발 핵폭탄은 전 세계 금융계를 강타했다. 시장은 패닉에 빠졌다…

…나는 방금 '패닉에 빠졌다'라고 표현했다. 그 날이 9월 15일이다. 이런 일이 벌어지면 지수와 밀접한 대형주들이 가장 먼저 영향을 받고 하락하기 시작한다. 그런데 당시 [삼성전자] 차트는 조금 이상하다.

[차트1-2] 리먼 브러더스가 파산하던 무렵의 [삼성전자] 차트. 주가가 추세 하락 후 바닥을 기며 횡보하고 있지만 급격한 하락이라고 볼 만한 흐름은 전혀 아니다.

전 세계가 패닉에 빠지자 [삼성전자] 주가도 전일 대비 -6.08% 갭 하락하며 출발했다. [삼성전자]가 갭으로 -6%를 내리는 건 사태가 그만큼 심각하다는 뜻이다. 당일 장 시작과 동시에 각 언론사에서는 '붕괴, 급락, 증발, 폭락' 등의 헤드라인 키워드와 함께 당시 상황을 전하고 있다.

국내증시 1400 붕괴... '피의 화요일' 오나?

증권선물거래소는 오전 9시 6분 KOSTAR 선물가격이 1070으로 전거래일보다 71포인트(6.22%) 급락해 사이드카를 발동했다고 설명했다. 뉴욕증시는 전날 리먼 브러더스의 파산보호 신청과… (헤럴드POP. 2008.9.16)

美 금융위기에 증시 급락... 코스닥 사이드카 발동

리먼브러더스 파산 등 월가(街)에서 몰려온 최악의 재료로 증시가 '검은 화요일'을 맞이했다. 코스피지수는 개장과 함께 80포인트 가까이 폭락하며 1380선까지 밀려났고 코스닥에는 지난 7월에 이어 두 달 만에 사이드카가 다시 발동됐다. (프레시안. 2008.9.16)

증시 폭락에 각종 불명예 기록 속출

"개장 지수 하락률 역대 두 번째, 코스피/코스닥 동시 사이드카 발동" 국내 증시가 미국발 쇼크로 폭락하면서 개장 코스피지수 하락률이 역대 두번째를 기록하는 등 각종 불명예 기록도 쏟아지고 있다. (연합뉴스. 2008.9.16)

증시 하룻새 51조 증발했다

증시폭락으로 선물가격도 급락세를 보이면서 프로그램 매매의 매도호가 효력이 일시 정지되는 '사이드카'도 발동됐다. 코스닥시장에서 코스닥스타선물 12월물이 71.00포인트(6.22%) 하락함에 따라… (디지털타임스. 2008.9.16)

흔들리는 증시

리먼브러더스의 파산 보호 신청과 메릴린치의 매각 등 미국발 악재로 유가증권 시장과 코스닥시장에서 연이어 사이드카가 발동된 가운데… (뉴시스. 2008.9.16)

그런데 당일 마감된 [삼성전자]의 일봉 차트를 보면 뭔가 이상하다. -6.08% 갭 하락으로 출발한 종목이 하루 종일 오르며 약간의 윗꼬리만 그린 채 -3.31%로 장을 마감했다. 원래 적정 하락폭은 -3% 수준이었는데 누군가 더 깊게 누르면서 개미들의 손절을 유도한 걸까? 심지어 전 저점을 깬 것도 아니다. 차트가 그려온 박스권 안에서 감당할 만한 수준의 하락이다. 왜 이런 걸까? 리먼 사태쯤 아무것도 아닌가? 이런 궁금증이 드는 건 우리만이 아니다.

드라마〈재벌집 막내아들〉의 극중 인물이었던 진동기는 궁금증을 넘어 경악에 빠졌다. 그는 사채까지 풀 동원해서 선물 숏 포지션을 잡았다가 정작 바닥 찍고 오르는 주가를 보며 머리카락을 쥐어뜯는다. 역사에 기록될 만한 악재가 예상되면 누구라도 진동기처럼 하락에 베팅하는 게 정상이다(주식은 주가가 올라도 수익을 낼 수 있지만 반대로 내려도 수익을 낼 수 있다. 인버스가 대표적이다. 선물이나 옵션은 지수가 내리면 수익이 나는 숏 포지션, 혹은 풋이 있다.). 그런데 세상이 미쳐 돌아간다. 더 내려갈 줄 알았던 주가가 왜 절반을 회복한 걸까?

리먼 브러더스 파산 소식이 전해진 2008년 9월 15일은 월요일이었으나 추석으로 휴장이었다. 애가 타는 월요일 밤을 보내고 화요일 오전 9시가 되자 다들 매도 주문을 걸어두고 장이 시작되기만을 기다리고 있었을 것 같다. 장 개시와 함께 실제로 개인 투자자들뿐 아니라 기관 투자자, 외국인 투자자들은 투매에 나서거나 혹은 공매도, 옵션, 선물 등의 숏 포지션 주문을 쏟아냈다. 코스피와 코스닥은 장 시작 6분 만에 8% 가까이 폭락이 나오며 사이드카가 발동됐다. 모든 주식 거래가 일시 중단되었다.

여기까지는 예상되는 시나리오다. 그런데 반등이 나오기 시작한다. '일시적 조정이다, 다시 떨어지겠지.'라는 생각으로 주가 추이를 바라보던 인버스좌들의 얼굴이 점차 사색이 되어간다. 하루 종일 오르는 것도 모자라 심지어 다음날은 1.9%의 시가 갭이 뜨며 '파산? 그게 뭔데?' 하고 비웃듯 반등한다. 이런 현상은 한 번으로 그치지 않는다. 9월 18일 목요일에는 다시 -3% 갭하락이 나오지만 장중에 다시 가격을 밀어 올린다. 그리고 9월 19일 [삼성전자는 7.98% 상승으로 마감한다. 누군가 리먼을 빙자하여 가격을 급락시킨 뒤 개미들의 물량을 뺏은 게 틀림없다!

진짜 그런 걸까? 아니면 리먼 브러더스 파산이 예측 범주 안에서 벌어진 관리 가능한 사건이라는 뜻일까? [삼성전자의 주가는 9월 16일 이후 24거래일 동안 충격을 잘 흡수한 듯한 움직임을 보여준다. 약 한 달이 넘는 기간 동안 가격

방어가 이 정도 이루어졌다면 누구라도 안심할 법한 상황이다. 그렇게 마음을 놓고 재차 시장에 참여하고 있던 어느 날, 저점을 이탈하는 갭 하락이 나오고, 하루 뒤 -13% 대폭락한다.

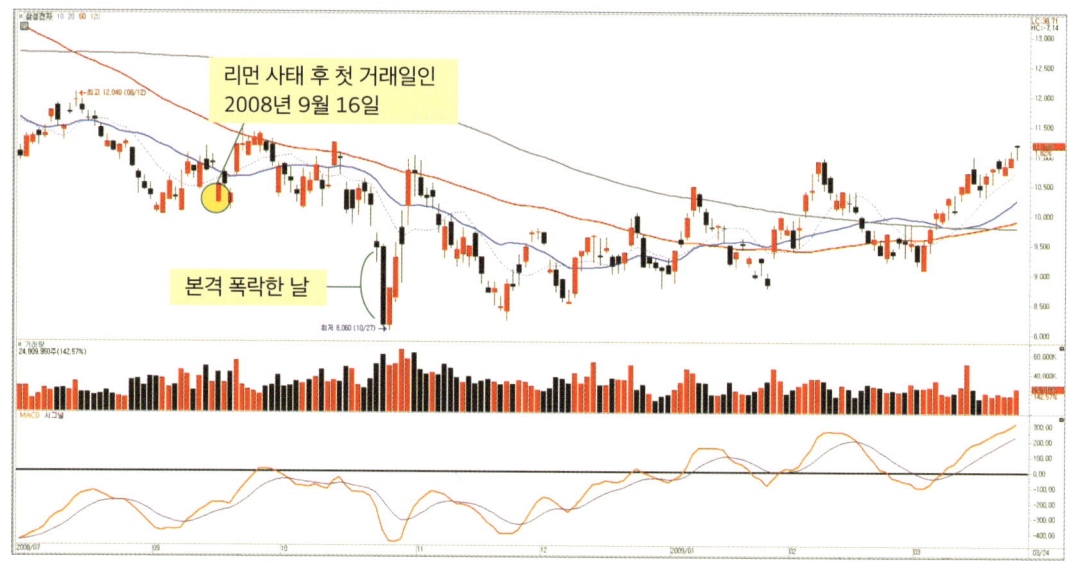

[차트1-3] 충격을 흡수한 듯한 횡보장의 끝에서 대폭락이 나오는 모습.

[현대차]도 유사한 형태를 그렸다. 다만 [삼성전자]와 다른 점은 당일, 저점 이탈이 나왔다는 점뿐이다. 그러나 이후 3거래일 만에 원래 박스권을 회복했고, 심지어 박스권 상단까지 오르며 일시적으로 박스권을 뛰어넘을 것 같은 모습도 연출한다.

[차트1-4] 갭 하락으로 출발했으나 하루 종일 오르며 마감한 모습

그러나 이 역시 페이크였던 듯하다. [현대차] 역시 [삼성전자]처럼 지연된 하락이 뒤늦게 나타나며 주가를 반토막으로 만든다.

[차트1-5] 리먼 사태가 터진 날로부터 약 4개월간 [현대차]가 보여준 주가 흐름이다. 당시 6만 원대의 주가가 절반인 3만 원대까지 추락했다.

이 '지연된 하락'은 어떻게 설명해야 될까? 주식시장처럼 작은 사건에도 예민하게 파동을 치는 곳이 여러 날 하락을 지연시키며 버텼던 이유는 무엇일까? 다른 사람들은 어떻게 설명할지 모르겠지만, 이처럼 시장을 왜곡시키는 움직임은 거대 자금력을 쥐고 있는 세력의 농락 외에는 달리 설명할 말이 떠오르지 않는 게 사실이다. 특정 종목(심지어 지수까지)의 가격을 움직일 만큼 큰 영향력을 갖고 있는 집단 혹은 개인을 세력이라고 한다면 이 세력이 움직이지 않고서는 이런 시장 왜곡 현상을 설명하기는 대단히 어려워 보인다. 투매가 나오는 와중에 던지는 물량을 다 받아주고 있는 사람은 누구인가? 그 정도 자금을 가진 사람이라면 세력이라고 보는 게 옳은 시각이 아닌가? 나는 이 현상을 세력이 **빠져나가기 위한 시간 벌기**라고 본다(혹은 훗날을 대비하여 주식 긁어모으기, 즉 매집의 하나일 수도 있다.). 세력도 매도가 정답임을 알고 있었을 테다. 그러나 당일 아침 다 던지기에는 내 물량을 받아줄 사람도 없고, 손실도 너무 크다. 탈출 전략이 필요하다. 작전을 짠다. 시가 갭을 더 눌러서 저점에서 물량을 흡수하며 가격을 올린 뒤에 판다! 하루에 다 팔기 어려우니 여러 날에 걸쳐서 같은 일을 반복한다. 저점이 잡히는 모습에 개미들이 돌아오고, 세력의 탈출 전략은 착착 진행된다. 마치 워털루 전투의 결과를 누구보다 빨리 손에 넣고는 결과와 반대로 베팅하여 투매를 유도한 뒤 유유히 주식을 쓸어 담았던 로스차일드 가문의 일화를 떠올리게 하는 일이다.

거대 악재에도 하락이 지연되는 현상은 코로나 팬데믹 때도 확인된다. 물론 코로나는 인류가 경험해보지 못한 역대급 사건이어서 세력조차도 사전에 계획을 짜서 탈출할 만큼 충분한 시간이 있었다고 보기는 어렵다. 실제로 그 어느 때보다 하락폭도 크고 지연되는 시간도 짧았다. 그럼에도 하락이 연일 이어지는 방식이 아니라 급락이 나오면 하루는 아래꼬리를 말아 올리는 방식으로 하락을 멈추는 듯한 움직임을 보여주고, 갭하락으로 시작하면 또 다시 장중 반등을 만드는 식으로 움직인다. 코로나 당시 [삼성전자]의 일봉 차트를 보면 7거래일 연속으로 종가가 낮아지지만 장중 움직임을 보면 내려가는 움직임만 있는 게 아니다. 어쩔 때는 길게 반등을 해서 어쩌면 이대로 하락을 멈출 것처럼 보이기도 한다.

    이런 이상한 움직임은 개인 투자자들을 혼란에 빠뜨려 손절 타이밍을 잡기 어렵게 만든다.

"교통사고 후유증의 일정 기간 잠복 현상은
지연성에 따른 과정이라고 정의할 수 있다. 사고
당시에는 멀쩡하나 다음 날 기상할 때 극심한 통증을
호소하는 경우가 더러 존재한다. 이를 흔히 지연성
근육통이라고 부른다." (메디컬투데이, 2022.09.27)

교통사고의 지연된 근육통은 '더러' 나타나지만
악재가 터진 주식시장의 지연된 반응은
'거의 매번' 나타난다.
교통사고 후유증은 '근육의 미세 파열'과
'피로물질인 젖산'의 합작품이지만
주식시장 후유증은 '세력'의
단독행동일 가능성이 크다.

그러므로 주식시장의 반응 공식은 다음과 같다.

악재 → (세력의 지연) → 파국
호재 → (세력의 지연) → 상승

반등 때가 투매의 기회

위기를 감지했다면 본격 하락 전에 탈출하는 게 가장 좋겠지만 그게 아니라면 일시적 반등이 나왔을 때 던져야 한다. 다 던지기 어렵다면 물량이라도 줄여서 최대한 현금을 확보해야 한다.

지구촌이 공포에 떠는 대사건이 터졌는데 그 충격이 순식간에 해결될 수 있을까? 추석 연휴 마지막 날, 리먼 파산 소식을 접했을 때의 심정을 떠올려야 한다. 차트쟁이라면 차트를 보고 판단하는 게 옳겠지만 이 정도 사건에서 차트는 믿을 게 못 된다. 평소라면 마사지 하는 정도만 개입하던 세력들이 위기 때는 자신들의 역량을 120% 발휘하여 손실 최소화라는 목표 달성을 위해 급하게 움직이기 때문이다.

반등이 나왔다고 계좌를 붙들고 있어서는 안 된다. 물론 뜻하지 않게 수익을 챙길 수도 있겠지만 더 큰 손실 가능성에 대비해야 한다. 악재가 터졌는데도 급등할 이유가 없는 주식이 급반등해서 게걸음처럼 옆으로 횡보하면, 급락의 때가 머지않다고 보는 게 현명한 판단이다.

그리고 기다려야 한다. 충분히 오래 기다려야 한다. 매매중독증이 있는 사람은 힘들 수 있겠지만 최대한 매수 타이밍을 늦춰야 한다. 아니, 현금도 주식 종목 가운데 하나라고 생각해야 한다. 나는 지금 '현금'이라는 종목을 매수한 것이다. 이 종목은 수익을 낼 수는 없으나 최소한 손실은 막아준다.

투매는 잘못된 결정이 아니다. 리먼 파산 익일, 투매했다고 해서 잘못 내린 결정이라고 말할 수 없다. 대신 세력의 지연작전에 속아 안심하고 다시 시장으로 뛰어드는 게 진짜 잘못이다. 리먼 사태 같은 엄청난 일이 일어났는데 공포심을 느끼지 못한다면 주식 시장에서 살아남기 어렵다. 두려워해야 할 때는 두려워해야 한다. 첫 느낌이 옳다.

징후 :
본격적인 투자가 시작되는 계절

    일반적인 하락장과 리먼 브러더스 발 하락장의 차이를 이해하기 위해서는 잠시 주식시장 밖으로 나가야 할 것 같다. 보통의 하락장에서는 정부가 개입할 필요를 느끼지 못 한다. 그러나 리먼 사태는 달랐는데 실제로 미국 정부는 동원할 수 있는 모든 방법을 강구했다. 당시 무슨 일이 있었는지 챗gpt에게 물었다.

'미국이 어떻게 대응했는지'에 대한 챗gpt의 답변

2008년 리먼 브러더스의 파산은 금융위기를 일으켰으며, 이는 전 세계적인 경제적 충격을 유발했습니다. 미국 정부는 이에 대한 대응책으로 다음과 같은 정책을 시행했습니다.

1. TARP(Troubled Asset Relief Program) 프로그램의 도입

2008년 10월, 미국 연방정부는 금융 기업들을 구제하기 위해 TARP 프로그램을 도입했습니다. 이 프로그램은 총 7,000억 달러 규모의 예산으로, 금융기업들의 부실자산을 구입하고, 주식과 채권을 구매하여 자금을 지원했습니다.

2. 금리 인하

미국 연방준비제도(Fed)는 리먼 사태 이후 금리를 지속적으로 인하해 경제를 지원했습니다. 금리 인하로 대출이 쉬워지면서 기업과 소비자들의 경제 활동이 부스트되었습니다.

3. 경제 자극책

2009년, 미국 정부는 경제 자극책으로 8천억 달러 규모의 American Recovery and Reinvestment Act를 발표했습니다. 이를 통해 인프라 구축, 일자리 창출, 교육 등의 분야에 투자하여 경제 회복을 촉진했습니다.

4. 금융규제 강화

금융위기의 발생원인 중 하나인 금융규제의 미비를 보완하기 위해, 미국 정부는 금융규제를 강화하는 법안인 Dodd-Frank Wall Street Reform and Consumer Protection Act를 제정했습니다. 이를 통해 금융 시장의 투명성을 높이고, 금융 기업의 자본 요구량을 강화하여 위기 대응 능력을 높였습니다.

이러한 정책들이 결합하여, 미국 경제는 리먼 사태 이후 1년 반 후인 2009년 하반기부터 회복세를 보이기 시작했습니다.

(* 챗gpt의 실제 답변은 1~4번까지 넘버링이 되어 있지 않고, 모두 번호 1을 붙인 식으로 병렬되어 있다. 그러나 편의를 위해 번호를 붙였다.)

1번은 연쇄 부도의 위험성으로부터 금융시장을 지키기 위해 긴급 자금이 편성되었다는 얘기다. 2번과 3번은 위축된 경기를 살리기 위한 방법이다. 2번은 금리 인하로 시중에 자금이 돌도록 하겠다는 의도이며, 3번은 미국 금융회사에 대한 불신을 잠재우고 재투자를 이끌어내겠다는 의도다. 1번은 액수가 부담되어서 그렇지 어느 정부라도 그렇게 할 만한 대목이다. 그러나 2번부터는 조금 다른데 2번과 3번은 미국 금융시장에 대한 불신을 지우겠다는 조금 더 장기적인 계획으로 보인다. 그리고 마지막 4번이 중요한데 행정부가 법안을 발의하고 미 의회가 승인해준 금융규제책이다. 이건 당시 미국이 지향하고 있던 자본주의가 실은 방향이 잘못되었다는 반성의 의미가 담긴 것이다.

아무도 간섭하지 말고 모든 걸 시장에 맡기라고 주장했던 '신자유주의'가 이때 뭇매를 맞았다. 경제 철학을 바꾼다는 것은 거대한 선박의 뱃머리를 돌리는 일과 같아서 자금뿐 아니라 시간도 많이 소요된다. 근본적인 체질을 손보겠다는 의사를 표시한 것이므로 리먼 대응책은 단순한 땜빵이 아님을 시사한다.

리먼 사태의 배경은 사실 더 복잡하지만 이 정도만 읽어 보아도 미국 정부가 시장에 개입하는 수준이 어느 정도였는지 짐작이 될 것 같다. 특히 규제 법안을 통과시켰다는 대목을 주의해서 볼 필요가 있겠는데 이 정도로 사태를 바라보고 있다면 이전의 하락장과 뭐가 달라도 단단히 다르겠다는 느낌을 받을 수 있다. 미국이 양적 완화를 시행한 것은 리먼 사태 때가 처음이었고, 연방준비제도이사회는 바로 직전까지의 금리인상 정책을 철회하고 제로금리를 선언했다.

우여곡절은 있었지만 시중에 돈이 돌기 시작한 건 부정할 수 없겠다. 그 돈이 주식시장의 지렛대가 되어 장세는 금융장세로 변모한다.

그렇다면 이렇게 시중에 자금이 유입될 때 주식 차트는 어떻게 반응할까?

변동성에 주목하자

하락인데 하락이 아닌 척하다가 하락을 만드는 것도 흔한 일이요, 결국에는 상승인데 하락부터 시작하는 것도 흔한 일이다. 그러나 무엇보다 장세 전환기에는 변동성이 커지는 것이 일반적인 공통점이다. 환절기에는 일교차가 심해지는 게 자연의 섭리 아닌가. 평소보다 등락폭이 커졌다면 뭔가 시작되었다는 뜻이다.

어느 날부터 주가가 발작적으로 올랐다가 내리는 종목들이 등장한다. 일종의 신호탄이다. 시중에 돈이 풀리고 주식시장에 봄이 왔다는 얘기다. 금융장세의 시작이다.

상승폭은 종목에 따라 다르다. 그러나 경험적으로 보면 대체로 15~35% 정도인 경우가 많다. 하락폭이 큰 종목은 그보다 더 올랐다가 내리는 종목도 눈에 띈다. 연이틀 상한가를 기록하고 원래 가격으로 돌아오는 종목도 나온다. 강한 상승 후 여러 달에 걸쳐 서서히 하락하는 형태도 얼마든지 목격된다.

[차트1-6] [삼성전자]의 일봉 차트. 리먼 사태 이후 금융장세가 시작되는 시기에 상승과 하락이 반복되는 패턴이 나타났다. 이 시기를 지나면서 전형적인 상승 형태가 만들어진다.

위 그림은 리먼 사태 이후 [삼성전자]의 일봉 차트다. 금융장세의 초입 부분을 주목해 보자. 상승과 하락이 반복되는 널뛰기 장이 만들어졌다. 무거운 대형주가 10% 정도를 우습게 올랐다가 오른 만큼 다시 내리고, 전 고점도 뚫었다가 다시 내리면서 참여자들을 마구 뒤흔든다. 이처럼 급등과 급락, 혹은 급등과 긴 조정을 거치는 과정이 금융장세 초기의 특징이다.

따라서 금융장세의 초기 시장에서는 따라가기보다는 관망하며 때를 기다리는 게 가장 무난한 투자법이 된다. 마침 들고 있던 종목이 튀어 올랐다면 지금의 시세 분출에 감사하며 파는 게 좋다. 손절이든 익절이든 현금화한 뒤 차트를 만들어가는 모습을 보면서 진입 타이밍을 다시 잡는 게 관건이다.

[차트1-7] [현대차]의 상승하는 모습도 [삼성전자]와 흡사하다.

[현대차]는 [삼성전자]보다 하락폭이 더 컸는데 금융장세 초입에서 보여준 형태는 비슷하다. 오르고 내리기를 3차례 반복하며 뭔가 몸집을 키워가는 느낌을 준다. [현대차]가 금융장세 초입에 진입하던 시기는 2008년 12월인데 이때는 정부가 각종 경기부양 정책을 잇따라 내놓았다. 하지만 주가는 우리의 소원과 달리 올라가면 도로 제자리다. 옛 개그처럼 갈까 말까, 달릴까 말까만 반복한다. 그러면 기다렸다는 듯이 매스컴에서는 정부 정책이 경제를 살리기에는 역부족이라는 얘기가 나온다. 신문에서까지 부정적 언급을 하니까 일반 투자자들은 점점 모르겠다.

그런데 진짜 그럴까? 주식 격언집이 있다면 펼쳐보라.

"정부 정책에 반하는 매매를 하지 말라."

격언 혹은 속담은 다수의 경험치가 쌓이고 정제된 끝에 탄생한 경험 법칙을 말한다. 지금껏 정부 정책에 반해서 베팅했던 수많은 투자자들의 실패가 이 말을 탄생시킨 밑거름이다. 누군가의 근사한 기법이 아니라고 그냥 흘려들을 이야기가 아니다.

금융장세는 정부 정책으로 시작된다. 그리고 그 효과는 바로 나타나지 않는다. '지연된 하락'에 이어 '지연된 상승'이 다시 나타난다. 이 '지연'은 참을성 적은 개미들을 오판에 빠뜨리는 누군가의 작전일까, 아니면 주가 상승에 대한 믿음이 아직은 무르익지 않은 시기라서 나타나는 현상일까? 원인에 대한 설명은 분분할 수 있어도 분명 '지연'은 급락과 급등 전에 나타나는 현상이라는 것을 받아들여야 할 것 같다.

No pain no gain.
예전부터 '성공자'의 철칙처럼
받아들여진 속담이다.
살짝 바꿔 보자.
No waitin' no gain.
지금부터 당신을
성공하는 투자자로 만들어줄 격언이다.

우리의 전략은
'기다림'으로부터 시작되어야 한다.

6

금융장세 초입부, 어떻게 공략할까?

- 2가지 응용 패턴 -

앞에서 소개한 [삼성전자]와 [현대차]처럼 변동성을 키우면서 일정 가격대를 2~4차례 오르락내리락하는 모습이 바닥 탈출 직전에 자주 나타나는 형태 가운데 하나다. 그런데 모든 종목이 이런 형태를 보여주면 얼마나 좋을까 싶지만 현실에서는 변형이 가미된다. 아래 소개하는 일봉 차트 2가지도 금융장세 초반부를 통과하는 대표적인 모습을 담고 있으나 '틀린 그림'이 있다. 응용 분야다.

응용패턴 1 : 첫 파동 후 시간 끌기

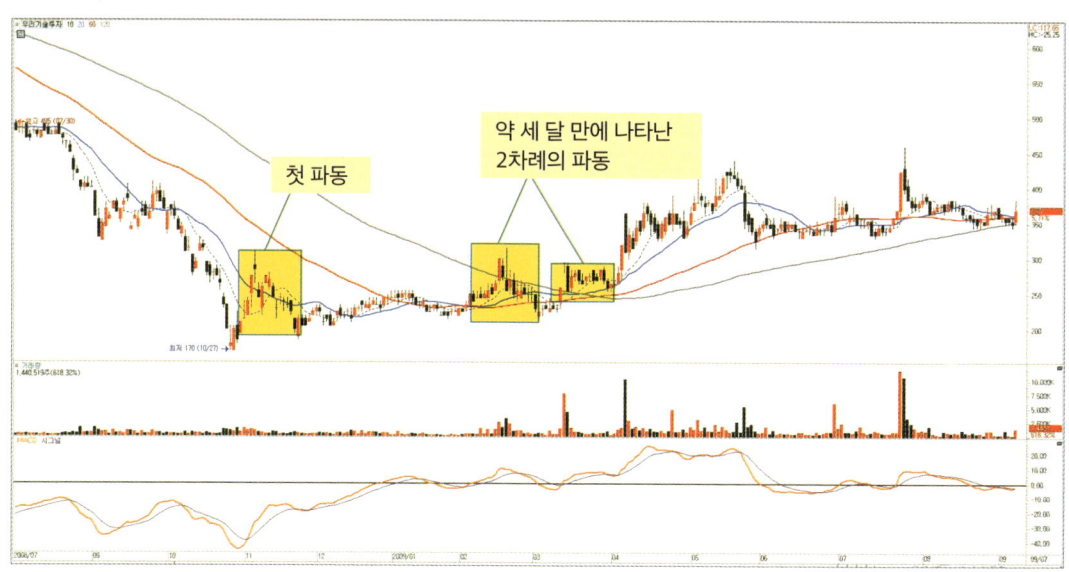

[차트1-8] 종목 [우리기술투자]가 금융장세 초반부를 지나는 모습. 가장 흔한 유형으로, 수십 프로 상승 후 출발 가격으로 내려온 뒤 두세 달 가까이 지지부진한 횡보를 이어간다.

시간 끌기는 세력의 장기 가운데 하나다. 종목 [우리기술투자]가 보여준 형태도 그렇다. 이 종목은, 금융장세 초입기의 첫 파동 후 두세 달간 별 움직임이 없는 정적의 시간을 보내다가 문득 2차례 파동을 만들며 정체를 드러낸 뒤 상승 추세를 만들어간다.

가기 직전 2차례 파동을 만들며 상승과 하락을 반복하는 이유는, 1) 개미들의 주식을 빼앗기 위해서요, 2) 학습효과를 만들기 위함이다. 특히 2번이 중요하다고 생각되는데 '이 종목은 그 자리만 가면 내려간다.'고 참여자들에게 학습시킨 뒤 돌파해야 추격을 뿌리치고 달아날 수 있기 때문이다.

응용패턴 2 : 일시적 저점 이탈 후 회복하기

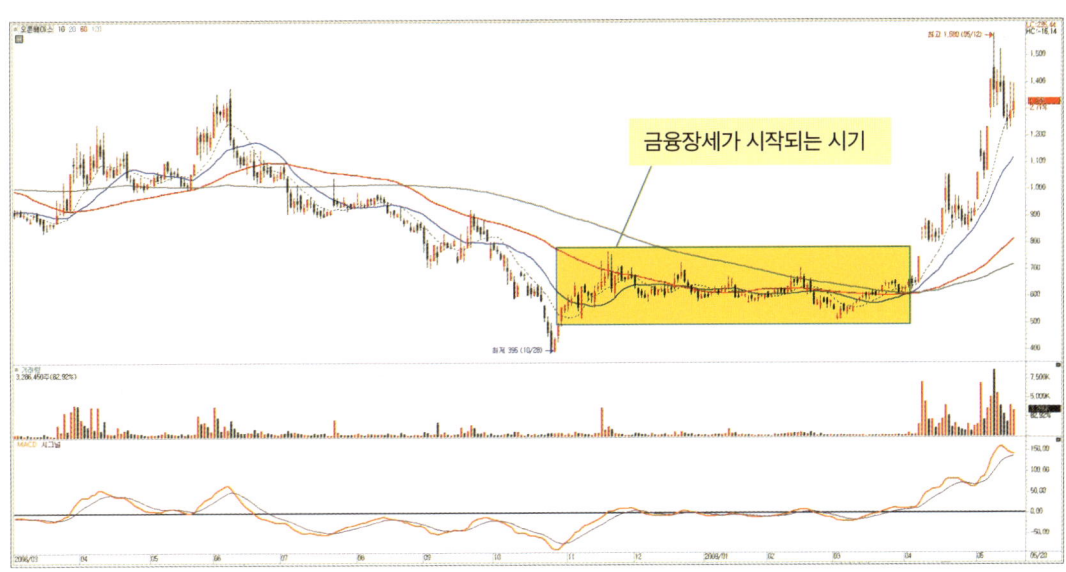

[차트1-9] [오픈베이스]가 금융장세 초반부를 지나면서 상승하는 모습

간헐적 파동이지만 꾸준히 나오니까 지루하지는 않다. 그러나 이 지루하지 않은 데 함정이 숨어 있는지 모른다. 3~4차례 파동 당시에 단단히 다졌던 일정한 저점을 툭 깨뜨렸다가 다시 회복하는 구간이 나오면서 상승으로 이어진다. 의도적으로 저점을 깨뜨렸다가 다시 회복하는 지점이나 혹은 박스권 탈출을 위해 윗꼬리 없는 양봉을 세운 날이 적절한 공략 포인트가 되겠다(박스권 탈출을 위해 큰 갭상승이 나오는 경우도 흔하다.).

변형된 형태는 사실 이보다 더 많을 수밖에 없다. 남들 하는 대로 똑같이 따라 하는 세력은 없기 때문이다. 그럼에도 기본은 동일하다. 박스권을 만들고, 박스권의 상단을 돌파하면서 상승 추세를 만들어간다. 그 기본 안에서 세력들이 자신만의 변화를 만들어 추격을 뿌리치는 게 개별 종목을 지배하는 그들의 의도가 되겠다.

차트 분석 입문자들이 빠지는
한 가지 함정이 있다.
똑같은 모양의 차트를 찾으려는 마음이다.
그 마음이 강할 때 차트 분석이 산으로 간다.
경험을 통해 변형에 눈을 뜰 때
비로소 차트를 지배하는 원리가 보인다.

7

반등장 확인을 위한 체크 포인트

금융장세가 시작되었다는 것은, 사실 차트가 다 만들어지고 난 뒤에, 즉 바닥을 딛고 상승이 나온 뒤에나 확실히 알 수 있다. 금융장세의 초입을 지날 때는 모든 게 불확실하다. 이때 무엇을 보고 이게 금융장세 초반인지 판단해야 할까?

판단 기준 1 : 20일, 60일 이평선이 상향인가?

하락장이 이어졌기 때문에 20-60-120일선 이동평균선의 배열은 역배열일 가능성이 매우 크다. 즉 120일선이 가장 위에 있고, 다음이 60일선, 그리고 20일선이 그 아래 있다.

그런 와중에 1) 거래량이 들어오고 2) 상승 구간이 나오면서 3) 단기 이평선들부터 상승 곡선을 그리는 구간이 나타난다. 그러다 20일선이 상방으로 방향을 틀고, 이후 60일선도 같이 방향을 바꾸기 시작하는 구간이 나온다. 물론 장기 이평선인 120일선은 여전히 하향일 수 있다. 120일선까지 상향으로 바뀌려면 긴 시간에 걸쳐 주가가 올라야 하기 때문이다. 개인적으로는 120일선이 상향으로 바뀔 때까지 기다릴 필요는 없다고 본다. 그러나 20일과 60일은 방향을 바꾸어야 한다. 여기에 추가적으로 20일선이 60일선을 뚫고 오르는 골든크로스가 나온다면 금상첨화겠다.

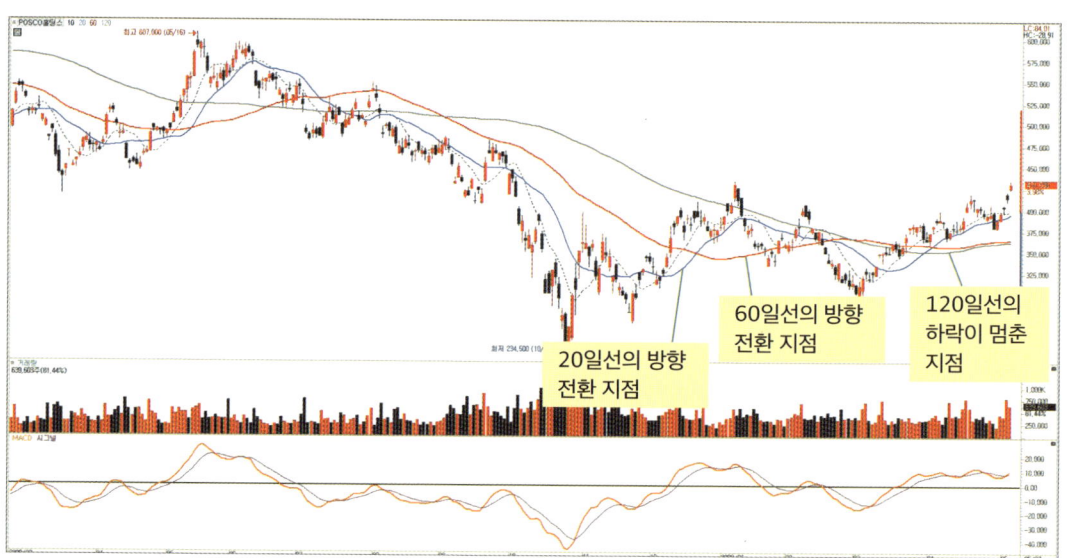

[차트1-10] 종목 [POSCO홀딩스]. 20일선인 파란 선이 먼저 방향을 바꾸고, 60일선인 빨간 선이 방향을 바꾼다. 이후 120일선인 회색선도 하락을 멈추고 상승 준비를 한다.

20일, 60일 이평선 외에도 같이 점검하면 좋을 항목은 다음과 같다.

금융장세 초기임을 확인하기 위해 추가적으로 체크해야 할 항목들

- 거래량이 증가했는가?
- 상승과 하락을 반복하는 움직임이 나오는가?
- 120일선이 하락을 멈추는 움직임을 보이는가?
- 시장에 상승하는 종목의 수가 증가하고 있는가?

판단 기준 2 : 바닥 후 첫 양봉을 깨뜨리지 않고 있는가?

바닥을 탈출할 때는 제법 몸통이 있는 양봉을 그리기 마련이다. 이 양봉은 매우 중요한데 방향을 전환하는 중요한 양봉이므로 '의미 있는 양봉 A'라고 불러보자. 이 양봉 A는, 아래 [현대모비스] 차트처럼 바닥 저점을 만들었던 음봉을 다 회복하는 형태인 경우가 많다.

[차트1-11] 종목 [현대모비스]의 일봉차트. 바닥을 찍은 뒤 이를 회복하는 양봉 A가 만들어진다. 이 양봉 A가 이후 주가 흐름에서 바닥을 지켜주는 중요한 지지선 역할을 할 때 상승 추세가 만들어졌다고 판단한다.

폭락의 끝에서 나타난 양봉 A는 세력의 매집일 가능성이 무척 높기 때문에 이후의 흐름에서도 중요한 역할을 한다. 양봉 A 이후 상승 국면이 나올 텐데 다음 이어지는 조정 국면에서 어디까지 하락하는지 잘 살펴야 한다. 만일 양봉 A 위에서 저점을 잘 잡아주면 상승 추세가 이어질 가능성이 커지고, 반대로 양봉 A의 몸통 중간선 이하로 주가가 내려가면 다시 하락세로 돌아설 가능성이 높아진다. 그러므로 조정기에 양봉 A를 잘 지키는지 보면서 상승장으로 진입하는지 확인한다.

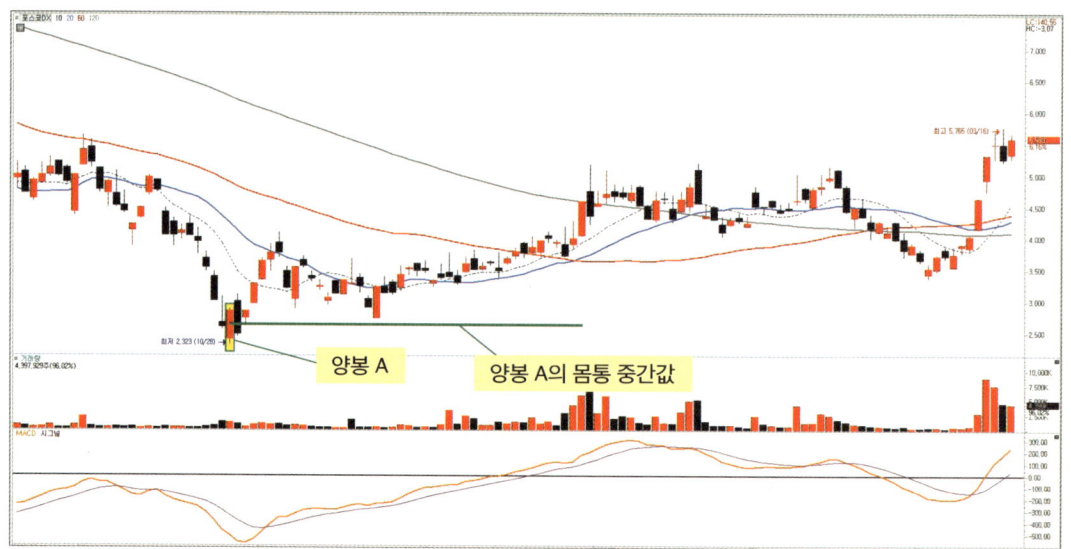

[차트1-12] 종목 [포스코DX]의 일봉차트(당시는 종목명이 '포스코ICT'였다.). 양봉 A의 종가를 일시적으로 건드리며 내려오는 경우도 있을 수 있다. 이럴 때는 양봉 A의 몸통 중간값을 기준으로 판단한다. 여기까지 건드리고, 심지어 이후 흐름이 밑으로 내려간다면 하락세라고 보고 탈출하는 게 좋은 판단이다.

1+1이 2임을 모르는 사람은 없다.
우리가 살아가는 상식적인 세계에서는
지식이란 이처럼 안다와 모른다 둘 중 하나다.

반면 확률이 지배하는 주식 세계에서는
안다와 모른다의 극단만 있는 게 아니고
그 사이에 수많은 스펙트럼이 존재한다.
이를 확률값이라고 하는데
진행 중인 주식을 지속적으로
모니터링하는 과정에서
확률값을 높여주는 징후를 포착하는 게
궁극적으로 '안다'에 근접하는 일이 된다.
주식의 세계에서 '100% 안다'고
말하는 것은 심각한 접근 오류다.

8

어떤 종목을 공략할까?

첫째, 자금 유입의 수혜주 공략

금융장세 때 많이 오르는 종목은 보통 은행, 증권주 등이다. 정부가 돈을 풀면 금융주들이 수혜를 입을 수밖에 없다. 챗gpt의 답변도 유사하다.

"금융장세 기간에는 대개 금융권 주식이 시장의 주도주가 됩니다. 예를 들어, 2006년 금융위기 때는 삼성증권, 하나은행 등이 금융권 대표적인 주도주로 선정되었습니다."

금융장세가 시작될 때는 건설, 제조업, 서비스업 등 사회 전분야가 어려운 시기이기 때문에, 실적이 악화된 종목들도 경기 회복에 대한 기대 심리로 상승세로 돌아선다. 모든 종목이 다 상승세로 돌아서는 건 아니고, 반등 후 다시 하락세를 이어가는 종목들도 많기 때문에 최근 2년 이상 연속 적자이거나 부채가 너무 많은 회사는 피하는 게 좋다. 상승세로 돌아서는 종목이 많기 때문에 굳이 위험한 종목을 매매할 이유가 없다. 개인적인 생각으로는 장기간의 연구개발 투자가 필요한 제약주 같은 종목은 최선의 선택이 아니라고 생각한다. 시장에 자금이 돌면 그 영향을 빠른 시일 내에 받는 업종이 유리할 것 같다.

둘째, 차트가 어렵다면 대형주 공략

차트 보는 눈이 있다면 수익이 극대화될 수 있는 시기다. 반면 차트에 자신 없다면 주가 지수가 상승하는 시기라는 걸 활용한 매매가 안전하다. 지수가 오른다는 건 대형주들이 대거 오른다는 뜻이다. [삼성전자]가 오르면 주가 지수가 오르고, 내리면 지수가 내리는 걸 지켜본 분들은 이해가 될 것 같다. [삼성전자]만 있는 건 아니다. 다소 영향력이 떨어져도 무시하지 못하는 대형주들이 즐비하다.

대형주가 좋은 이유는 또 있다. 지수 상승기는 보통 1년 이상 가는 게 일반적이기 때문이다. 우량 대형주를 길게 보유하면 매매가 잦은 사람보다 결과적으로는 훨씬 좋은 수익을 거둘 가능성이 높다.

[차트1-13] 종목 [한화]의 일봉 차트. 금융장세는 1년 이상 길게 간다. 우량 대형주가 유리할 수 있다.

셋째, 급등 후 완만히 하락하는 종목

금융장세 초기에는 그동안 하염없이 하락하던 시장에 단발적으로 급등을 하는 종목이 많이 나온다. 이때 급등 후 완만하게 천천히 하락하는 종목들을 눈여겨보자. 조정기에 들어가는 종목들인데 이들 종목을 관심종목에 차곡차곡 담아두고, 흐름을 추적하는 게 도움이 된다.

대응

매수했는데 많이 못 가고 첫 장대양봉(양봉 A)의 중심 아래로 가격이 하락하거나 나아가 하락기의 저점마저 깨뜨리면 청산하고 다른 종목으로 갈아타는 게 좋다.

반대로 수익 중일 때는 이런 고민이 생긴다. 도대체 언제 팔아야 되지? 어려운 문제다. 매도 타점을 파악하려면 추세와 파동의 개념을 아는 게 도움이 된다. 파동을 설명하는 이론이 많은데 엘리어트 파동이 가장 유명하다. 개인적으로는 추세와 파동을 파악하기 위해 차트 형태, 파동, 이평선, 거래량 등 여러 요소를 함께 고려한다. 사실 매수 타점을 잡는 것도 그렇지만 언제 파는지는 특히나 개인의 공부와 경험에 따라 많은 게 달라진다. 공부가 되어 있지 않으면 어디가 무릎인지, 어디가 어깨인지 알기 어렵다.

그래도 팔기는 해야 하는데 어떻게 할까? 분할매도도 한 가지 대안이 된다. 조금씩 나누어 팔자.

투자를 하다 보면 결정의 기로에 설 때가 있다.

생계를 위해 하는 일이 있고,
그저 부동산 재테크를 한다는 심정으로
길게 보면서 갈 것인지

아니면 전업투자자까지는 아니어도
차트 분석을 통해
더 많은 수익을 거둘 수 있는 길을 찾을 것인지.

그 결정에 따라
금융장세를 대하는 자세도,
종목을 선정하는 방법도,
매수매도 자리도
당연히 달라진다.

차트만으로 매수 타점 잡기, 언제 살까?

잠시, 머릿속에서 '전환기'라는 단어를 지우자. 지금이 전환기였다는 사실은 나중에 알게 되는 것이지 현재를 살고 있는 동안은 아니다. 지금은 '추세 하락장'이다. 시장 밖에서 분위기 반등에 대한 이야기가 나오더라도 지금은 무시한다. 매체 등에서 보내오는 신호가 때로는 혼선을 줄 가능성도 배제할 수 없기 때문이다. 공개된 정보를 제거하고 차트에서 답을 찾는 게 중요하다. 차트는 아직 공개되지 않은 은밀한 정보까지 반영하고 있다고 보는 게 옳은 접근일 때가 많다. 매매대금이 수천억을 오가는 종목들도 수두룩한데 이 정도 종목을 주물럭거리는 사람들이 찌라시 신문기사 하나 만드는 게 대수겠는가(소문에 사고 뉴스에 팔라는 주식 격언을 기억해 보자.).

지금은 시장의 추세가 전환되었는지 불확실한 상황이거나 혹은 내 관심종목 가운데 하나가 하락 추세를 이어가는 와중이라고 가정하자. 이런 경우에, 차트만 보면서 추세가 전환되는 시점을 찾고, 매수 타점을 잡는 기초적인 방법이 있다(기초적인 방법이라고 무시하지 말자. 모든 기법은 기본기에 바탕을 두고 변형되며 만들어진다.).

예시 종목은 2018년 하반기를 지나고 있는 [현대차]다.

[차트1-14] 추세 하락을 하는 동안 [현대차]는 두 차례 박스권을 만들었다가 저점을 찍은 뒤, 반등하며 돌파하는 그림을 그렸다.

추세 확인하기

두 개의 박스권을 모두 돌파한 그림이지만 아직 상승 추세로 접어들었는지 확실치 않다. 만일 상승 추세로 접어든 게 맞다면 첫 번째 박스권 상단이 강한 지지 역할을 해주어야 한다.

차트에서 화살표로 표시한 것처럼 박스권 돌파가 나왔고, 이후 조종기에 접어드는데 이때 조정기의 저점이 첫 번째 박스권 위나 중간에서 형성된다면, 즉 박스권을 깨뜨리지 않으면 상승 추세라고 본다. 반면 첫 번째 박스권 중간 혹은 밑으로 내려와서 두 번째 박스권까지 하락했다면 다시 하락 추세를 이어갈 확률이 매우 커진다.

이때 박스권이 잘 지지해줄지 말지는 길이를 보고도 어느 정도 예측이 가능하다. 보통 박스권이 길면 지지해주는 힘이 더 강하기 마련이다(어느 정도가 긴 것인지는 경험적으로 판단해야 할 영역이다. 다만 차트에서 현대차가 보여준 첫 번째, 두 번째 박스권의 길이는 짧은 편에 속한다.)

짧다고 지지를 안 해주고, 길다고 전부 지지해주는 건 절대 아니다. 주식은 확률이 지배하는 세계이므로, 한 가지 현상만 보고 상승과 하락을 판단하면 곤란하다. 징후가 되는 여러 개의 신호가 중첩될수록 확률이 높아진다는 생각으로 다면적으로 판단하는 게 좋다.

매수 타점

이런 차트에서는 매수 타점을 어디에 두는 게 좋을까? 박스권을 뚫을 때? 아니다. 돌파가 나온 뒤 조정기간에 박스권 상단 위에서 저점이 형성되는 모습을 보면서 담아가는 게 옳은 접근이 된다(조정기간 : 가격의 급격한 상승 이후 쉬어가는 구간. 가격이 하락하는 가격조정이 있고, 가격 하락 없이 시간만 끄는 시간조정이 있다. 여기서는 가격조정을 말한다.)

돌파가 나오기 전에 매수하면 더 싸게 살 수 있으니까 좋지 않을까? 당연히 더 좋다. 그러나 실시간으로 진행되는 차트를 보면서 돌파를 예측할 수 있을까? 그 정도 실력이라면 이미 고수다.

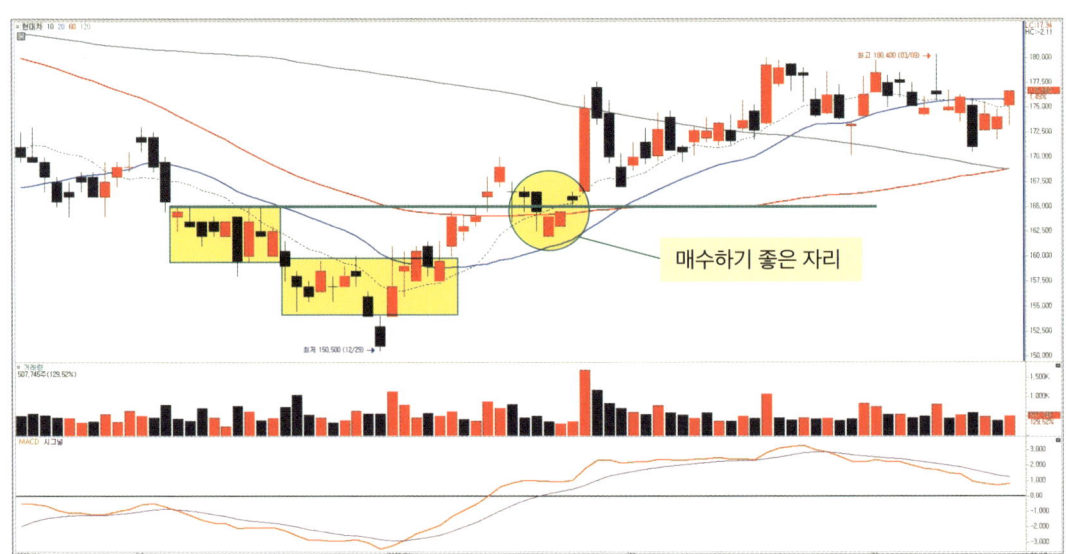

[차트1-15] 종목 [현대차]의 2022년 12월부터 2023년 3월까지의 일봉차트다. 박스권 돌파 후 눌림목, 즉 동그라미 친 부분에서 매수를 고려해볼 수 있다.

돌파 매매, 종가베팅, 스윙 매매…
아직 어떤 매매를 할 것인지
결정되지 않았다면
돌파 후에 나타나는 '눌림목 매매'를 권한다.
눌림목 매매는 바닥을 확인하고 들어간다는
장점이 있어서
손절이 짧고, 기대 수익은 큰 자리다.
다만 장중에 신나게 올라가는 매력은 없지만
도리어 차분히 매매할 수 있기 때문에
초보에게도 유리한 매매가 된다.
방금 소개한 [현대차] 매수 타점이
눌림목 매매다.

손절 라인을 지킨다

이 매매법은 손절 라인도 정해져 있다. 첫 번째 박스 하단 밑으로 가격이 내려가면 손절한다. 손절 폭은 박스 두께만큼이다. 참고로, 매수할 때는 되도록 음봉일 때 매수해야 좋다. 양봉에 매수했는데 다음날 음봉이 나오면 수익폭이 줄기 때문이다. 매수 자리가 정해졌기 때문에 급할 건 없다. 음봉을 기다리자.

[차트1-16] 종목 [삼성전자]의 2018년 10월부터 2019년 4월까지의 일봉차트다.

하락 중에 만드는 박스권이란, 이전 저점을 이탈하여 더 아래로 내려가서 만들어진 박스권을 의미한다. 저점을 깨지 않고 횡보하는 건 '하락 중 만들어진 박스권'이 아니다. 위 차트는 손절해야 할 그림과, 홀딩해야 할 그림 두 가지가 모두 담겨 있다. 앞 그림은 첫 번째 박스권을 돌파했으나 박스권이 단단하지 못해 푹 꺼지면서 하락하는 그림이고, 뒤 그림은 박스권을 구름판 삼아 추가 상승이 나오는 모습이다.

이 차트만 보면 뒤 그림에서 사는 게 당연히 좋지만 실시간으로 진행되는 상황에서는 앞 그림에서도 얼마든지 매수 타점을 맞이하게 된다. 그래서 손절 라인이 중요하다. 손절가를 정해두고 매수를 하면 차후에 손절을 하더라도 손절 폭이 적어서 손실을 최소화할 수 있다. 반면 상승이 나오면 수익폭은 더 크기 때문에 손익비가 좋아져서 계좌는 불어나게 된다(손익비란 평균 수익률을 평균 손실율로 나눈 값을 말한다. 보통 매매를 전적에 비유하여 '몇 승 몇 패 달성 중'이라는 식으로 표현하는 경우가 있는데 설령 8승 2패라는 좋은 전적에도 손익비가 나쁘면 계좌는 마이너스가 된다. 예컨대 2%씩 10번 먹어도 하한가 한 방이면 다 토해낼 수밖에 없다. 손익비가 나쁘면 이겨도 이긴 게 아니다.).

이런 차트의 특징 가운데 하나 : 깊은 하락

다시 [현대차]의 2018년 하반기 모습을 보자. 아까 우리는 하락 중에 나타나는 박스권에 주목했다. 그러나 여기서는 박스권 이후에 나타난 급락 지점에 집중해 보자.

[차트1-17] 다시, 종목 [현대차]의 2018년 9월 이후의 일봉차트다. 박스 친 부분을 주목하자.

이런 형태는 저자의 기법 중 하나인 '사지탈출'이라는 기법에서 자주 목격된다. 하락 추세를 이어가던 주가가 가파르게 급락한다. 그리고 재빠르게 다시 원래 가격을 회복한다. 이때 급락은 급반등을 만들기 위한 사전작업인 경우가 있는데 이게 '사지탈출' 기법의 기본이다. 자세한 이야기는 아직 몰라도 된다. 일단 형태부터 익혀 두면 좋다. 캔들 하나가 하루이기 때문에 여러 날을 두고 관찰하며 어떻게 차트를 만들어가는지 추격해야 하지만 일단 이런 종류의 패턴을 머릿속에 넣어두고 있으면 도움이 될 것이다('사지탈출'에 대해서는 저자의 다른 책 《주식 네 이놈 - 기법 편》 참조.)

주식시장에도 사계절이 있음을 우리는 안다. 그렇다면 급락이 꼭 나쁜 건 아니다. 왜? 급락 끝에 상승이 기다리고 있을지 모르기 때문이다. 주식 격언에 급락이 나오기 전에는 하락을 멈춘 게 아니라는 말이 있다. 모든 급락이 다 하락을 멈추는 현상은 당연히 아니다. 그러나 모든 급락이 멸망으로 가는 특급열차도 아니다. 개중에 숨은 반등 현상을 누가 찾느냐가 수익의 차이를 만든다.

급락 후 반등한다고 무조건 매수하라는 뜻은 아니다. 몇 가지 추가적인 조건을 만족시키는지 확인하는 게 먼저다. 여러 조건이 있겠으나 여기서는 1) 박스권을 돌파하고 난 뒤에 조정기간에 박스권을 잘 지켜주면 매수한다, 2) 상승 추세 전환을 짐작케 하는 지표들, 예컨대 20일, 60일 이평선의 상승 등을 보며 매수한다… 정도면 충분해 보인다.

하락 중 만들어진 박스권에서는 매수 비추

아마도 여러 차트를 돌려보면서 하락 중에 만들어진 박스권을 찾으려 할지 모르겠다. 찾는 것까지는 좋지만 그 자리를 매수 타점으로 바라보면 위험하다. 이 책에서는 반등 사례 중심으로 소개하기 때문에 위험한 자리라는 인식을 갖지 못할지도 모른다. 경각심을 불러일으키기 위해 소개한다. 2021년 초를 지나고 있는 종목 [안랩]이다.

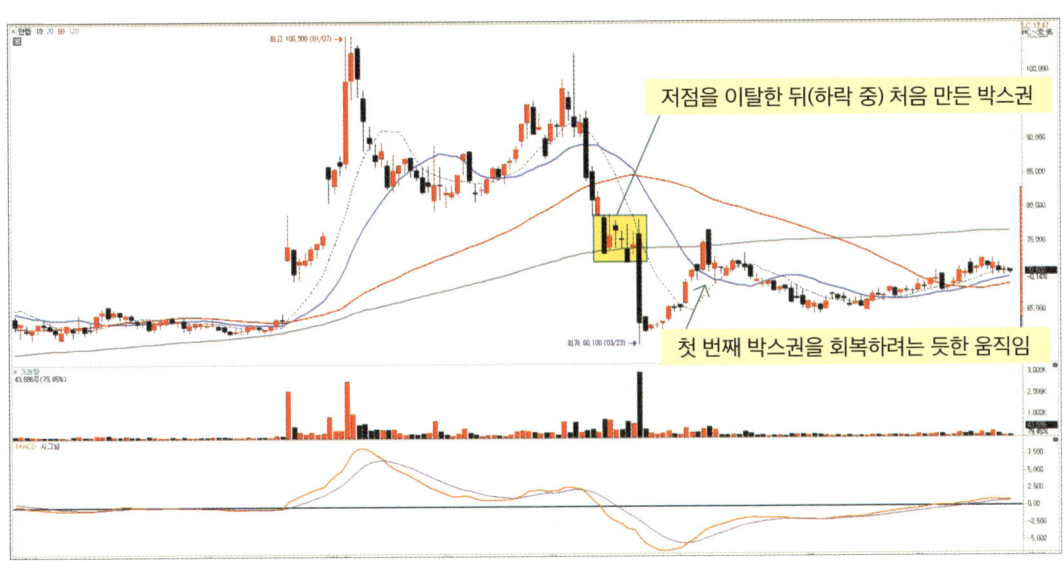

[차트1-18] 종목 [안랩]이 큰 상승 후에 하락하며 박스권을 만들었다.

하락 중 박스권이 만들어질 당시로 돌아가서 보면 마치 하락을 멈춘 듯이 보여서 나름 매수하기 괜찮은 자리라고 여겨질 법하다. 여기서 하락을 멈추면 다시 반등이 나오지 않을까 하는 기대감으로 주문을 넣는다면 그게 뇌동 매매다.

그럼 다음 타임에 들어가는 건 어떨까? 박스권 끝에서 거래량을 동반한 큰 하락이 나온 뒤 여러 날에 걸쳐 하락을 만회하려는 듯한 움직임을 보여주는 자리 말이다. 그런데 박스권은 매물대다. 매물대는 벽이라서 아래에서 올라올 때는 찍어 누르는 힘이 강하다. 웬만한 거래량으로는 쉽게 뚫지 못하기 때문에 그저 가볍게 툭툭 건드리는 정도로는 어림도 없다. 맞고 떨어질 가능성이 높다는 얘기다.

조급해하지 말자. 거래량을 동반하며 박스를 뚫고 오르기를 기다려야 한다. 박스 뚫기에 성공한 뒤 조정기를 거치며 하락할 때, 박스 상단이나 중간 정도에서 매수하는 게 훨씬 안전하고 수익 가능성도 높아진다. 설령 박스권 돌파 이후 다시 박스를 다시 깨고 내려가면 당연히 손절한다. '한번 뚫었으니 다시 뚫어주지 않을까' 하는 기대감으로 들고 있어 봐야 좋을 게 없다. 참고로, 박스는 1) 시간상으로 길수록 좋고, 2) 박스권의 상단과 하단의 거리가 멀수록, 즉 두터울수록 지지 받을 가능성이 더 커진다. 물론 두터운 박스권이 깨지면 손절폭도 더 커지는 단점도 있다. 그러나 경험적으로 보면 두터운 박스권은 쉽게 깨지지 않는다.

분할 매수가 좋다

박스권 상단에서 저점이 잡히면 고민이 없겠다. 그런데 실제로는 박스권을 이탈할 것처럼 보이는 움직임도 많이 나타난다. 다음 소개하는 [안랩]의 차트가 그렇다.

[차트1-19] 종목 [안랩]의 2018년 후반기 모습이다. 박스권을 돌파한 뒤 눌림목 이후 상승 추세가 이어진다.

'하락 중 박스권'의 상단과 하단을 연장하여 선을 긋고 보니까 돌파까지는 잘 했는데 박스권 상단선을 위협하는 움직임이 나타났다. 심지어 하단선까지 깨려는 듯 깊게 내린 날도 나왔다. 그러나 16거래일이 지난 뒤에는 다시 박스권 상단으로 올라서며 본격적으로 상승하기 시작한다. 모든 종목이 이처럼 움직이는 건 아니지만 추격자들을 털어내기 위해 아슬아슬한 외줄타기를 하는 종목도 많다. 이런 상황에서 적절히 매수하려면 나누어서 조금씩 모아가는 게 안전할 수 있다. 떨어질 때마다 조금씩 매수하면 평단가를 낮게 조절할 수 있어 불안감을 줄이는 데 도움이 된다.

애매한 돌파는 경계한다

두 놈이 담장을 넘으려 한다. 한 놈이 상체까지 쑥 올라온다. 누가 봐도 곧 뛰어넘을 것 같다. 뒤따라 또 한 놈이 껑충 뛰어오르지만 고개만 삐죽 내민다. 힘에 부쳐 턱걸이만 하는 것 같다. 제 힘으로 올라오기는 그른 것 같다. 차트도 마찬가지다. 고개는 내밀었으나 힘에 부쳐 다시 떨어지는 경우도 많다.

아래는 턱걸이만 하다가 풀썩 주저앉는 차트다.

[차트1-20] 종목 [롯데지주]의 2022년 말부터 2023년 초까지 모습.

차트는 박스권 돌파를 '시도'하는 모습을 보여준다. 그런데 어떤 모습인가? 박스권 상단 라인에 일봉들이 꼬챙이에 꿰이듯 물려 있다. 이런 경우는 박스를 돌파한 걸로 보지 않는다. 박스권 상단 라인에 걸리지 않고 온전하게 위로 올라선 캔들이 만들어질 때 완전히 올라선 걸로 판단한다. 위 차트처럼 턱걸이만 하고 내려오는 종목은 관심 밖에 둔다. 설령 착각해서 매수했더라도 하단 라인을 깨뜨렸을 때는 그제라도 손절하고 빠져나오는 게 득이다.

이 턱걸이 자리가 유혹적인 순간이 있는데 금방이라도 훌쩍 뛰어넘을 것처럼 보일 때다. 특정 매매법을 알게 된 순간, 모든 차트가 다 이 매매기법처럼 움직일 것 같은 착각에 빠질 수 있다. 그래서 '어, 이거 아는 모양인데' 하고 기대감을 더해 상상력을 발휘하기 시작한다. 이제 금방이라도 올라갈 것 같다는 찐한 느낌을 받으며 이상한 확신에 사로잡힌다. 그런 생각으로 이 차트를 바라보면 지금이 가장 싼 가격 같다. 그래서 덜컥 사는 일이 참 많다. 전형적인 뇌동매매다.

'싼 가격'에 대한 생각을 바꿔야 한다.
'싼 가격'은 어떤 의미인가? 일반적으로는
10만 원 하던 상품이 5만이 되면 싸다고
말하겠지만 주식판에서는 그런 의미로 쓰면
곤란하다. 바닥이 확인된 가격, 이제부터
오를 준비를 마친 가격이 '싼 가격'이다.
왜냐하면 우리는 싸게 사는 것 자체가 목적이
아니라 산 가격보다 비싸게 파는 게
목적이기 때문이다.
'오늘이 내게 남은 삶 가운데 가장 젊은 날'이
라는 말을 들어봤을 것 같다. 상승이 예비된
종목은 '지금 가격이 남은 날 가운데 가장
싼 가격'이다. 그런 의미에서 '싼 가격'을
말해야 하고, 그런 순간을 찾아야 한다.
어제보다 비싼 가격이더라도 상승 추세를
충분히 확인한 뒤라면 이 가격이 싼 가격인
것이다.

실전 매수 타점

이 방법으로 매수한 종목들을 소개한다. 아래는 종목 [삼양옵틱스]다.

[차트1-21] 종목 [삼양옵틱스]의 2022년 초반부 모습.

    거래량을 동반하며 장중에 박스권을 크게 돌파한 종목이다. 돌파 당일, 윗꼬리를 길게 그리며 종가가 박스권 상단 라인까지 내려왔다는 점이 마음에 걸린다. 그러나 다음날 비록 음봉을 그리긴 했으나 시가와 종가 모두 박스권 위에서 형성된 점, 그리고 이틀날도 가격을 잘 지켜주면서 '박스권 돌파'를 완성했음을 보여준다. 그리고 기다리던 박스권 상단까지 내려오는 움직임이 나왔고, 이때 매수했다. 하락할 때 매수하는 게 좋은 점은, 설령 상승에 실패하고 떨어지더라도 손절폭이 짧다는 점이다. 이 차트 같은 경우 '하락 중 박스권'의 폭이 얇아서 손절폭도 짧다. 박스권의 두께가 얇으면 하락할 때 지탱해주는 힘이 약하다고 말했지만 나는 개인적으로 이런 얇은 박스권에서도 별로 겁먹지 않고 매수하는 타입이다. 대신 손절 라인은 칼 같이 지키려고 한다.

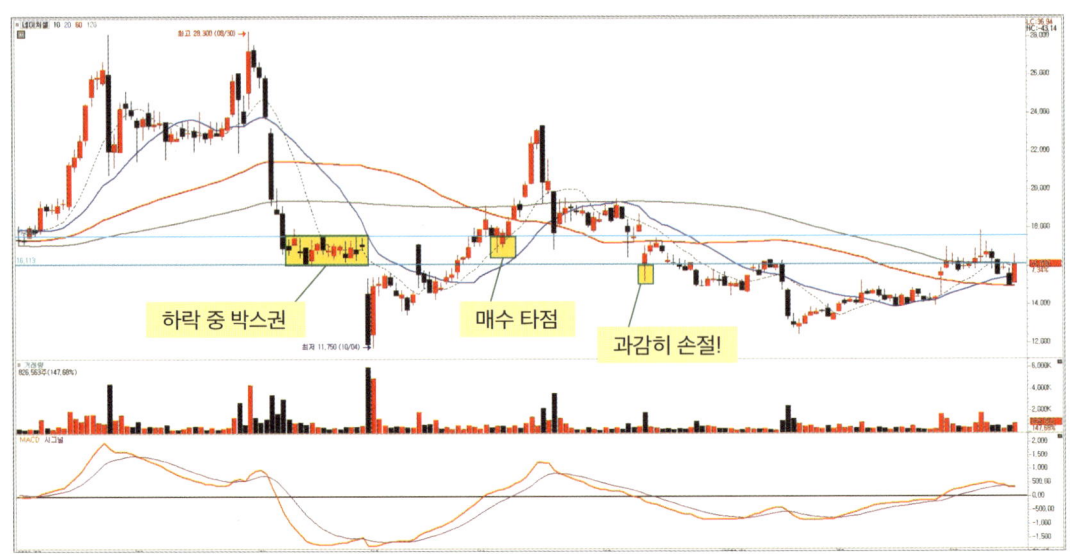

[차트1-22] 종목 [네이처셀]의 2022년 하반기 모습.

    이 차트는 단기간에 상승과 하락이 모두 나왔다. 돌파가 나온 뒤 박스권 상단을 위협할 때 매수한다. 단기적으로 상승하던 종목은 급등 후 하루 쉬고, 급락이 나오면서 박스권 하단마저 깨뜨리고 내려갔다.

    이 차트를 소개하는 건 매도 자리까지 짐작할 수 있기 때문이다. 지금 소개하는 이 매매법은 박스권이 지지 역할을 해준다는 데 착안한 기초적인 기법이다. 즉 박스권이란 건, 뚫고 오른 뒤에는 강력한 지지 역할을 해주지만 깨뜨리고 내려간 뒤에는 강력한 저항선이 된다. 차트의 매수 타점에서 매수한 이유가 박스권의 지지 역할 때문이라면 매도 타점도 같은 맥락에서 찾아야 한다. 상승하던 가격이 어디에서 고꾸라졌는지 보자. 이전 박스권의 하단 부근이다(차트에는 표시하지 않았다. 찾아보자.)

위쪽에 박스권이 있다면 그 아래에서 파는 게 득

    〈주식 네 이놈〉 기법 편과 기초 편을 본 독자들이 종종 던지는 질문이다. 매수는 이제 좀 알겠는데 매도는 어떻게 해야 하느냐고. 사실 매수만 알아도 대단한 일이다. 매도보다 매수가 몇 배는 더 힘들기 때문이다. 매수하고 상승하면 수익 주는 자리 어디에서 팔아도 다 성공한 매매가 된다. 그런데 왜 매도가 힘들다고 할까?

하나는 올랐을 때 안 팔고 버티다가 다시 내렸기 때문이다. 또 하나는 팔고 나니 쭉쭉 오르는 주식을 보며 속상했기 때문이다.

첫 번째 경우는, 장대양봉이 나오다가 급락을 맞는 경우일 수 있고, 혹은 위쪽 박스권(매물대)까지 상승했으나 팔지 않고 버티다가 하락을 맞은 경우일 수 있다. 위쪽 박스권이 가까워지면 팔 준비를 하는 게 좋다. 만일 이 박스권마저 뚫고 오를 거라고 생각한다면 이 매매법의 기본 전제를 우리 스스로 깨뜨리고 있는 것이다. 우리는 박스권이 지지도 해주지만 저항도 한다는 것을 전제로 이 매매를 한다. 원칙을 지킨다는 건 생각처럼 쉬운 일은 아니다. 날개 단 듯 훨훨 날

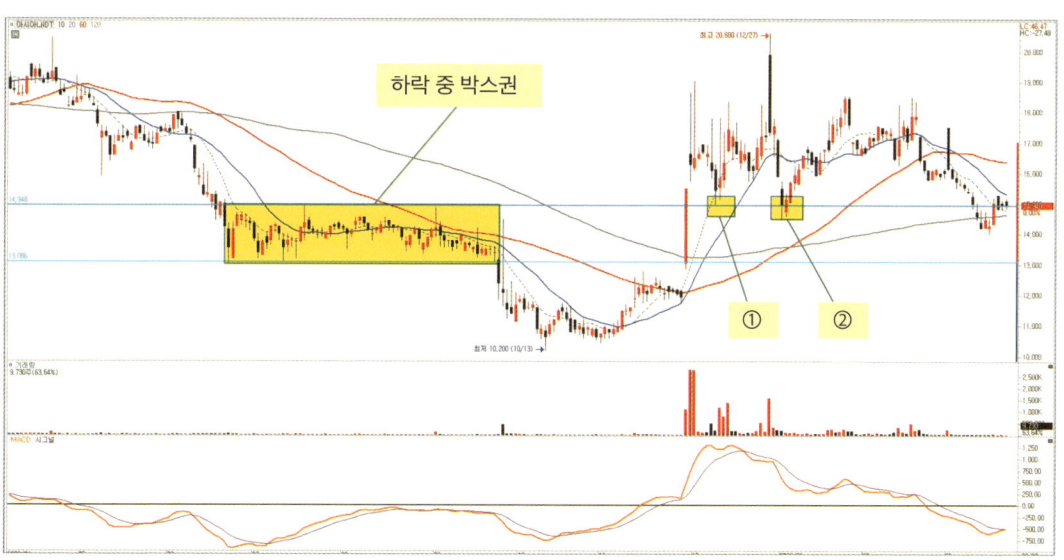

[차트1-23] 종목 [아시아나IDT]의 2022년 하반기부터 2023년 초반 모습. 1번 자리와 2번 자리에서 반등이 나오는 이유는 뭘까? 이전 박스권이 건재하기 때문이다. 그러나 영원히 지켜주는 건 아니어서 세 번째는 이탈하는 흐름이 나온다.

아가는 다른 종목 보면 내 것도 금세 날아갈 것 같은 생각이 들겠지만 냉정하게 생각해야 한다. 만약 우리 바람대로 위쪽에 위치한 박스권까지 뚫고 올라야 한다면 전 페이지의 [차트1-23] 같은 차트는 하방으로 수차례 뚫고도 남았을 것 같다. 그러나 차트에서 보듯이 최소 두 차례는 강력하게 하락을 막아주며 반등에 성공한다. 박스권의 지지 가능성을 보고 매수했다면 박스권의 저항 가능성을 보고 매도하는 게 이 매매법의 기본 중 기본이 되겠다.

10

남의 떡이 커 보이는 시기, 실적장세

(* 1부의 핵심은 '금융장세의 초입'이다. 이 시기가 큰 수익으로 이어지는 경우가 많기 때문이다. 그런 이유로 이후 장세에서는 따로 매매법 등을 소개하지 않고, 간단히 살펴보는 수준에서 마무리한다.)

실적장세는 어렵지 않다. 이름에서 알 수 있듯이 이 시기에는 실적이 개선되는 기업들이 늘어난다. 금융장세의 끝물부터는 실적이 좋은 기업들을 중심으로 다시 상승장이 열린다.

이 시기의 관심종목을 고를 때는 단연 실적이 기준이 된다. 실적 나쁜 기업은 과감히 뺀다. [LG생활건강]과 [현대차]는 2008년 금융장세와 실적장세 때 크게 상승한 종목 가운데 하나다.

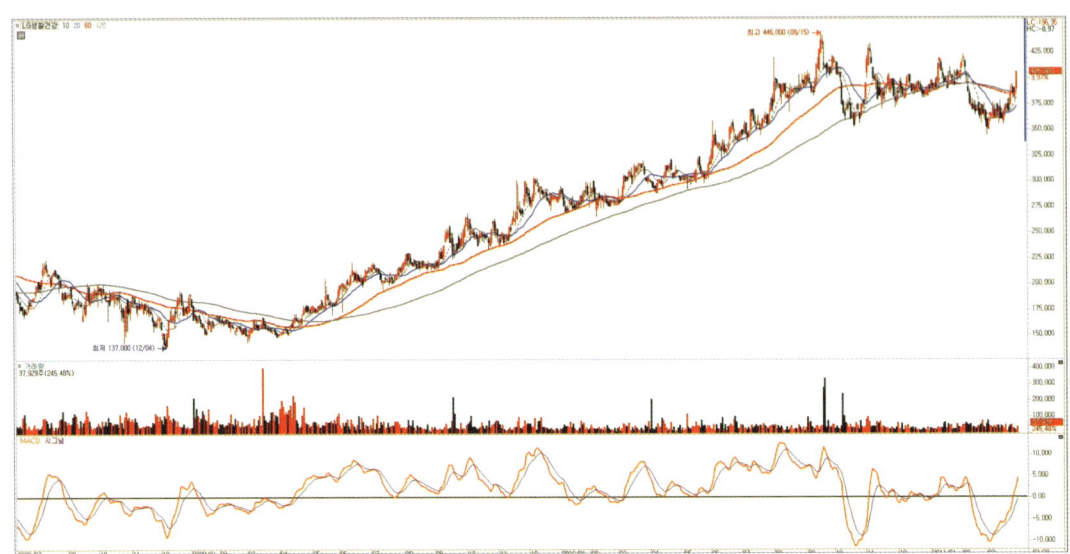

[차트1-24] 종목 [LG생활건강]은 2009년 4월부터 상승추세를 만들며 13만 원대까지 떨어졌던 가격을 44만 원대까지 올렸다.

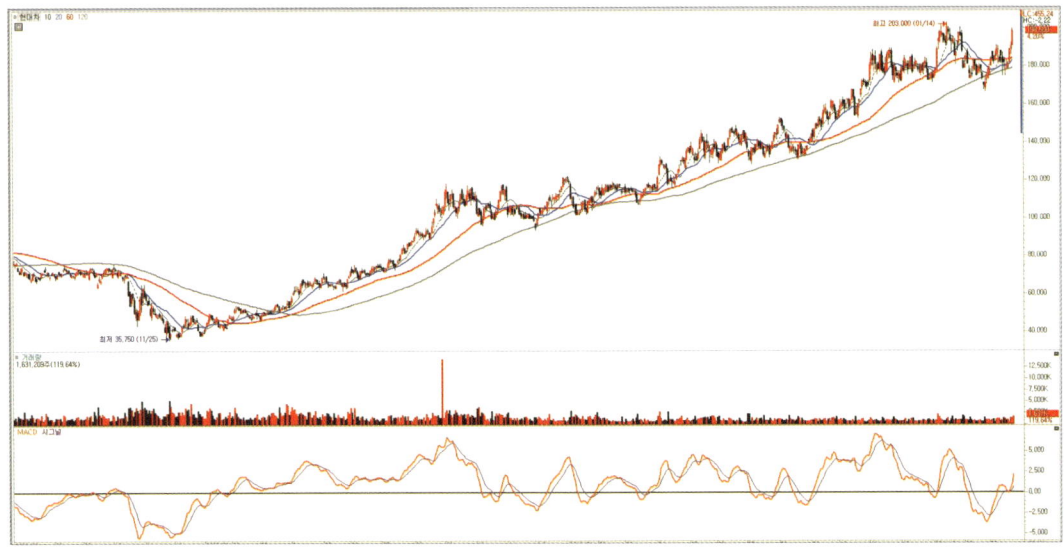

[차트1-25] 종목 [현대차] 역시 금융장세와 실적장세가 이어지는 동안 상승 추세를 이어갔다.

실적장세, 남의 떡이 커 보이는 시기

어떤 종목을 매수하는 게 좋을까? 실적장세는 제법 장기간 이어진다. 이 기간에는 특정 종목군만 오르는 게 아니라 여러 종목군이 돌아가며 순환매 현상을 만든다. 실적이 나쁜 종목들 중에도 오르는 종목들이 꽤 많다. 각종 테마가 단발적으로 뜨기도 하고, 혹은 지수를 끌어올리는 큰 테마를 형성하기도 한다.

이런 이유로, 시선이 자꾸 여러 곳으로 흩어지는 때가 실적장세이기도 하다. 매수하고 싶은 종목이 너무 많아 보이고, 남의 떡이 커 보인다. 리딩방이나 인터넷, SNS에서는 근거 없는 각종 종목 추천이 난무한다.

그러므로 사실 이 시기는 종목 고르기보다 마음을 다독여야 할 때이기도 하다. 잘 가는 종목이 많은데도 굳이 실적 좋은 대형주를 추천하는 이유도 같은 맥락이다. 때로는 조금 답답하리만큼 천천히 오르겠지만 리스크가 적고 큰 수익을 노릴 수 있다.

참고삼아, 우리나라는 언제 금융장세와 실적장세가 있었으며, 이때 어떤 일이 벌어졌는지 챗gpt에게 물었다.

챗gpt의 답변

1. 금융장세 시기 : 한국 주식 시장에서 금융장세가 나타났던 대표적인 시기는 2000년대 초반으로, 당시 전 세계적으로 인터넷 기업들의 주식 가격이 급등하면서 'IT버블' 현상이 일어났습니다. 이에 따라 한국 주식 시장에서도 IT기업들의 주가가 급등하였습니다. 그러나 이후 IT기업의 업황이 악화되면서 IT주들의 주가는 급락하였으며 이는 국내 주식 시장 전체의 하락세로 이어졌습니다.

2. 실적장세 시기 : 실적장세는 기업의 실적이 좋아서 주가가 상승하는 시기를 말합니다. 대표적인 실적장세 시기는 2009년 이후 경기 회복에 따른 기업 실적 호조로, 그리고 2020년 이후 IT기업과 생활 소비재 기업들의 호조로 이어졌습니다. 특히 코로나19의 영

향으로 인해 온라인 서비스 및 플랫폼 기업들이 큰 호황을 누렸으며, 이에 따라 IT주들의 상승세가 이어졌습니다. 또한 이러한 온라인 활성화로 인한 화장품·음식·물류 등 생활 소비재 기업들도 호조를 이어갔습니다.

3. 금융장세 시기 : 한국 주식 시장에서 금융장세가 나타났던 다른 예시는 2019년 하반기와 2020년 상반기입니다. 이 시기에는 미국과 중국의 무역갈등이 일어나면서 세계 경제 전반적으로 불황이 예상되었지만, 한국은 기존 수출 시장 이외에 새로운 수출시장 개척과 기존 수출 국가별 수입 다변화가 이루어지면서 주식 시장에서 긍정적인 성과를 보여주었습니다. 또한, 글로벌 IT 기업들의 증시 상승세도 한국 IT 기업들의 주가 상승에 영향을 끼쳤습니다.

4. 실적장세 시기 : 한국 주식 시장에서 실적장세가 나타났던 다른 예시는 2010년대 중반부터 2018년까지의 시기입니다. 이 시기에는 한국의 수출이 성장하면서 기업들의 수익성이 높아지고, 정부의 정책적 지원으로 인해 산업 구조조정이 이루어지면서 기업들의 생산성도 높아졌습니다. 이러한 배경에서 한국 주식 시장에서는 대부분의 종목들이 긍정적인 실적을 내면서 주가가 상승하였습니다. 또한, 글로벌 경제의 호황과 미국의 재정 정책 등이 한국 주식 시장에 긍정적인 영향을 끼치기도 했습니다.

답변을 보면 금융장세와 실적장세의 차이를 조금은 느낄 수 있을 것 같다. 금융장세는 1번 답변처럼 '실적'으로 연결되지 못하고 '버블'로 끝나는 경우도 있다. 반면 실적장세는 '성장'이라는 결과물을 만들어낸다. 주식이 본질적으로 '실적'에 바탕을 두고 움직이는 것이라고 생각한다면 이때가 장기투자를 하기에 적합한 때다. 세력들이 단발적으로 먹튀를 하는 종목을 기웃거리느니 당시 시장을 견인하는 대형주 중에서 실적 좋은 기업에 투자하는 게 안전한 투자법이 되겠다.

챗gpt의 다음 답변도 실적장세에 어떻게 대응해야 하는지 힌트를 준다.

"실적장세 기간에는 대개 기업의 실적이 안 좋은 산업군의 주식이 하락하는 경향이 있으며, 그에 반해 안 좋은 실적에도 불구하고 실적이 상대적으로 좋은 기업들의 주식은 하락하는 폭이 작은 경우가 많습니다. 예를 들어, 2008년 글로벌 금융위기 때는 IT주 중에서도 삼성전자와 LG전자가 실적 면에서 다른 기업들보다 비교적 유리한 실적을 보여 상승세를 이어갔습니다."

공기가 차가워지면
옷을 갈아입어야 한다, 역금융장세

'정부 정책에 역행하지 마라.'는 주식 격언을 가슴에 품고 살아야 할 때다. 역금융장세는 시중에 돈이 너무 많이 풀려서 인플레이션이 우려될 때, 물가를 잡기 위해 정부가 금리를 높이는 등 시중 자금을 회수하는 정책을 펼 때 발생한다. 이때는 침체장이 시작될 가능성이 높기 때문에, 주식 투자금을 대폭 줄이는 게 안전하다.

인플레이션을 우려해 정부가 시중 유동성을 회수하는 정책을 쓰면, 시중 자금은 빠른 속도로 증발한다. 이 시기에는 이자율도 높아지고 세금도 기업이나 개인에게 호의적일 리 없다. 어떻게든 유동성을 회수하는 게 목적이기 때문에 정부는 경기 침체를 두려워하지 않는다. 두려워하지 않는다기보다는, 얼마간의 경기 침체는 감수하겠다는 판단이다.

이자율이 올라가면 주식에 쏠려 있던 자금이 채권 등 조금 더 안전한 자산으로 옮겨가게 된다. 여름 수영장 물 빠지듯 주식 시장 자금이 빠져나가기 때문에, 주식 시장은 서서히 냉각된다.

기온이 떨어지고 있는데도 여전히 여름옷을 입고 있는 일반 투자자들도 많은 시기다. 뜨거운 백사장에서 물놀이하던 기억 때문인지 기관과 펀드 등 대형 투자자들이 주식 비중을 줄여가는 동안에도, 거꾸로 주식 비중을 더 늘리는 경우도 많다.

계절 변화에 순응하는 개미 투자자들을 본 기억이 별로 없다. 장이 하락할 거라고 경고해도 여전히 물가에서 벗어날 줄 모른다. 도리어 지금이 기회라도 되는 듯 더 많은 자금을 끌어와서 물타기로 대응하는 경우도 많이 보았다.

시장이 본격 하락하기 시작한다는 명백한 신호가 장에 뜰 때가 있다. 큰 흐름을 봐야 알 수 있는데, 어떨 때는 아주 명백하게 하락장이 보일 때가 있다.

그럴 때는 보유 주식을 최대한 줄여야 한다. 하락장 초입에도 물론 상한가를 치거나 급등하는 종목이 없는 게 아니다. 마지막 파티를 벌이는 종목들을 보면서 마음이 동하는 건 어쩔 수 없겠다. 그러나 하락장이 본격화되면 아무리 좋은 종목이라도 동반 하락한다. 하락장에서 상승하는 종목은 눈을 씻고 찾아봐도 많이 보이지 않는다. 그런 종목만 골라서 보유할 실력이 되면 좋겠지만 왜 좋은 일은 남들에게만 벌어지는 걸까? 내 실력을 객관적으로 바라보며 지분지족하는 게 이 시기를 지나는 우리가 갖춰야 할 자세다. 매매할 시간이 있다면 차라리 그 시간에 주식 공부를 하는 게 차후에 더 큰 수익을 거두는 길이 되겠다.

물론 이 시기에 매수를 시작하는 사람들도 있다. 세력들이다. 하락장은 힘들이지 않고 싸게 주식을 주울 수 있는 기회가 된다. 그러나 세력 따라잡기를 하려면 보통의 인내력과 개미 지갑으론 어림없다. 더욱이 어떤 종목이 세력의 매집인지 모른 채 따라간다는 것도 말이 안 된다. 세력은 최소 몇 달, 최대 몇 년에 걸쳐 매집하는 경우도 흔하다. 이렇게 모아가다가 때를 정해서 상한가 한 방 치고 떠나기도 한다. 이걸 어떻게 사전에 예측하고 추적하겠는가.

챗gpt는 역금융장세 기간에 하락하는 경향이 강한 업종이 따로 있다고 설명한다. 참고삼아 보자.

"역금융장세 기간에는 대개 수출업체나 화학업체, 철강업체 등이 하락세를 보이는 경우가 많습니다. 예를 들어, 2011년 유로존 위기 때는 삼성전자와 현대자동차 등 수출에 의존하는 기업들이 하락세를 보였습니다."

아래는 '과거 한국의 역금융장세가 언제였는지, 또 그때 어떤 일들이 있었는지' 챗gpt에게 물은 결과다.

1. 역금융장세 시기 : 2008년 금융위기 이후, 전 세계 경제가 침체 상태에 빠졌고 이에 따라 한국 주식 시장에서도 2008년 10월부터 2009년 3월까지 약 6개월간 급격한 하락세가 나타났습니다. 이때, 주식 시장에서는 금융주 중심으로 대폭락이 일어나면서 역금융장세가 나타났습니다. 이 시기에는 금융 위기에 대한 불안감과 함께 대규모 자금이 인출되면서 주가 하락이 가속화되었습니다.

1. 역금융장세
- 1997년 아시아 금융위기 : 한국을 비롯한 아시아 국가들이 경제적 충격을 받아 주식 시장에서 대폭락이 발생하였습니다.
- 2011년 유럽채무위기 : 유럽 국가들의 채무 문제로 인해 글로벌 경제에 불확실성이 커지면서 주식 시장에서 하락세가 나타났습니다.

폭락이 나올 때를 기다려야 할 때, 역실적장세

역금융장세가 계속되면 가계의 가처분 소득이 줄게 된다. 가처분 소득은 줄어든 반면 물가나 세금은 도리어 오르는 등 개인의 소비 활동이 위축된다. 기업도 매출이 줄면서 실적이 나빠지고 사업을 축소하게 된다. 삼성전자나 현대차 같은 초우량 기업도 생산량을 축소하는 등 강력한 생존책을 내놓는다. 많은 업체들이 불황기를 넘기기 위해 용트림을 한다. 시장이 겨울에 진입한다.

역실적장세라고 모든 주가가 다 떨어지는 건 아니다. 2018년 미·중 무역전쟁과 국내 경기 둔화로 기업 실적이 나빠졌지만 예외적으로 IT주와 중소형주를 중심으로 상승세를 보이는 경우도 있었다. 그러나 역실적장세가 되면 실적 좋은 기업도 저평가받는 일이 생긴다.

"2002년~2003년 당시 기업들의 실적은 호조를 보였지만, 전 세계적으로 경기가 침체되면서 주식 시장에서 하락세가 나타났습니다."

역실적장세에 대한 질문에 챗gpt가 내놓은 답변 가운데 일부다. 실적을 무시하는 흐름이 이 시기의 특징이란다. 실적 나쁘면 떨어지는 게 기본이다. 그런데 실적 좋은 기업까지 제 평가를 못 받는다. 장세라는 건 이처럼 힘이 세다.

이 시기는 기다림의 때다. 우리는 둘 중 하나를 기다려야 한다.

'수직 폭락'이나 '한없이 하락하다가 장기간 횡보하는 주식이 급락 후 반등할 때'를 말이다. 그 폭락 혹은 급락이 나오기 전에는 다시 장은 돌아오지 않는다. 그 신호탄을 기다리자.

…그렇게 해서 시장은 다시 돌고 돈다.

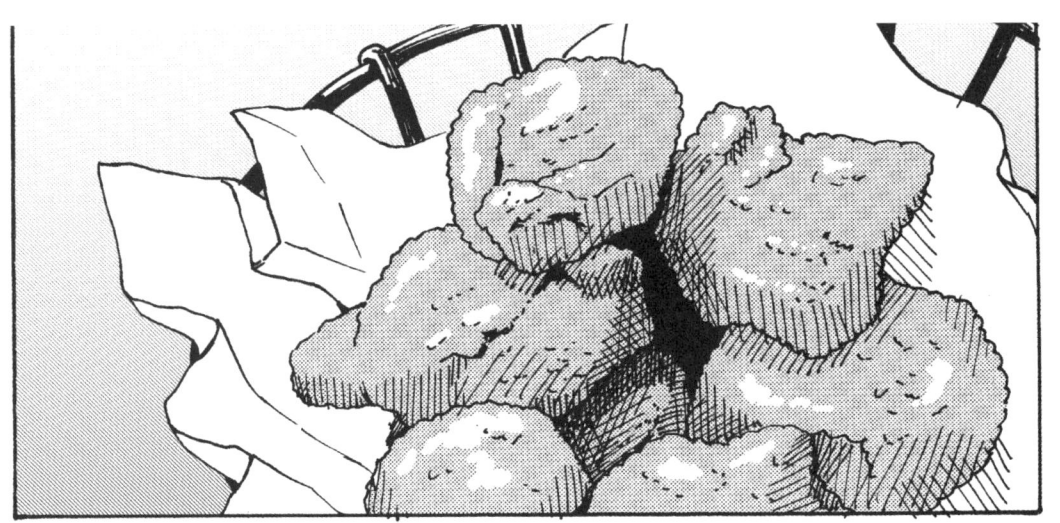

언제 침체장이 오는지만 알아도 손해를 덜 볼 텐데... 그죠?

알 수 있어요

정말요?!

침체장은 아파트를 아무도 사려고 하지 않는 때의 심리랑 비슷해요

아파트요?

아파트 가격이 한없이 오르기만 하는 시기에는

정부는 많은 정책을 쏟아내서 부동산 시장을 안정시키려고 하게 돼요

정부 정책이 효과를 보기 시작하고 오르기만 하던 아파트 가격이 내리기 시작할 때

거래 가격보다 몇 천만 원이 싼 급매물이 나오면, 가격 반등을 기대하며 매수하는 사람이 꼭 있어요

매수하려는 사람이 줄어들면, 가격을 더 내리는 싼 매물들이 나오게 돼요

가격이 내리고 더 내리기를 계속하면, 더 내릴 거라는 생각을 하는 사람이 점점 늘게 돼요

거래량이 점점 더 줄어들면서, 아파트를 팔아야 하거나 팔고 싶은데도 못 파는 사람들이 많아지게 되고...

성냥... 아니, 아파트 사세요~

필요 없어요 꼬마아가씨

그러면 점차 싼 매물이 나와도 꼭 필요한 사람이 아니면 안 사려고 해요

사람들이 사지 않는 이유는 두 가지예요

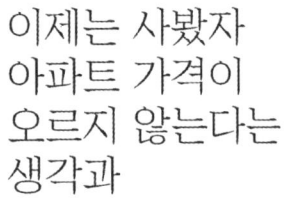

이제는 사봤자 아파트 가격이 오르지 않는다는 생각과

더 내릴 거라는 예상을 하는 사람이 압도적으로 늘어나기 때문이예요

영끌해서라도 사야 한다는 시장 분위기와 정반대의 상황이 되는 거죠

이게 주식시장에서도 똑같이 일어나요

이게 침체기예요

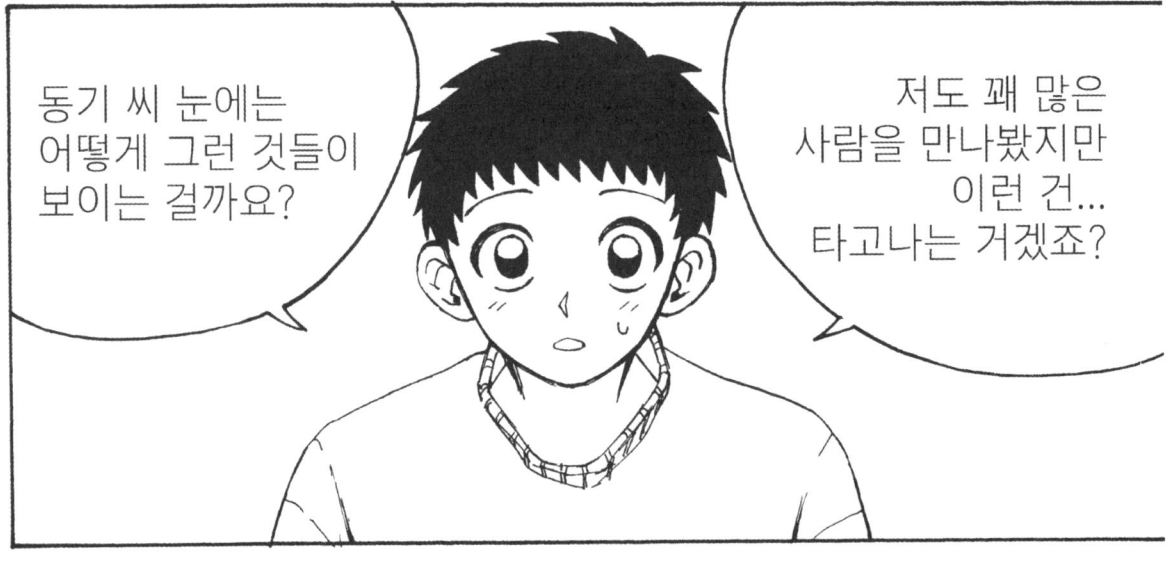

2부

개별 종목 공략법

― 상승 추세로 전환한 종목, 이렇게 찾는다

"쉽게 말하면
어떤 도형의 작은 일부를 확대해 봤을 때
그 도형의 전체 모습이
똑같이 반복되는 도형에 관한 연구이다."
- 나무위키, '프랙탈(Fractal)'

일봉 차트에서 벌어지는 일이,
분봉 차트에서도 벌어진다.
지수(index)에서 벌어지는 일이,
개별 종목에서도 벌어진다.
사이클을 타고 있는 건 주식 시장만이 아니다.
개별 종목들도 각자의 시간에 맞춰
겨울을 지나 봄을 맞이한다.

1장

이런 종목을 공략하라
❶ 확률 높은 정배열

상승 추세를 알려주는 징후, 정배열

- 이평선 배열로 찾기 -

지수 전체의 향방을 놓고 투자하는 방법, 즉 전환기 투자법은 1부에서 다뤘다. 이제는 개별 종목으로 시선을 돌릴 때다. 차트가 어떤 형태를 취할 때 상승 추세로 전환되었다고 말할 수 있을까?

주가가 상승하기 직전의 움직임을 생각하면 가장 먼저 떠오르는 게 있다. 정배열이다.

정배열은 상승 추세를 알리는 가장 큰 신호이자 추가적 도약을 점치기 위해 매우 빈번하게 활용되는 지표다. 물론, 당연하게도 모든 정배열 종목이 다 오르는 건 아니다. 그렇다면 우리의 목표는 옥석을 가리는 일이 되겠다. 확률이 높은 종목에 배팅하는 게 주식이라고 한다면 정배열 중에서도 확률 높은 종목을 찾는 게 성공 투자의 관건이 된다. 과연 확률 높은 정배열은 어떤 특징을 띠고 있을까?

"일반적으로 단기 이평이 장기 이평의 위에 위치할 때(예: 5, 20, 60일선 순으

로) 정배열이라고 하고 반대일 때는 역배열이라고 한다." – 나무위키, '이동평균선'

일봉 차트를 불러오면 디폴트값으로 가격이동평균선이 표시된다. 최초에 표시되는 이평선은 총 5개로 5일, 10일, 20일, 60일, 120일 주기의 이평선이다. 사람마다 사용하는 이평선이 조금씩 다른데 기본값인 위 5개 외에도 3일, 240일, 480일 등 별도의 기간을 설정하여 쓰는 경우도 흔하다. 개인적으로는 36일선도 쓴다. 무슨 말인가 하면 정답이 없다는 얘기다. 어떤 이평선이 나에게 맞는지는 경험과 공부에 따라 달라진다. 그래도 가이드는 필요하기 때문에 여기서는 사용 빈도가 높은 5일, 20일, 60일 세 가지 이평선의 상대적 위치와 형태를 보면서 확률 높은 정배열 차트를 찾아보려고 한다.

정배열이란 이 이동평균선들이 일정한 순서로 배열되었음을 의미한다. 아래 그림은 [삼성전자] 차트다.

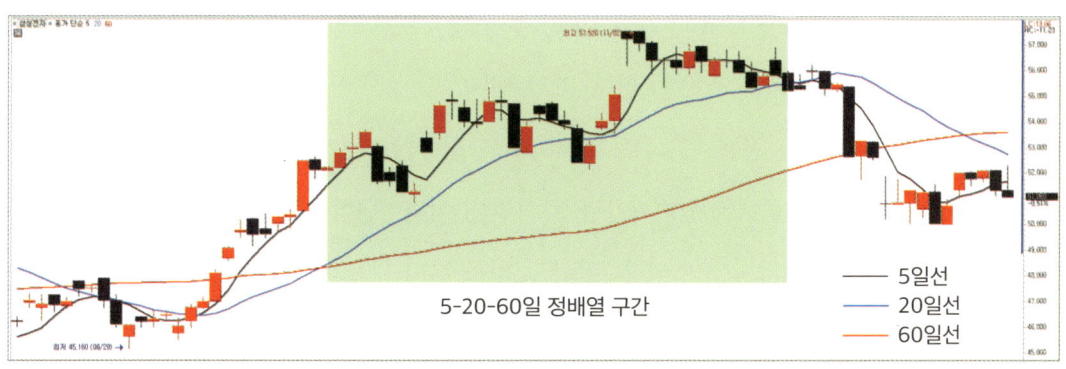

[차트2-1] [삼성전자]의 2017년 후반기 모습. 연두색 박스 부분이 정배열 구간이다.

박스 구간을 보자. 5일선(검정), 20일선(파랑), 60일선(빨강)의 상대 위치는 다음과 같다.

5일 > 20일 > 60일

색깔로 보면 이렇다.

검정 > 파랑 > 빨강

(* 필자가 임의로 지정한 색깔. 이평선 색깔은 바꿀 수 있다.)

즉 5일선(검정)이 가장 위에 있고, 차례로 20일선(파랑)과 60일선(빨강)이 아래에 자리한다. 이처럼 날짜가 짧은 이평선이 위에, 날짜가 긴 이평선이 아래 있을 때 정배열이라고 부른다.(다시 말하지만 어떤 이평선을 쓰는지는 사람마다 다르다. 취향에 따라 10일, 120일 등을 추가하거나 5일, 60일을 빼고 정배열 여부를 따질 수도 있다.)

이런 배열이 나타나는 이유는, 요 근래에 주가가 지속적으로 올랐기 때문이다. 주가가 오름에 따라 단기 이평선(5일선)부터 위로 방향을 틀고, 연이어 중기 이평선(20일선), 장기 이평선(60일선)이 서서히 고개를 들면서 정배열이 완성된다.

정배열 종목은 검색식을 통해서 쉽게 찾을 수 있다. 이동평균선의 배열을 5일>20일>60일로 설정하여 검색하면 된다(키움증권 기준, 이평선 배열은 5일, 20일, 60일이 기본으로 세팅되어 있다.). 그러나 검색 후 너무 실망하지 말길 바란다. 이렇게 해서 찾은 종목은 2023년 7월 기준으로 300개가량 되기 때문이다. 주식 시장의 흐름에 따라 검색되는 숫자는 달라지지만 암튼, 많아도 너무 많다.

주식을 배워가는 초기에는
어떤 종목에 관심을 가져야 하는지
감을 잡을 수 없는 '안개 속' 경험을
자주 하게 된다.
어제까지만 해도 '이렇게 하면 되겠다'는
감이 있었지만
불과 하루 만에 감은 사라지고
다시 오리무중이다.
그런 암중모색의 순간에 나를
다시 붙잡아주는 것이 있어야 한다.
그 중 하나가 '정배열'이다.

확률 높은 정배열 찾기
- 일봉 차트에서 나타나는 특징 -

단순히 정배열만 보고 투자를 결정하기에는 종목이 너무 많다는 게 함정이다. 그래서 필터링이 필요하다. 진짜 정배열에는 한 가지 중요한 특징이 있다. 그 특징을 알아보기 위해 이번에는 이평선이 아니라 일봉 차트로 돌아와 보자. 아래는 이 특징을 나타내기 위해 일봉 차트를 선으로 연결한 그림이다.

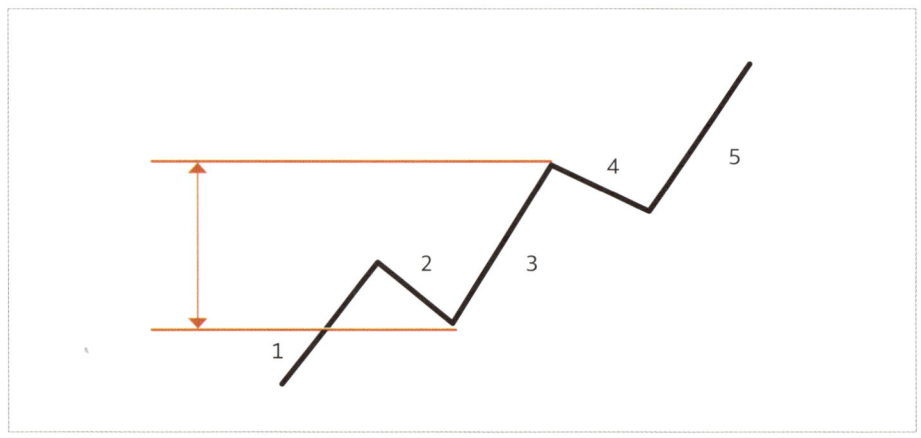

[그림2-1] 정배열 파동의 한 예. 3번 상승 파동의 길이(높이)가 2번 하락 파동보다 길다(높다).

어떤 특징이 보이는가? 상승 파동의 길이가 하락 파동의 길이보다 길다. 높이라고 표현해도 좋다. 많이 올라가고 적게 내려간다. 그래서 무슨 일이 벌어지는가 하면 이전 고점(=전고, 전 고점)을 돌파한다. 상승 추세의 종목은 계속 고점을 높인다는 특징이 있다(고점을 높이는 이 구간에서 수익을 내는 게 핵심이다.).

또 한 가지 참고삼아 기억할 게 있다. 위 그림은 임의로 든 예시가 아니라 상승 형태에서 자주 등장하는 파동의 패턴을 압축적으로 표현한 것이다. 보통의 상승 파동은 위 그림처럼 세 차례의 파동을 그리는 경우가 상당히 빈번하다(이런 종목이 많다는 뜻이 아니라 상승 형태에서 자주 보인다는 뜻이다.).

노파심에 한마디 덧붙이면, 이 모양을 끝까지 다 확인한 뒤에 매수하라는 뜻이 아니다. 3파동까지 다 그린 뒤에 하락세로 접어드는 경우도 얼마든지 있다. 우리는 항상 과정 중에 있는 종목에 관심을 기울여야 한다. 최종적으로 이런 그림으로 갈 수 있다는 '가능성'에 토대를 두고 접근하는 게 옳은 방법이다.

그렇다면 어떻게 접근할까? 이런 종목을 매매하는 방법은 몇 가지 있을 텐데 간략히 보면 이렇다.

① 2번 하락 파동 구간에서 담아가기

1) 1번의 상승 파동이 진행되는 동안
2) 정배열이 나타나면
3) 2번의 하락 파동의 길이를 보고
4) 분할 매수하는 방법이다.

② 3번 상승 파동 초기에 담아가기

1) 2번 조정기의 끝에서
2) 3번 파동이 시작되는 조짐을 보고

3) 분할 매수하는 방법이다.

1번 파동의 초기부터 '이 종목은 상승이야'라고 확신하고 덤비는 주식 고수는 없다고 본다. 차트가 만들어지는 모습을 보면서 '내가 원하는 그림이 그려지고 있다'고 눈으로 확인한 뒤 배팅 금액을 늘리는 것이 확률적으로 안전한 방법이다. 예측은 시일이 임박할수록 정확해진다. 적게 먹더라도 확실하게 먹는 방법이 좋은 방법이라고 생각한다.

이어서, 다른 특징도 살펴보자.

짝수에 나타나는 하락 파동이 이전 상승 파동의 저점을 깨뜨리지 않는다는 점도 눈여겨보자. [그림2-2]에서는 2번 하락 파동(빨간색)이 1번 파동의 저점을 이탈했다가 다시 크게 상승한 것으로 표현했는데 이런 경우는 드물다. 만일 그림의 2번 하락 파동 중에 있다면 해당 종목은 기피해야 할 종목이 된다. 특수한 경우를 빼고는 매수하면 위태로운 종목이 된다.

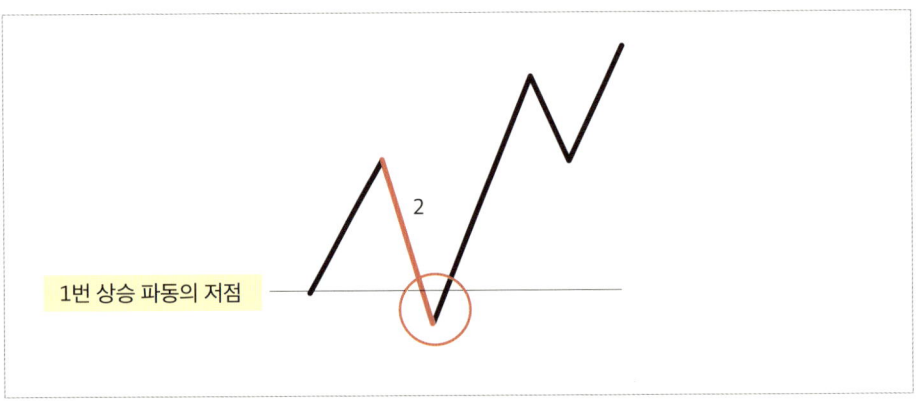

[그림2-2] 2번 하락 파동이 1번 저점 아래로 내려간 경우

그러나 이런 건 괜찮다. 4번의 하락 파동이 1번의 고점을 일시적으로 깨뜨리는 경우다.

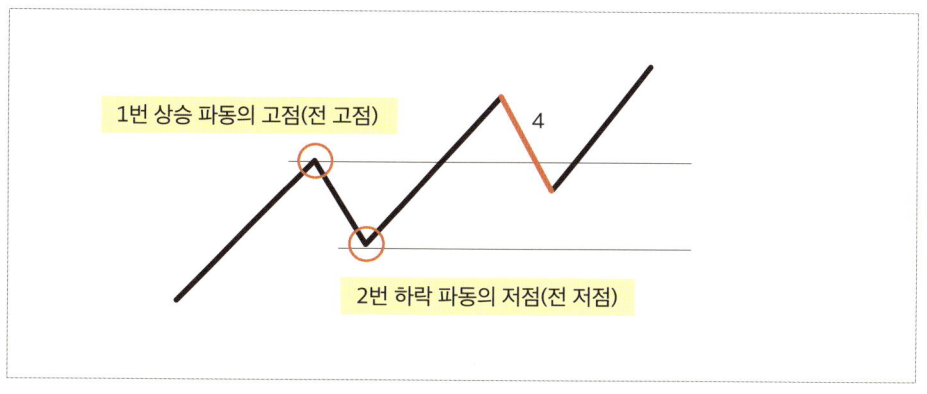

[그림2-3] 4번의 하락 파동이 일시적으로 전 고점을 깨뜨렸으나 괜찮다.

이전 고점(=전 고점, 전고)이 일시적으로 깨지는 경우는 종종 나타난다. 그러나 이전 저점(=전 저점)을 깨뜨리면서까지 상승 추세를 이어가는 종목은 드물다. 보통은 전 저점 위에서 다시 저점이 형성되기 때문에 저점을 높여가는 형태가 만들어진다(저점이 높아지는 건 상승 추세 종목의 특징 중 하나다.). 반대로 저점이 낮아졌다면(그림2-2) 일단 상승 추세가 꺾였다고 판단한다.

그렇다면 반대 현상이 나타나면 어떻게 될까? 1) 하락 파동이 길고 상승 파동이 짧고(길게 내리고 조금 오르고), 2) 전 고점을 돌파하지 못하고, 3) 저점이 전 저점보다 더 낮아지면 이때는 하락 추세가 되었다고 판단한다.

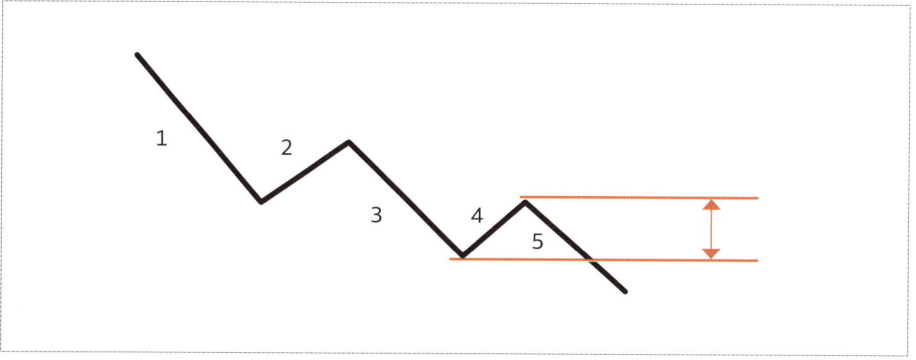

[그림2-4] 하락 추세의 한 예. 4번 상승 파동의 길이(높이)가 3번이나 5번의 하락 파동보다 짧다(낮다).

상승 추세와 반대로, 하락 1 파동보다 상승 2 파동의 길이가 짧다. 길게 내려가고 짧고 오른다. 이런 형태는 주식 시장에서 아주 많이 찾을 수 있다(계단을 내려가는 것처럼 보인다고 해서 '계단식 하락'이라고 부르기도 한다.). 당연히, 피한다.

3

이평선 배열과
일봉 차트를 결합하면 이렇다

- 경험과 노하우의 영역 -

앞의 내용을 정리하면 이렇다.

- 정배열 여부는 이평선의 상대적 위치만 보고 판단하는데 단기 이평선이 장기 이평선 위에 있으면 정배열이다.
- 정배열이 상승 추세에 있는지 확인하기 위해 일봉 차트의 캔들이 만드는 파동을 체크한다.

이 두 가지는 다른 얘기다. 하나는 이평선이요, 하나는 캔들이다. 그렇다면 이평선과 캔들을 결합하면 우리는 새로운 정보를 얻게 된다. 캔들이 이평선과 만나는 순간이다.

캔들이 이평선과 만나면서 벌어지는 현상에 대해서는 단순한 설명이 어렵다. 이 현상은 주식 투자자들의 경험이 반영된 통계치에, 개인의 공부와 노하우가 결합되어 해석되는 것이기 때문에 왜 이렇게 해석하는지 학문적 근거를 갖고 얘기할 수 없다. 그래서 이 현상에 대해서 '왜 그렇게 되는 겁니까?' 하고 물으면 답변이 궁색해지기 마련이다. 주식이란 게 원래가 자연현상도 아니고, 과학으로 풀어낼 수 있는 문제도 아닌 탓이다. 그래서 합리적 근거 대신 수익 인증으로 각자의 노하우가 옳다는 것을 증명하려고 하지 않는가?

수익을 인증하는 방식은, 물론 그 사람의 방법이 틀리지 않았다는 걸 증명하는 일이 되기는 하지만 그렇다고 그 사람의 말을 그대로 따라 한다고 수익이 보장되는 것도 아님을 우리는 너무 잘 안다. 왜냐하면 그 주식 고수의 말에는 생략된 게 너무 많고(본인도 뭘 빠뜨리고 설명했는지 잘 모른다), 경험치도 너무 다르다(고수는 이 경험치를 무시할 수 없다는 걸 너무 잘 안다.). 단순히 정리된 기법 하나만으로 고수처럼 수익을 거둘 수 있다고 믿는 건 너무 순진한 발상이다. 여기서부터는 각자가 확률을 높이기 위해 고수들의 노하우를 재현해 보면서 자기 것으로 만드는 시간(경험)이 필요하다. 경험 없이 기법만으로 매매에 참여하는 것은 마치 눈 감고 칼을 휘두르는 것과 같아서 칼은 열심히 휘두르지만 베는 게 없다.

아무튼, 필자를 포함하여 차트를 조금 볼 줄 안다는 사람들이 이 현상을 어떻게 해석하는지 소개할 필요가 있겠다.

A. 캔들이(주가) 20일선 밑으로 내려가면 '단기' 상승세가 끝났다고 본다.
B. 캔들이(주가) 60일선 밑으로 내려가면 '중기' 상승세가 끝났다고 본다.

왜 이렇게 보느냐고 묻는다면 이렇게 답변할 수밖에 없다.

- 20일선은 단기 추세를 결정하는 세력선이기 때문
- 60일선은 세력의 평균 매집가이기 때문

60일선이 '세력의 평균 매집가'에 가깝다고 생각하는 건 나의 경험과 노하우가 녹아 있는 시각이지만 이평선을 이런 식으로 바라보는 건 나만이 아니다. 세간에서는 다음처럼 각 이평선에 별칭을 붙이기도 한다.

- 5일선은 생명선이다.
- 20일선은 추세선이다.
- 60일선은 수급선이다.
- 120일선은 경기선이다.

그리고 설명이 이어지지만 역시나 왜 이게 생명선인지, 추세선인지 대답하지 못한다. 그러므로 이에 대한 모든 설명은 철저히 개인적 체험이 근거가 될 뿐이다(물론 날카롭게 벼려진 그 개인적 체험의 차이가 수익의 차이를 만든다고, 경험적으로 믿는다.).

아무튼 이평선과 캔들의 만남을 이렇게 해석하는 사람이라면 주가가 60일 이평선 밑으로 내려갈 때 하락 가능성도 같이 높아진다고 판단하는 게 상식이겠다.

그래서 단기적으로 보면 주가는 20일선 위에 있는 게 좋고, 중기적으로 보면 60일선 위에 있는 게 좋다. 그런 와중에 20일선이 60일선 위에 위치하면, 즉 정배열을 유지하면 단기든 중기든 추세가 살아 있는 걸로 판단한다. 아래 차트가 좋은 예다.

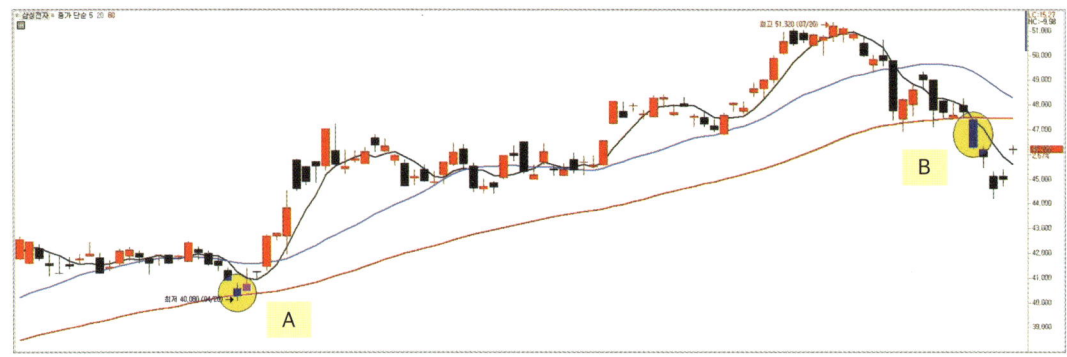

[차트2-2] 종목 [삼성전자]의 2017년 3월에서 8월까지의 모습. 이 기간 내에서 20일-60일 선은 정배열을 유지하고 주가는 오랫동안 20일이나 60일선 위에서 움직인다.

이 차트는 정배열 상승 추세 종목의 특징을 잘 보여준다. 오를 때 많이 오르고 내릴 때 적게 내린다(상승 길이가 하락 길이보다 길다.). 상승 파동의 끝에서는 전 고점을 돌파하는 모습이 나타나고 조정(하락) 구간에 들어가도 전 저점을 깨뜨리지 않는 지점에서 지지대가 형성된다. 전형적인 상승 추세의 차트다.

그런데 우리는 지금 이평선과 캔들이 만나는 현상에 대해서 이야기하고 있다. 이 차트에서는 캔들(=주가)이 5일선, 혹은 20일선과 자주 만난다. 상승 파동 때는 5일선과 자주 만나고, 하락 파동에서는 20일선과 자주 만난다. 그런데 두 곳이 특이하다. 노란색 동그라미 A와 B다.

동그라미 A의 경우, 60일선을 건드리며 일시적으로 하락하는 움직임이 나왔다. 당일 캔들도 음봉이다. 그런데 종가를 보면 아래꼬리를 말아 올리며 60일선 부근에서 종가를 형성한다. 이처럼 일봉 캔들이 60일선을 물고 있는 경우가 있는데 만일 60일선을 완전히 이탈한 경우가 아니라면 나는 이렇게 판단한다.

"아직 60일선을 깨뜨린 것은 아니다."

"아직은 상승 추세가 꺾인 건 아니다."

물론 다음날도 중요했는데 양봉이 뜨면서 60일선 위로 오르는 모습을 보여주었다. 확률이 더욱 높아진다. 의구심이 지워진다. 안개가 걷힌다. 매수를 고려하거나 아니면 보다 적극적으로 첫 매수에 들어간다.

반면 두 번째 동그라미 B는 60일선을 완전히 깨뜨리고 내려간다. 음봉의 크기도 A 때와는 다르다. 다음 거래일의 모습도 좋지 않다. 아래꼬리를 만들면서 약간의 반등을 만들지만 전일 종가를 회복하지 못한다. 이 움직임을 보면 하락 추세로 접어들 가능성이 큰 것처럼 보인다. 더욱이 5일선이 60일선 밑으로 내려가는 데드크로스도 나온다. 나쁜 징후들이 겹친다. 반등 확률이 낮아진다. 신발끈 고쳐 매고, 도망친다.

캔들과 이평선의 만남이라는 주제에서, 개인적으로는 주가와 60일선의 만남에 관심이 많다. 특히 주가와 60일선이 만나는 지점에서 5일선도 같이 움직일 때는 상승이든 하락이든 뭔가 시작되었다고 판단하는 편이다.

단순히 정배열 여부만 따져서 매수 여부를 결정하는 건 너무 안이한 생각이다. 수백 개의 정배열 종목 가운데 진짜를 가려내기 위해서는 다음과 같은 체크 항목들로 필터링하면서 확률 높은 종목을 추려가야 한다.

- 일봉의 흐름은 어떤가?
- 단기 이평과 장기 이평의 이격과 지지는 어떤가?
- 전 고점을 돌파하는가?
- 전 저점을 잘 지켜주는가?

나아가 내가 60일선과 주가가 만나는 지점에 관심을 갖듯이 독자 개개인도 확률을 높일 수 있는 조건을 찾아서 예의주시해야 한다. 몇 개의 유용한 조건값으로 종목을 추리더라도 최종적인 매수 판단을 내릴 시점에는 여전히 손 안에 10개 이상의 종목이 있을 수 있다. 10개도 사실 많다. 그런데 이때 최종 판단에

도움 되는 노하우가 있다면 매매는 생각처럼 어려운 일이 아닐 수 있다. 다만 그 노하우를 손에 넣는 과정이 어렵겠지만 말이다.

왜 정배열이 좋다는 걸까?
- 단기 이평선의 반등 현상

"이런 배열에 무슨 의미가 있는 걸까? 가격이 올랐기 때문에 만들어진 자연스런 현상 아닌가? 즉 정배열은 그간 열심히 오른 결과일 뿐이지 향후 가격 상승을 보장하는 지표로 보는 건 불합리해 보인다."

우리가 몸담고 있는 주식 세계는 과학의 세계가 아니라서 합리성에 바탕을 두고 뭔가를 물어봐도 대개 원하는 답을 찾기 어렵지만, 응당 가질 수 있는 질문이다.

이에 대한 답변보다는 흥미로운 현상 한 가지를 소개한다. 한번 정배열이 완성되고 나면 장기 이평선이 단기 이평선의 하락을 저지해주는 경향이 생긴다는 사실이다. 다시 [삼성전자] 차트를 보자.

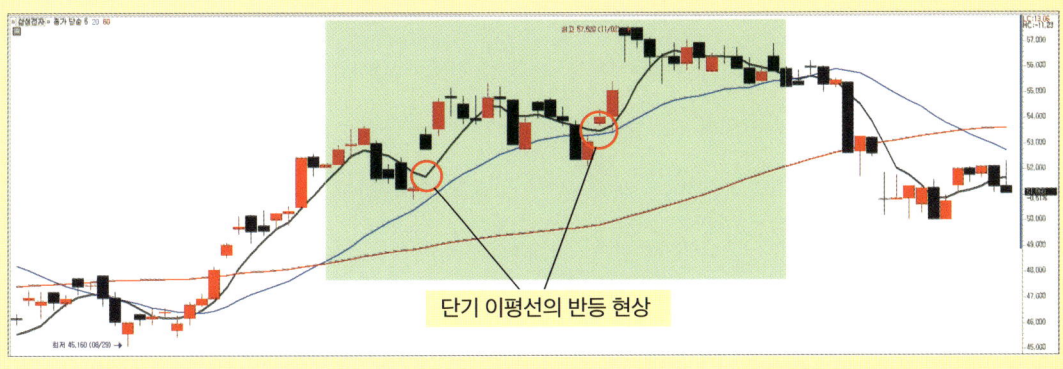

[차트2-3] 하락하던 5일 이평선이 20일 이평선과 가까워지자 다시 상승 추세로 바뀐다.

빨간색 원으로 표시한 부분은 5일 이평선이 하락을 하다가 20일 이평선의 지지를 받고 다시 상승하는 구간이다. 20일선에서 지지해주는 힘이 좋을수록 상승하는 힘이 강하다고 판단한다. 이런 반등 현상은 상승 추세로 접어든 종목에서 자주 목격된다.

나는 방금 '자주 목격된다'고 표현했는데 사실 이게 합리적 근거를 요구하는 사람들에게 들려줄 수 있는 최선의 답변이 될 것 같다. 주식은 합리성이 지배하는 곳이 아니다. 어쩌면 과거의 모든 경험이 오늘의 주식 매매에 소용이 없을지도 모른다. 그럼에도 로또처럼 아주 무작위는 아니라서 경험의 법칙이 확률값을 바꾸면서 현재에 적용된다. 특히나 매일 상승하는 종목보다 하락하는 종목이 월등히 많은 주식판에서 '(반등이) 자주 목격되었다'면 분명 이 현상은 확률적으로 승률이 높은 형태라고 보는 게 옳은 접근이겠다. 무슨 일이 벌어져도 하등 놀랍지 않을 것 같은 주식판에서 '자주'라는 단어를 만났다면 뭔가 되풀이되고 있는 현상, 즉 '세력들이 자주 활용하는 방법'이라고 인식하는 게 어쩌면 수익에 다가가는 방법이 아닐까 싶다.

참고로 이런 정배열에서 매수를 하려면 가격이 5일선이나 20일선에 가까워졌을 때를 기다려야 한다(주가와 이평선의 만남). 예를 든 [삼성전자]는 일정 구간이 지난 뒤에는 정배열이 깨지면서 하락 추세로 바뀌기는 하지만 정배열을 유지하는 동안에는 전고 돌파가 나오는 등 수익 구간이 만들어질 뿐 아니라 경우에 따라 보다 장기적으로 정배열을 유지하며 큰 폭의 상승을 만드는 경우도 종종 나타난다(물론 이 부분은 매집 등의 공부가 따로 필요하다.). 이 때문에 노련한 주식 투자자들이 모두 입을 모아 '정배열, 정배열' 하고 노래하는 것이다.

제2의 [에코프로] 잡기

- 대상승으로 이어지는 정배열 5일선 매매 -

"16년 만에 코스닥 '황제주' 나오나?"

- 중앙일보, 2023년 7월 7일

먼저 차트 하나 보고 시작하자. 2023년을 뜨겁게 달구었고, 이 책을 쓰고 있는 7월 말까지도 화제의 중심에 서 있는 [에코프로]다.

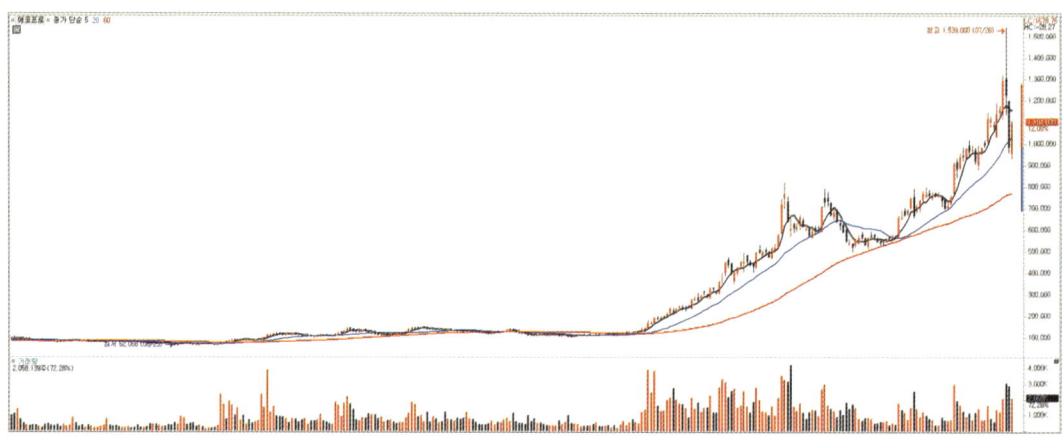

[차트2-4] 2023년 7월 10일 황제주에 등극한 [에코프로].

'황제주'란 주가가 100만 원이 넘는 종목을 의미한다. [에코프로]는 2023년 7월 10일, 100만 원을 터치하며 황제주로 등극한다. 10만 원대에서 놀던 종목이 불과 반 년 만에 10배 넘게 올랐는데 이 무렵 '에코프로가 오르지 않으면 지수도 오르지 않는다'는 얘기까지 나돌았다.

그런데 이 기간의 이평선을 보면 어떤가? 정배열이다. 일시적으로 5일선이 20일선 밑으로 내려간 데드크로스 구간도 나오지만 60일선은 단 한 번도 깨뜨리지 않았다. 정배열을 공략하는 가장 큰 이유 가운데 하나는 대상승의 거대 파동 위에 올라타기 위해서겠다.

이런 대상승 국면을 만드는 정배열 공략에서 전통적으로 가장 중시되는 게 5일선 매매다. 보통의 경우, '정배열 5일선 매매'는 짧은 파동을 이용하는 경향이 큰데 그래서 단타 매매에 가깝다. 하지만 [에코프로]처럼 대상승 국면의 초입이 되는 경우도 드물지만 나타난다.

5일선 매매의 핵심은 뭘까? 캔들이 5일선 위에서 형성되거나 일시적으로 하락하더라도 5일 이평선을 물고 있다는 점이다(뒤에서도 계속 '물고 있다'와 '이탈'이라는 말을 쓰고 있는데 둘의 차이를 차트에서 현상적으로 구분해야 한다. 앞으로 돌아갈 필요는 없고, 해당 표현을 만날 때마다 이해의 폭을 조금씩 넓혀보자.). 캔들이 5일선을 타고 오르기 때문에 힘이 좋다고 판단하고, 충분히 기다려주면 추세를 이어갈 것이라고 기대하게 만들며, 실제로 그런 종목들이 나타난다는 게 5일선 매매의 가장 큰 장점이다.

5일선 매매에 대해서는 시중에 많이 알려져 있는데 대개는 짧게 치고 빠지는 내용이 주를 이룬다. 설명하는 내용이 조금씩 다르긴 하지만 일반적으로는 다음과 같은 조건에서 매수하라고 알려준다.

5일선 매수 타점

❶ 정배열 완성 후 주가가 처음 5일선을 돌파할 때 매수할 것

❷ 정배열 상태에서 하락하며 5일선을 다시 터치할 때 매수할 것(단, 하락 때 거래량이 많거나 장대 음봉이 생기면 안 된다.)

❸ 장중에 일봉이 5일선 아래로 내렸다가 다시 5일선 위로 올라설 때 매수할 것

❹ 일봉 거래량이 늘면서 5일선이 상승으로 방향을 바꿀 때 매수할 것

❶번은 교과서적인 매수 타점이다. 5일선 매매라는 게 원칙적으로 이런 조건일 때 매수하는 것을 의미한다. ❷번과 ❸번은 비슷한 얘기다. 5일선 위로 올랐던 가격이 하락할 텐데 5일선을 건드리면 매수하라는 것과 5일선 밑으로 이탈했다가 회복할 때 매수하라는 차이뿐이다. ❹번은 캔들이 아니라 5일 이평선의 방향을 보고 매수하라는 내용이다.

❶번을 빼고 나머지 이야기에는 공통점이 있다. ❶번을 만든 뒤 주가는 반드시 조정을 본다는 점이다. 조정 후 어떤 형태가 반등인가에 대한 해석이 다를 뿐이다. 반드시 조정을 본다는 점은 나도 동의한다. 다만 조정기가 초기에 나타날지, 아니면 어느 정도 진행된 후에 나타날지가 다를 뿐이다. 나는 이 조정기

에서 나타나는 주가(캔들)의 5일선 '이탈'이 5일선 매매에서 매우 중요한 기점이라고 개인적으로 판단한다. 다시 말하지만 이평선을 물고 있는 게 아니라 장이 마감된 후의 일봉 모습이 이평선으로부터 완전히 벗어났을 때를 말한다.

5일선 매매는 매수 타점을 찾기는 어렵지 않다. 위에 방식처럼 ❶~❹번에서 (분할) 매수했고, 주가가 내가 산 가격(평단가)보다 높아졌다면 일단 잘 산 것이다. 그렇다면 남는 건 매도 시점이다. 언제까지 이 종목을 들고 가야 할까?

다시 [에코프로]다.

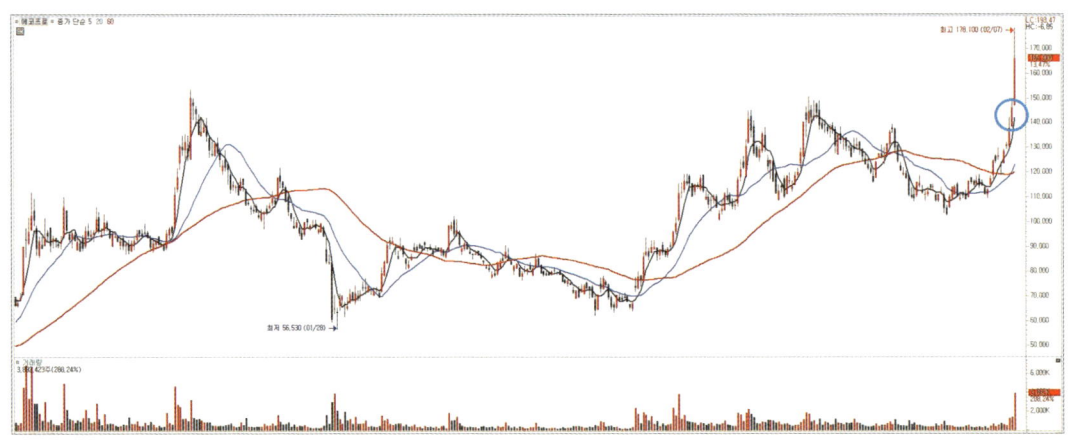

[차트2-5] [에코프로]의 대상승 초기 국면.

위 차트는 대상승이 나오기 직전 모습이다. 파란색 동그라미를 친 부분이 개인적으로는 적절한 매수 타점이라고 생각되는 곳이다. 헤드엔숄더의 3봉을 만들었다가 눌림을 주고 다시금 고점 부근까지 상승하며 돌파하기 직전의 형태를 만든 날이다. 이 무렵 캔들은 5일선 위에서 만들어지고 있고, 표시한 동그라미에서 정배열이 완성된다(전일은 20일선이 60일선 바로 아래 바짝 붙으며 끝이 났다. 5)60)20). '정배열 5일선 매매'의 정석이 나타났다. 만일 이런 흐름에 올라탔다고 가정해 보자. 언제까지 이 종목을 홀딩하는 게 좋을까?

홀딩 조건 ❶ 5일선을 물고 있는가?

'5일선을 물고 있는가?' 하고 물은 건 캔들이 5일선에 걸려 있는지 확인하라는 것이지만 걸린 것뿐 아니라 5일선 위에 있는 경우도 모두 조건을 달성한 것으로 보면 되겠다.

5일선 위에 있거나 5일선에 걸려 있다면 5일선 상승 추세는 깨지지 않은 것으로 판단한다. 만일 그렇다면 '계속 홀딩'이 답이겠다.

아래 차트는 5일선을 물고 있을지언정 단 한 번도 깨뜨리지 않고 목표지점까지 상승하는 모습을 보여준다.

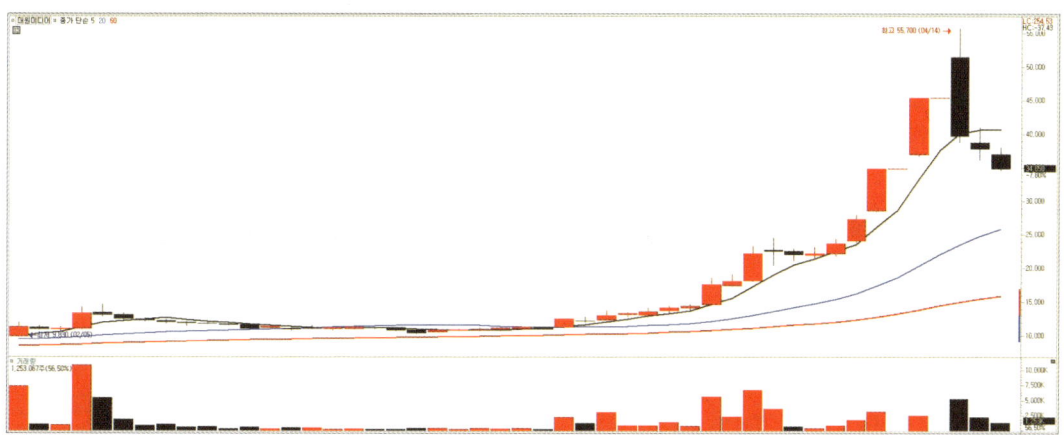

[차트2-6] [대원미디어]의 2021년 2월부터 4월까지의 모습. 매우 드문 형태의 5일선 급등 형태다. 캔들이 5일선을 이탈하지 않기 때문에 고민 없이 들고 갈 수 있다.

홀딩 조건 ❷ 이탈한 지 하루 만에 회복되었는가?

그러나 목표지점까지 한 차례 흔들림도 없이 오르는 종목은 극히 드물다. 앞의 [대원미디어]의 경우도 장중에 5일선을 깨뜨리며 하락 압력을 높인 순간이 있었다. 그런데 또 장이 끝나고 보면 5일선이 회복되어 있다. 심지어 장중 하락 터널을 지날 때 5일선이 살짝 아래로 접히는 현상이 나타나는 경우도 있다. 물론 장 마감 후에 보면 거짓말처럼 원상복귀가 되지만 말이다.

지나고 나서 보면 쉬운 차트지, 현재를 살아가는 입장에서는 자꾸 흔들어대는 탓에 수십 번의 매도 유혹을 받는다. 어떻게 할까?

5일선을 잘 타며 순항하던 차트가 만일 [차트2-7]의 ❶번 캔들처럼 5일선 아래로 이탈이 나오면 우리는 어떻게 해야 할까?

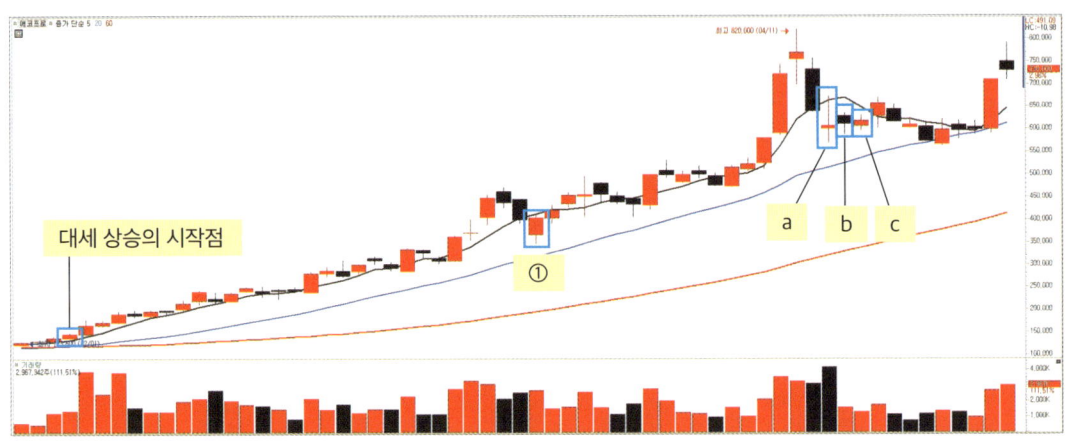

[차트2-7] 전 고점을 돌파한 이후 5일선을 타고 대상승을 시작한 [에코프로]

우선 오해가 없으려면 ❶번 캔들이 만들어진 날의 장 초반 모습부터 상상해야 한다. [차트2-7]에서 보는 ❶번 캔들은 장이 마감된 후에 최종적으로 만들어진 형태일 뿐, 장 개시 때는 갭 하락이 나오며 5일선으로부터 멀찍이 이탈한 형태였다.

그런 사정을 감안하기 위해 지금은 당일 오전 10시 무렵이라고 상상해 보자. 그때 우리는 이게 함정인지 아닌지 판단할 만한 다른 지표들을 참고하기 마련이다.

- 5일선이 꺾이려면 음봉일 때(장중 하락 구간을 통과할 때는 일봉이 음봉 형태를 만들기도

한다. 위의 차트에서는 주가가 아랫꼬리 구간에 머물러 있을 때) 거래량이 많아야 하는데 그런 게 아니라면…

- 하루 전에 장대음봉이나 윗꼬리가 긴 캔들이 만들어지면서 거래량이 터진 게 아니라면…
- 당일 거래량이 적었다면…
- (과거 경험상) 강한 지지를 받으며 버티던 이평선이 하루 정도 깨졌다가도 다음날 다시 회복하는 경우가 많았으므로…

경험적인 근거에 따르면 이런 형태에서는 하루 정도 기다려 본다고 판단한다. 첫 이탈에서 급락이 나오는 경우가 없지는 않지만 드물다는 것도 내 경험 데이터에 입력되어 있기 때문에 지금은 비교적 편안한 마음으로 대응하는 편이다.

다행히 ❶번 이탈은 마감 때가 가까워지면서 5일선을 회복하는 움직임을 보여주었고, 일시적으로 5일선 위로 올라갔다가 다시 내려왔는데 종가를 형성하는 모습이 나쁘지 않았다. 그리고 실제로 다음날 5일선을 회복하면서 흔들기는 일단락된다. 물론 완전히 마음이 놓인 건 아니지만 전일보다 종가가 높아지는 등의 몇 가지 추가적인 신호를 더하면 어느 정도는 안심해도 될 것 같은 흐름이다.

그러다가 4주가 지나던 어느 날, [차트2-7]의 a가 나타난다. a를 바라볼 때도 당일 마감한 a의 일봉이 아니라 장이 시작된 직후의 모습을 상상해 보자. 갭 하락이 나왔고, 5일선과 멀어져 있다. 어떻게 a를 해석할 것인가? 앞에서 했던 말 중에 힌트가 있다. a가 출현하기 며칠 전에 거래량이 터지면서 급등이 나왔고, a 전일은 장대음봉이 떴다. 거래량도 적지 않았으니 이 a야말로 5일선 급등이 끝나가는 시점이라고 판단할 수 있는 근거가 되지 않을까?

물론 캔들 a의 조짐은 좋지 않다. 그러나 '하루는 지켜본다'는 원칙에 따라 물량을 일부 덜어내기는 해도 아직은 발을 전부 빼지는 않는다. 다행히 장중에 윗꼬리를 그리며 5일선을 터치하는 모습도 보여준다. 아직은 홀딩이다.

그리고 캔들 b가 이어진다. 캔들 b는 어떤가? 5일선 '완전' 이탈이라고 볼 수 있는 첫 번째 캔들이다! 장이 마감되는 시점에서 몸통은커녕 윗꼬리조차 5일과 결별하고 있다. 위기경보가 발령된다. 그럼에도 하루 더 지켜보기로 한다. '완전한 이탈'이 나온 뒤 하루 정도는 기다릴 수 있다!

다음날 캔들 c를 보자. 여전히 5일선을 회복하지 못하고 있다. 터치조차 못한다. 이것만큼 확률 높은 하락 징후는 없겠다. 최대한 늦추더라도 장이 끝날 때는 시장가로 매도를 때린다.

결과적으로 ❶번 캔들의 첫 번째 이탈은 이탈 '시늉'이었고, 캔들 a는 하락을 예비하는 일봉이었고, 캔들 b는 진짜 이탈의 시작이었다. 특히 캔들 b는 고점 징후가 동반되었기 때문에 상승 파동이 끝났거나 혹은 긴 조정에 들어가는 징후라고 보고 비중 조절 혹은 리스크 관리 혹은 전량 매도로 대응하는 게 좋다(전량 매도 외에 다른 대안을 넣은 이유는 상황에 따라 다를 수 있기 때문이다.). 참고로 아래는 대표적인 고점 징후들이다. 이 징후들이 함께 뜨면 5일선 이탈을 좋지 못한 신호로 읽는 게 계좌를 지키는 방법이다.

대표적인 고점 징후들

- 쌍봉 : 두 개의 산을 떠올리자. 비슷한 가격의 고점에서 두 개의 봉우리가 만들어진 모습이다.
- 헤드앤숄더 : 세 개의 산을 떠올리자. 고점에서 세 개의 봉우리가 만들어지는데 가운데 봉우리가 가장 높고 양옆의 봉우리가 낮은 모습이다.
- 다이버전스 : 주가는 오르고 있는데 보조지표 MACD의 곡선이 하락하는 현상이 나타

났다. 이런 현상은 추세가 약해졌을 때 나타난다.

- 거래량을 동반한 윗꼬리 캔들이나 장대음봉이 출현한다. 세력들이 전량 매도하고 작업을 마무리하는 날일 수 있다.

정배열 5일선 매매의 종점 : 쌍이탈봉

이 현상에 이름을 붙여보자. 5일선을 이탈하는 캔들이 연이틀 나왔으므로 '쌍이탈봉'이라고 부르면 적당해 보인다. 주식에 100%라는 건 없으므로 예외가 분명 있으나 쌍이탈봉이 나오면 정배열 5일선 매매가 종점에 이른 것이라고 보는 게 확률적으로 올바른 접근 같다.

사실, 쌍이탈봉까지 기다리는 건 5일선 매매의 정석은 아니다. 앞에서 언급했듯이 고점 징후라고 보이는 현상이 나타나면 그때 청산하는 게 나을 때가 많다. 장대양봉이 뜨거나 장대음봉의 윗꼬리 부근에서 파는 것이 가장 좋은 그림이겠다. 그럼에도 매도의 적기를 찾지 못했다면 쌍이탈봉에는 반드시 청산하는 게 차선책이다. 차트를 보자.

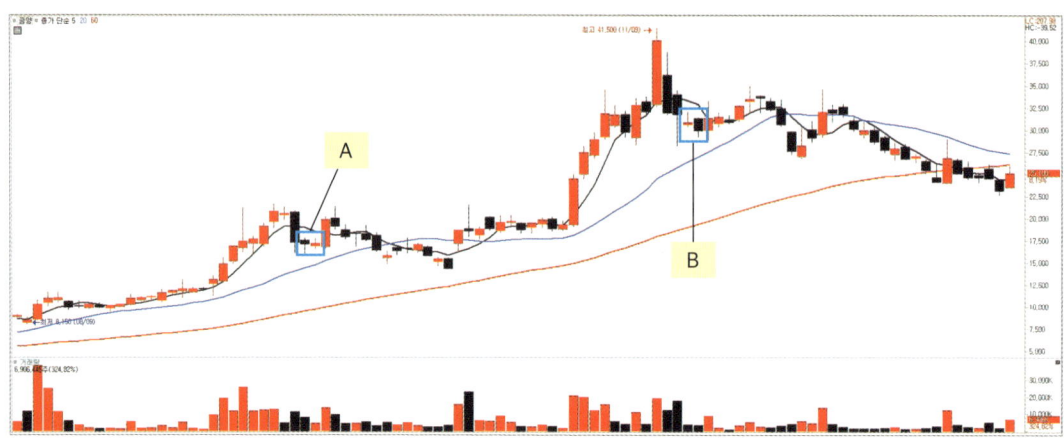

[차트2-8] 종목 [금양]의 2022년 8월부터 12월까지의 모습. A와 B는 쌍이탈봉이다.

쌍이탈봉이 나오면 설령 정배열이 유지되고 있더라도 상승 파동이 끝나간다고 보고 대응하는 게 좋다. [차트2-8]에서는 A와 B 두 군데에서 쌍이탈봉이 나왔는데 쌍이탈봉 다음날 일시적으로 5일선을 회복하는 움직임이 나왔지만 상승 추세를 만들지 못하고 하락으로 이어졌다. 다만 A는 이후 다시 고점을 돌파하는 움직임이 나왔다는 점, B 이후에는 추세 하락이 나왔다는 점이 다를 뿐이다. A의 경우는 이후 정배열을 다시 만들면서 5일선 매매의 조건들이 만족되었으나 이는 차후의 일이지 A 당일에는 이를 알 길이 없으므로 일단 청산을 하고 나중을 노리는 게 좋아 보인다.

다음 차트들도 하락 추세 직전에 나타난 쌍이탈봉(파란 박스) 현상을 보여준다. 차트에서 파란 박스의 일봉과 이후 흐름을 보자.

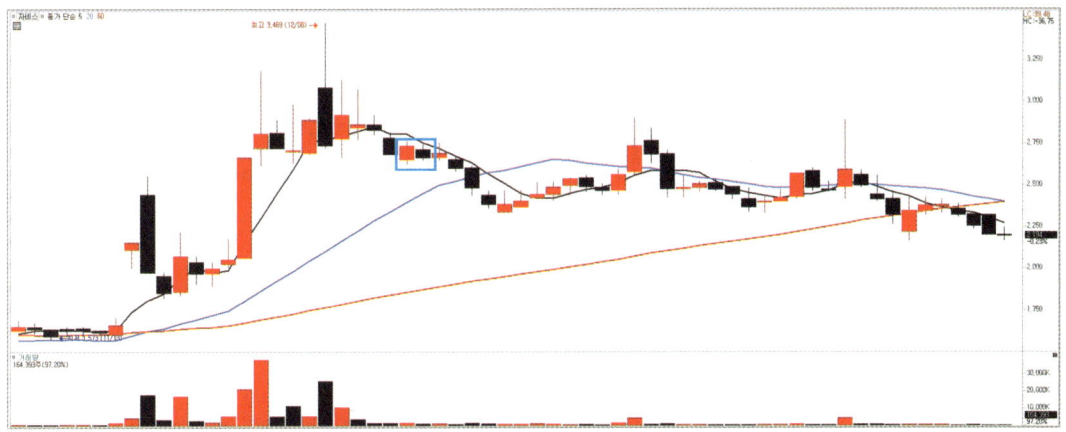

[차트2-9] 종목 [자비스]의 2020년 11월부터 2021년 2월까지의 모습

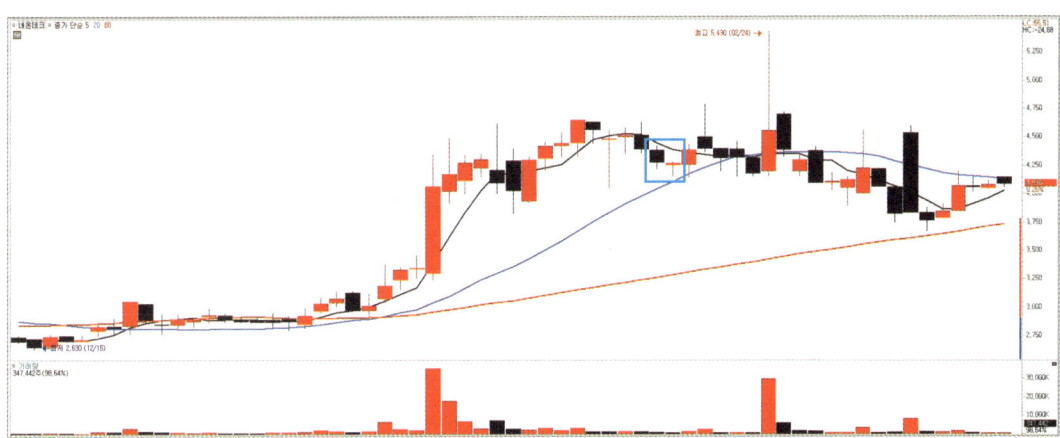

[차트2-10] 종목 [네온테크]의 2020년 12월부터 2021년 3월까지의 모습. 일시적 급등이 나왔으나 그게 끝이었다.

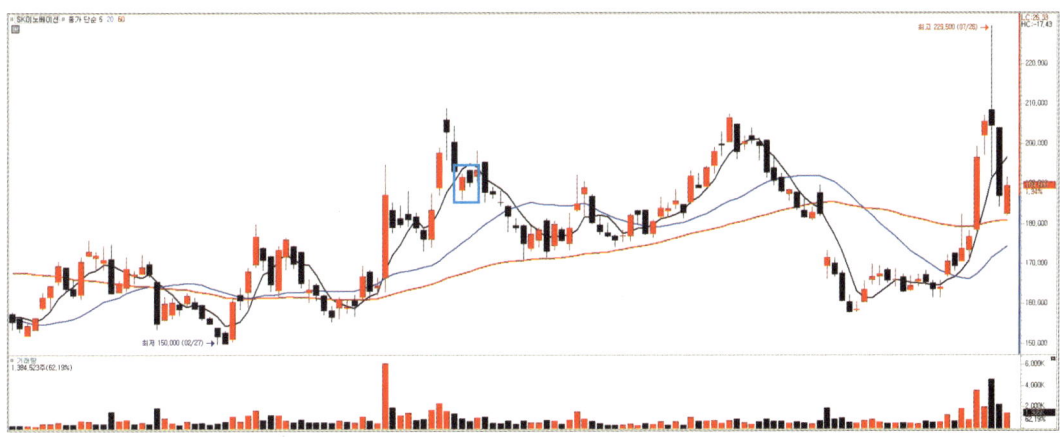

[차트2-11] 종목 [SK이노베이션]의 2023년 1월부터 7월까지의 모습

[**차트2-12**] 종목 [이수화학]의 2022년 7월부터 12월까지의 모습

쌍이탈봉 이후에 나타나는 몇 가지 참고할 만한 현상들

쌍이탈봉은 추세 하락을 예고하는 움직임이라는 게 앞에서 한 이야기다. 그러나 예외도 있다고 했는데 예외가 되려면 다음 조건들이 갖춰져야 한다.

❶ 20일선 위에서 하락 멈춤 : 쌍이탈봉(혹은 단독 이탈봉)이 20일선 위에서 하락을 멈춘 경우다. 즉 아직은 정배열이 유지되는 중이고 주가만 5일선〉주가〉20일선 배열로 놓인 경우다.

❷ 일시적 쌍이탈봉 : 첫 이탈봉이 나오고 다음날 일시적으로 이탈 움직임이 나오면서 쌍이탈봉을 완성하는 듯했으나 장 후반에 다시 5일선 위로 올라서며 상승 추세를 이어가는 경우가 있다.

❸ 5일선〉20일선 : 쌍이탈봉이 다시 상승 랠리를 이어가려면 기간 조정이나 중간 매집 과정이 필요하다. 재상승의 시동이 걸리기 위해서

는 5일선과 20일선의 데드크로스가 나오면 안 된다(5일선이 20일선 아래로 내려가는 현상). 이격이 좁혀졌다가 5일선이 20일선 부근에서 반등하면 상승 랠리 가능성이 커진다. 그러나 이 매매는 5일선 매매가 아니라 20일선 매매가 된다.

한편 쌍이탈봉 이후 갑작스런 5일선 회복 움직임이 나타나는 경우도 종종 있다. 그러나 이 움직임은 매우 위험한데 상승 파동을 끝내기 전의 페이크 반등일 가능성이 무척 높기 때문이다.

정배열 5일선 매매의 시점은, 사실 훨씬 이전이다

※ 혹시나 기법을 너무 맹신하는 일이 생길까 봐 우려 끝에 이 글을 넣는다. 아직 이해하기 어려운 주식의 원리를 소개하고 있으나 분명 참고할 만한 내용이다.

5일선 매매의 매수 타점은 앞에서 언급했다. 그런데 앞에서 언급한 내용만으로는 '정배열 5일선 매매'의 전모가 드러나지 않는 것도 사실이다. 왜냐하면 5일선 매매는 더 큰 그림 안에 있는 작은 현상이기 때문이다. 시야를 넓혀 보면 '정배열 5일선 매매'는 장기간에 걸친 세력의 매집이 끝났음을 알리는 신호탄인 경우가 많다.

그렇다면 매집을 추적해야 한다는 말인데 사실 매집은 주식 고수라도 어렵다. 매집이란 대규모 매수 과정을 말하는데 어떤 세력이 작정하고 달려들어 저가에 주식 수를 늘려가는 과정이다. 매집은 신고 의무가 있는 것도 아니고, 대개 여러 창구(증권사, 외국계 계좌 등)를 오가며 은밀히 이루어지기 때문에 진행 중인 동안에는 이게 매집인지 아닌지 판단하기 힘들다. 오로지 매집을 마치고 상승을 만들어내는 모습을 통해서만 '이게 매집이었다'고 확실히 말할 수 있을 뿐이다.

개중에는 '매집이 있다는 사실을 못 믿겠다, 그저 개미들이 서로 달려들어 가격을 그렇게 올린 것이다'라고 여기는 사람들도 있다. 그러나 장기간에 걸친 세력의 매집 흔적을 추적하여 투자 수익을 거두어왔던 나로서는 도리어 그게 더 이상한 생각이다. 대상승을 만드는 종목들은 가격이 상승하는 동안에 중요한 특정 가격대(특히 '10,000원', '20,000원'처럼 주가의 단위가 바뀌는 라운드피겨 가격)에 수십만 주, 수백만 주의 매물을 걸어두는데 장중에 이 매물을 소화시키면서 주가를 올리는 현상도 자주 목격된다. 수백억짜리 매물대를 소화시키며 가격을 올리는 사람을 과연 개미라고 할 수 있을까? 물론 돈 많은 개미들도 얼마든지 있겠지만 단 한 주도 갖고 있지 않은 사람이 그런 고점 매물대에서 막대한 자금을 다 태울 수 있을까? 이 높은 가격대에서 막대한 거래량을 만들 수 있는 사람은, 매집을 통해 평단가를 충분히 낮춰둔 사람, 즉 세력밖에 없다고 보는 게 합리적 추론이다.

그래서 하고 싶은 말이 무엇인가 하면, 정배열 5일선 매매가 말은 근사하고, 쉽게 발견될 것처럼 보이지만 이보다 중요한 게 매집의 흔적을 찾는 일이 된다는 얘기다. 매집을 발견하면 대상승의 초기에 진입할 수 있는 더 많은 길이 보인다. 매집 이후 상승의 신호탄을 찾았다면 기법은 사실 그렇게 중요하지 않다.

참고로, 네이버 카페 '주식 네 이놈'에 올렸던 내용 하나 소개한다. 2022년 9월 1일에 올린 글인데 종목 [코리아에스이]가 매집을 끝내고 본격 상승하기 시작했음을 알리는 글이다. 카페에 들어가면 아래 내용 말고도 '대규모 매집 종목'을 소개한 자료들을 볼 수 있다. 기왕 주식을 한다면 '정배열 5일선 매매'에만 머무르지 말고, 시야를 매집까지 확대하자. 분명 주식 투자가 한 단계 업그레이드될 것이라고 생각한다.

2022년 9월 1일 카페 '주식 네 이놈'에 올린 글 캡처. 카페에 들어가면 당일 올린 글을 찾아볼 수 있다.

[코리아에스이]는 이후 어떤 모습이었을까? 같이 감상해 보자.

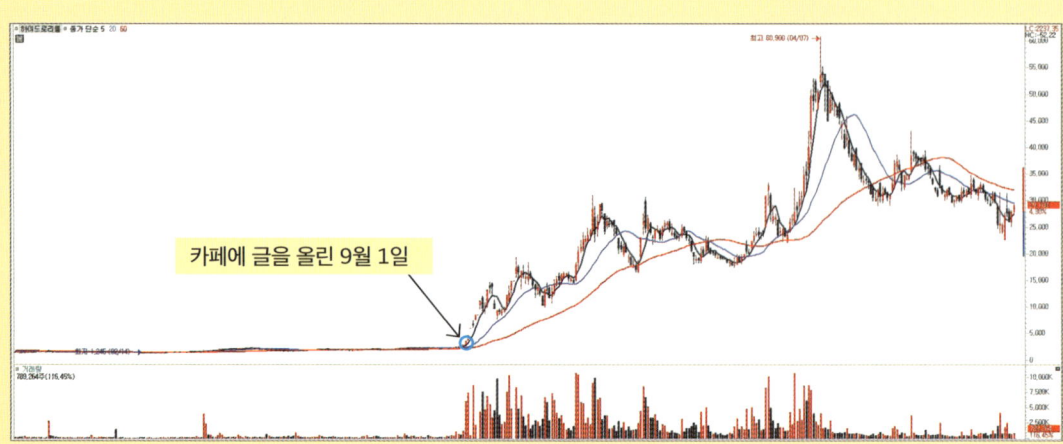

[차트2-13] 급등이 시작된 후 종목 [코리아에스이]는 [하이드로리튬]으로 사명을 변경했다. 글을 올린 9월 1일은 5일선을 올라타고 오르던 주가가 상한가에 준하는 상승을 만든 날이었다. 2천 원대에서 놀던 종목은 이 날 이후 최고 60,900원까지 찍었다.

2장

이런 종목을 공략하라
❷ 매수하기 좋은 자리, 가격의 벽

직관성이 돋보이는 매매법, 가격의 벽

정배열 5일선 매매보다 더 좋은 매매법이 있다. 이 매매법은 차트를 통해 눈으로 확인할 수 있기 때문에 훨씬 직관적이고 명료하다. '가격의 벽'이라고 이름을 붙인 매매 방식이다.

[차트2-14] 종목 [삼성엔지니어링]의 2020년 9월부터 2023년 3월까지의 모습.

노란색 박스를 보자. 박스 상단에 선을 그었는데 가격이 13,750원이다. 주가가 이 가격만 가면 다시 흘러내린다. 발길을 허용하지 않는 금단의 땅 같다. 1월 말부터 3월 중순까지 약 2개월간 13,750원을 건드렸다가 하락한 캔들의 숫자는 총 5개. 이 정도 두드렸는데도 불구하고 여전히 길을 터주지 않는 이 가격을 '가격의 벽'이라고 부르자.

〈주식 네 이놈〉에서 소개한 기법 가운데 '3타4파'라는 게 있다. 같은 가격을 3번 두드리기만 하고 돌파하지 못하던 종목이 4번째 시도에서는 가격 벽을 뚫고 오를 확률이 높다는 경험에서 나온 기법이다.

이 시기의 [삼성엔지니어링]도 3타4파의 형태를 보여주며 '가격의 벽'을 뚫는다.

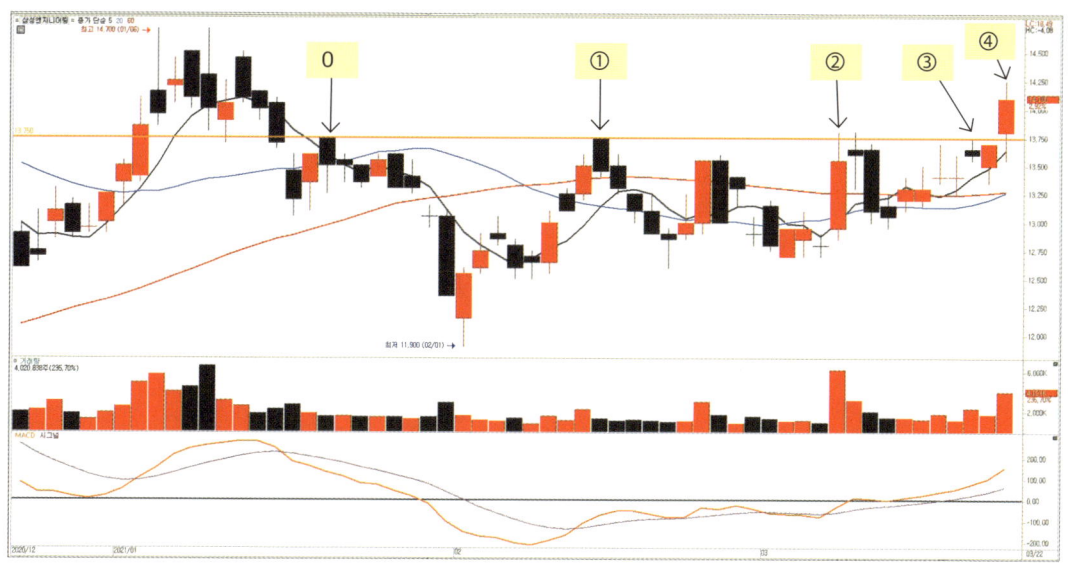

[차트2-15] 박스 구간을 크게 확대한 모습. 13,750원의 턱밑까지 상승하며 돌파를 시도했던 일봉에 숫자를 붙였다. 숫자는 0에서 4까지 표기했는데 4번째에서 돌파가 나왔다.

3타4파는 3번 두드리고 4번째 뚫는다는 의미인데 경우에 따라서는 3번째 뚫기도 한다. [삼성엔지니어링]의 경우는 4번째 뚫은 것으로 해석한다. 0번은 왜 횟수에서 제외했는가 하면 이후 급락 과정이 나오기 때문이다. 하락 중에 나온 속임수라고 보는 게 옳은 판단 같다.

가격의 벽을 뚫은 뒤에는 어떻게 될까? 종목마다 다르겠지만 이 종목은 여러 날에 걸쳐 조정을 본 후 5일선을 타고 크게 상승하는 형태를 만들었다.

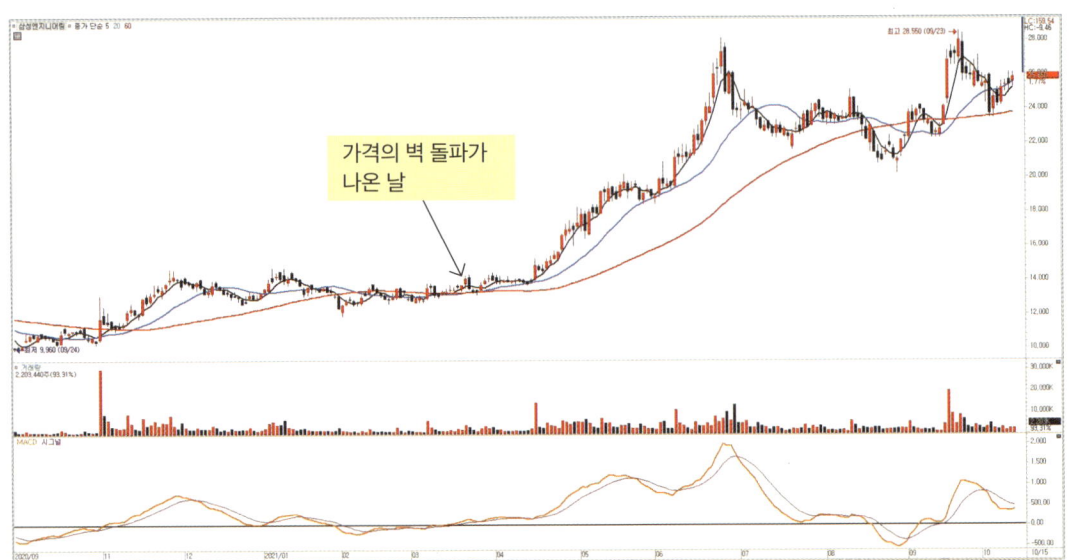

[차트2-16] 종목 [삼성엔지니어링]이 '가격의 벽'을 뚫은 이후

가격의 벽, 매수 타점은 어디?

매매를 하다 보면 가격의 벽 앞에서 주춤거리는 종목을 종종 만난다. 어떻게 할까? 마냥 쳐다보고 있을 수 없으므로 알람을 설정한다. 마침 알람이 떴다. 가격의 벽을 뚫었다. 어떻게 할까? 무조건 살까? 이때 매수 방법이 두 가지 정도 있다.

❶ 올라갈 때 따라간다 : 추격 매수

투자 경험이 풍부한 사람 중에도 가격의 벽을 뚫고 오를 때 추격 매수하는 분들이 있다. 추격 매수란 가격이 오르고 있는 중에 시장가로 매수한다는 뜻이다. 돌파 매매라고도 부르는 것인데 급등으로 이어지며 장대양봉을 만드는 경우가 가끔 있기 때문에 시도되는 방법이다. 당일 상한가를 가는 경우도 드물게 있다. 그런 맛에 하는 매매다.

그런데 문제가 있다. 로켓처럼 쏘아 올리며 금방이라도 천장을 뚫을 것처럼 오르는 종목은 확률적으로 적다는 점이다. 올라가는 척하면서 다시 내리꽂는 경우도 많다. 심지어 전일 종가까지 깨뜨리며 거대 음봉을 만드는 세력들도 있다. 실력이 따르지 않는다면 주의가 요망되는 매매다.

[차트2-17] 4번 돌파 자리에서 같이 매수하는 게 위험할 때가 있다. 4번 자리에서 매수를 했다면 이후 3거래일의 하락에서 과연 견딜 수 있었을까?

❷ 눌렀다가 다시 올라갈 때 따라간다 : 재돌파 매수

돌파가 나온 날을 기점으로 계속 상승이 나오면 좋겠지만 세력이 그렇게 호락호락하지는 않다. 상대적으로 훨씬 많은 수의 세력은 마지막으로 개미 털어내기를 시도하는데 예시로 든 [삼성엔지니어링]도 여러 날 조정기를 거쳤다. [차트2-17]은 돌파 다음날 전일 저점을 깨뜨리는 움직임이 나왔고, 그 다음날은 갭하락을 하며 음봉을 만드는 등 불길한 모습을 연출한다. 실제로 이런 형태를 만든 뒤 깊은 조정으로 들어가는 종목도 심심치 않게 만난다. 어떻게 할까? 조금 더 안전한 방법이 있다. 재돌파까지 기다리는 방법이다.

돌파가 나왔다고 매수하지 말고 조정 구간을 줄 때만 매수하겠다는 생각으로 접근한다. 일단 첫 돌파가 나온 뒤 주가가 가격의 벽 아래로 다시 내려가길 기다린다. 원하는 하락이 나왔다면 다시 알람을 설정하거나 혹은 차트 등을 주의 깊게 보면서 다시 가격의 벽을 뚫고 오르기를 기다린다. 뚫고 오르는 순간이 나의 매수 타점이 된다. 오를 때 같이 시장가로 산다. 개인적으로는 이 방법이 훨씬 안전하고, 훨씬 확률 높은 매매법이라고 생각한다.

비슷한 가격을 3번 맞고 내리면 4번째 가격의 벽을 뚫을 가능성이 높아요

4번째에 가격의 벽을 뚫을 때 사려고 기다리고 있던 사람도 잠시 기다려야 해요

계속 하락할 수도 있기 때문에, 가격의 벽 아래로 하락했다가 반등하며 다시 뚫고 오른 다음에 매수해야 해요

만약 기대대로 급등하지 않고 다시 가격의 벽을 깨면

짧게 손절하고 다음 기회를 노리는 거죠

가격의 벽을 4번째에 뚫는 걸 확인한 다음에 매수하는 게 더 안전해요

가격의 벽,
디테일을 잡아라

가격의 벽 매매법은 직관성이 돋보이는 만큼 크게 어렵지 않다. '뚫으면 산다.'가 기본 전제인데 여기에 조정기가 있을 것을 대비하여 '하락했다가 다시 뚫으면 산다.'로 바꾸면 된다.

물론 이 원칙에 따라 매매를 해도 괜찮다. 그러나 악마는 디테일에 숨어 있다. 만일 우리가 이 차트에 숨은 악마를 찾을 수 있다면 차트 보는 눈이 달라진다. 이 디테일을 알면 매수매도 타점도 달라진다. 모르고 쫓아가는 사람은 흔히 양봉에 사서 음봉에 팔게 되는데 그러면 수익도 작아지고 심지어 손실로 마감하는 최악의 경우도 맞이한다. 무엇보다 이 종목의 종착지를 예측하기 어렵기 때문에 파는 데 애를 먹는다.

반면 알고 대응하는 사람은 이 종목의 흐름을 결정하는 세력들이 어떤 의도를 갖고 있는지 판단하면서 대응하기 때문에, 잘 따라갈 수 있을 뿐 아니라 하루이틀짜리 단타도 병행하면서 더 큰 수익을 거둘 수 있다.

디테일 찾기

그 디테일을 찾기 위해 차트를 섬세하게 분석하는 힘이 필요하다. 다시 [삼성엔지니어링]이다.

[차트2-18] '가격의 벽' 아래 새로운 선을 그어 보았다. 이 선의 가격은 13,100원이다.

가격의 벽 아래에 선을 하나 더 그었다. 임의로 '선 A'라고 부르자. A는 아무 데나 그은 선이 아니다. 중요한 곳에 몇 개의 동그라미까지 그렸다. 대충 봐도 그날 일봉의 중요 가격과 만나고 있는 선임을 짐작케 한다. 어떤 날은 당일 고가와 만나고 있고, 어떤 날은 종가나 시가와 만난다. 마지막 동그라미는 그날의 저가와 만나고 있음을 확인할 수 있다.

이 현상의 의미를 설명하기 전에 선 A의 위아래로 한 개씩 선을 더 그어보자.

[차트2-19] 선 A의 위에 선 B를, 아래에 선 C를 그었다.

이 세 개의 선이 일봉의 중요 가격과 만나는 지점에 대충 동그라미를 그리면 다음과 같아진다.

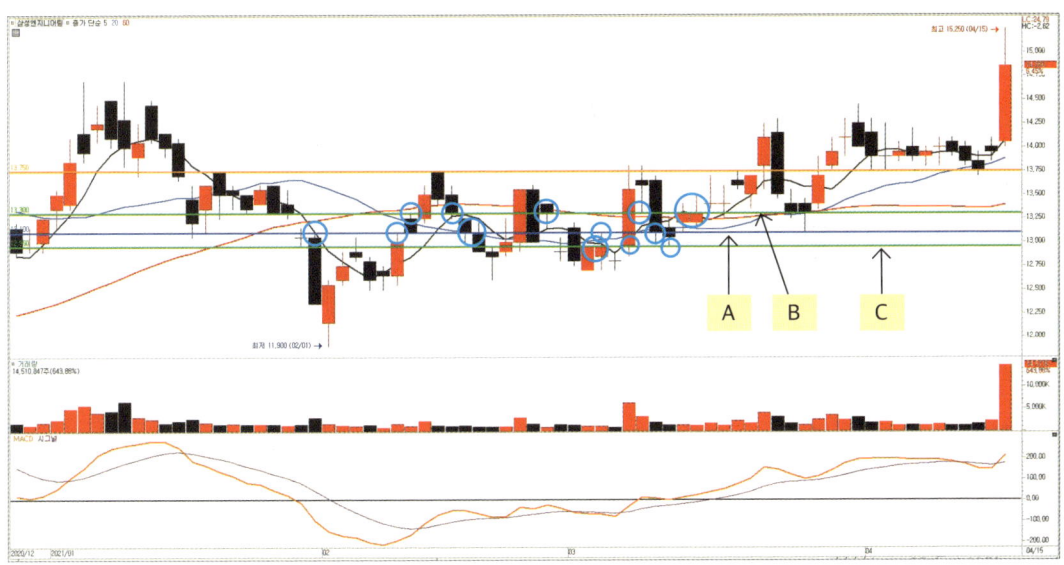

[차트2-20] 동그라미를 표시한 차트

일봉의 중요한 가격이란 4가지를 의미하는데 당일 시작가인 '시가', 당일 마감가인 '종가', 고점을 의미하는 '고가', 저점을 의미하는 '저가'다. 위에 그은 3개의 선 ABC는 많은 일봉의 중요 가격과 자주 만난다. 아니, 표현이 조금 이상할 수 있겠다. 선 ABC는 원래 있는 게 아니므로 이렇게 고쳐 말하는 게 옳겠다.

"일봉들이 시작하거나 끝나는 특정 가격이 있다."

"일봉들이 오르다가 멈추거나 내리다가 멈추는 특정 가격이 있다."

우리는 지금 '가격의 벽'에 숨은 디테일을 찾으려고 하는 중인데 가격의 벽이라는 말 자체가 특정 가격이 일봉에 영향을 미치고 있다는 뜻이다. 이런 현상이 나타나는 것은, 가격의 벽만이 아니다. 다른 가격들도 일봉의 형성에 영향을 미친다.

특정 가격이 일봉에 영향을 끼친다면

이 현상을 디테일하게 보자. 먼저 선 B다.

2021년 1월 18일, 갭하락이 나온 이후부터 같은 해 3월 22일 가격의 벽 돌파

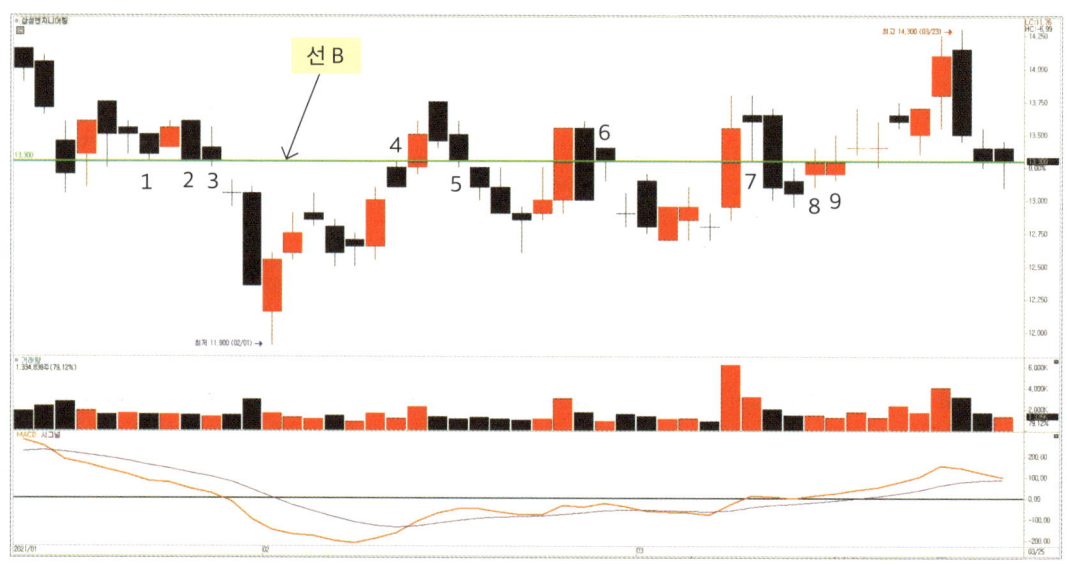

[차트2-21] 선 B의 가격은 13,300원이고, 선 B가 일봉 중요 가격과 만나는 날은 43일 중 9일이다.

가 나온 날까지 43거래일 동안 43개의 일봉이 만들어졌는데 이 중에 무려 9개의 일봉이 선 B의 영향 아래 놓여 있다(디테일하게 보면 이렇다. 1번 저가, 2번 종가와 저가, 3번 종가, 4번 고가, 5번 종가, 6번 종가, 7번 저가, 8번 종가, 9번 종가가 선 B에 있다.).

예전부터 회자되던 말 중에, 세력은 3년 후 어떤 날의 시가와 종가까지 미리 알고 있다는 말이 있다. 보통 세력을 정의할 때 가장 흔히 쓰는 표현도 '시가와 종가를 결정하는 능력을 갖고 있는 매매 주체'다. 그런데 이 종목에서 보면 고가나 저가까지도 컨트롤한다. 그들이 주가를 가지고 노는 힘은 이토록 정교하고 놀랍다(시가와 종가는 동시호가가 이루어지기 때문에 자금력만 있으면 쉽게 만들 수 있다. 그러나 고가와 저가는 실시간으로 거래가 일어나는 도중에 만들어지는 경우가 많기 때문에 특정 가격에서 멈추는 게 쉽지 않은 일이다. 그런데 누군가 그걸 하고 있다.).

더욱이 43일 중 9일이라는 것은 선 B만 계산한 것이다.

[차트2-22] 선 A의 가격은 13,100원이고 중요 가격과 만나는 날이 43일 중 역시 9일이다.

선 A도 다시 세어보자. 몇 개의 일봉 중요 가격과 만나는가? 9개다(1번 저가, 2번 고가, 3번 고가, 4번 저가와 종가, 5번 종가, 6번 시가, 7번 고가, 8번 종가, 9번 저가).

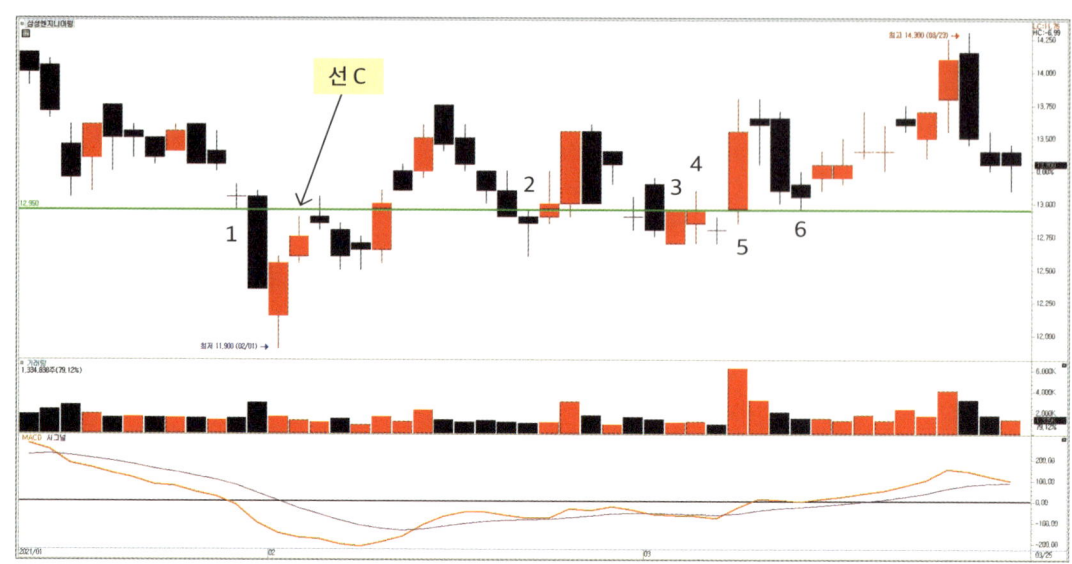

[차트2-23] 선 C의 가격은 12,950원으로 43개 일봉 가운데 6개 일봉과 중요 가격에서 만난다.

선 C가 그나마 적은데 그래도 6개다. 이 3개의 가격은 마치 지하철역 같다. 열심히 달리던 지하철이 이 가격대만 오면 일시 정차한다. 43개의 일봉 가운데 절반이 넘는 24개의 일봉이 선 ABC에서 정차한다. 이건 대체 무슨 뜻일까?

지지와 저항을 알면 매도매수 타점을 알게 된다

특정 가격에 정차하는 횟수가 잦다는 말은, 해당 가격이 강한 지지선 혹은 강한 저항선이 될 가능성이 높다는 뜻이다. 지지선이란 하락하는 주가의 추가 하락을 막고 반등을 만드는 선이란 뜻이고(하락? 여기서 멈춰 : 지지선), 반대로 저항선 이란 상승하는 주가의 추가 상승을 가로막고 하락을 일으키는 선이라는 뜻이 다(상승? 여기서 멈춰 : 저항선).

만일 지지선을 알 수 있다면 어떻게 될까? 그 말은 하락 중인 주가가 어디서 반등을 할 것인지 알 수 있다는 뜻이 된다. 저점을 안다는 얘기고, 저점을 알았다면 매수하면 된다. 반대로 저항선을 알 수 있다면 어떻게 될까? 어디서 상승이 끝날지 알 수 있으므로 매도 타점을 알게 된다. 최종적으로 지지선과 저항선을 안다는 말은 언제 사서 언제 팔지 안다는 말과 같은 뜻이다. 모든 투자자들이 궁금해하는 내용이 바로 이거 아닌가?

지지선과 저항선, 어떻게 찾을까?

남는 건 찾기다. 어느 가격대가 지지선이 되고 저항선이 되는지 어떻게 알아낼까? 바로 앞에서 했던 것처럼 일봉의 중요 가격과 자주 만나는 가격을 찾으면 된다. 선 ABC 찾기가 바로 지지선과 저항선 찾는 과정이었다. 보다 정확히 말하면, 우리는 상승 중인 종목을 찾는 게 목표이므로 선 ABC가 '지지선'이 되는 게 중요하다. 지금은 바닥을 다지며 올라가는 종목을 모니터링하면서 상승을 기대하기 때문이다.

이후 과정을 보자. 선 ABC는 과연 지지선의 역할을 했을까? 또한 선 ABC 가운데 어떤 선(가격)이 핵심 지지선이 되었을까?

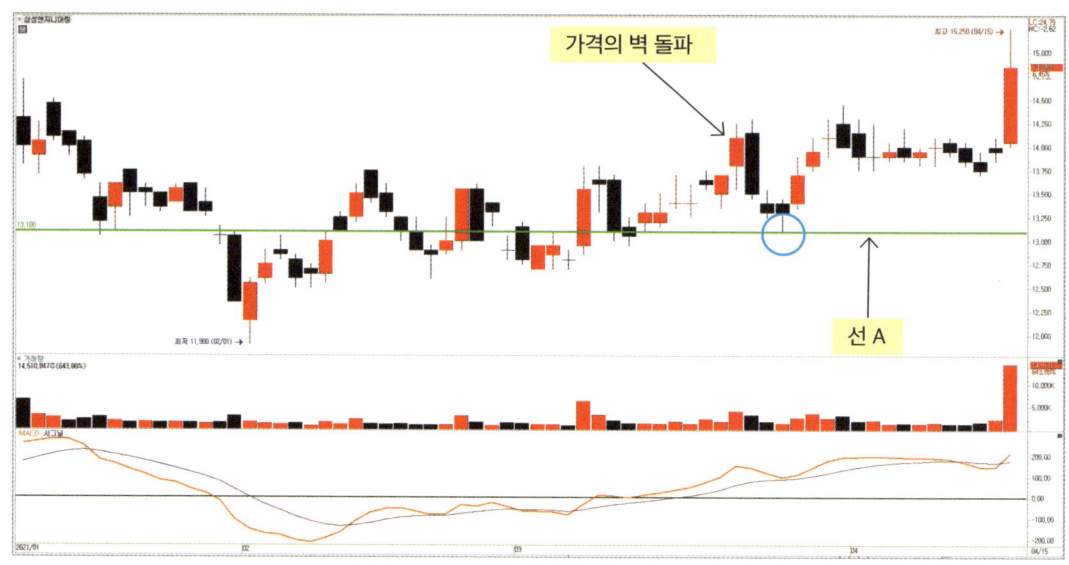

[차트2-24] 가격의 벽을 돌파한 주가는 눌림목에서 정확히 선 A의 가격을 터치하고 반등한다.

　차트의 동그라미를 보자. 선 A의 가격이다. 돌파 이후 눌림목에서 아랫꼬리를 그리는 구간이 등장하는데 그 저점이 단 십 원의 차이도 없는 선 A의 가격이다. 선 A는 43개 일봉 중 9개와 만나는 가격이었다. 왜 선 B나 C가 아닌 걸까? 더 많은 설명이 요구되는 현상이지만 그럼에도 나타난 현상을 통해 '결과적으로 설명'하자면 만나는 빈도수 차이라고밖에는 답을 하기 어렵다. C보다는 A나 B가 더 자주 만났고(C : 6회, A와 B : 9회), 특히 강한 하락이 나온 뒤의 움직임(가격의 벽이 진행되는 동안)으로 기간을 한정하면 A가 B보다 더 자주 만났다(가격의 벽 기간 동안 A는 8회, B는 6회).

[차트2-25] 가격의 벽 구간으로 기간을 한정하며 만나는 횟수를 세어보면 왜 선 B가 아닌 선 A였는지 짐작케 한다.

중요한 구간에서 가장 많이 영향을 끼치는 가격이 강한 지지선이 될 것이라는 생각은 확률적으로 타당한 판단이다(그러나 주식에는 '100%'라든가 '무조건'이라는 건 없다.). 그래서 선 A가 디딤판 역할, 지지선 역할을 했다고 보는 것인데 사실 B나 C가 되었어도 이상할 건 없어 보인다.

여기까지 살펴봤다면 가격의 벽 매매의 대전제도 다시 점검해 볼 수 있다. 나는 첫 돌파 후 하락을 기다렸다가 재돌파에 매수하는 게 확률적으로 가장 안전하다고 앞서 설명했는데 지지선에 대한 공부를 마쳤다면 매수 타점은 조금 앞으로 이동된다. 즉 선 A나 혹은 경우에 따라 B와 C를 타고 반등이 만들어질 때다. 그때가 중요한 매수 타점이 되지 않는다면 이 디테일을 공부하는 의미는 없겠다.

4
가격의 벽, 더 큰 그림을 보자

프랙탈(Fractal)의 정의를 다시 떠올려 보자.

"쉽게 말하면 어떤 도형의 작은 일부를 확대해 봤을 때 그 도형의 전체 모습이 똑같이 반복되는 도형에 관한 연구이다."

일부의 구조를 알았다면 전체 구조도 짐작할 수 있다. 디테일을 공부한 이유는 더 큰 그림을 잡기 위해서다. 선 ABC를 공부한 것은 가격의 벽에서 벌어지는 작은 일들을 보기 위한 게 아니다. 가격의 벽 매매는 벽을 뚫고 충분한 상승을 하리라는 기대에서 시도하는 매매이기 때문에 작은 그림에서 벌어지는 현상을 큰 그림으로 확대해서 살펴야 한다. 그게 아니면 디테일을 공부한 게 의미가 없어진다.

가격의 벽을 '재돌파'했다는 말의 의미를 우선 정립할 수 있어야 한다. 두 번째 돌파가 진짜 돌파라면 이제부터 중요한 가격은 가격의 벽이 된다. 저항선은 뚫고 오르기가 어렵지 한 번 뚫고 오른 뒤에는 강력한 지지선이 된다는 게 지지저항의 기본 가운데 하나다. 그런 맥락이다. 차트를 보자.

[차트2-26] 저항선 역할을 하던 가격의 벽이, 재돌파 이후에는 지지선으로 바뀐 모습

　　가격의 벽 재돌파가 완성된 날로부터 거래량을 동반한 장대양봉이 나오기 전날까지 총 13거래일 가운데 총 4일에 걸쳐 가격의 벽이 다시 위협을 받고 있으나 지지 역할을 충분히 해주고 있다. 물론 마지막 4번째 눌림에서는 아랫꼬리가 가격의 벽 아래로 내려가는 등 당황스러운 모습을 보여주고 있으나 장 막판에 주가를 회복하며 가격의 벽에서 정확히 마감했다. 지지해주는 모습을 확인했으니 계속 홀딩을 할 수 있다. 그리고 이틀 뒤 1,450만 주의 거래량을 동반한 장대양봉이 떴다(고가 9%, 종가 6%대).

　　보통의 경우, 장대양봉이 뜨면 파는 게 정석일 때가 많다. 세력들이 그간의 매집을 끝내고 매도 파티를 벌이는 날, 장대양봉을 띄우는 경우가 흔하기 때문이다. [삼성엔지니어링]도 이날 청산을 해도 수익은 나쁘지 않다. 실제로 이 양봉이 뜬 다음날과 그 다음날에는 눌림인지 하락의 전조인지 모를 음봉이 등장한다(아래 차트2-27에서 D 다음날 모습 참조).

그럼에도 뭔가 아쉽다. 우리가 공부한 것은 이 정도 수익을 노린 게 아니다. 가격의 벽 구간에서 두 달을 지체하며 매집을 한 결과치고는 초라할 수 있다는 말이다(가격의 벽 구간이 매집이라면 두 달은 결코 짧은 기간이 아니다.). 그래서 차트를 더 넓게 봐야 한다. 이 세력들의 의도는 무엇일까?

[차트2-27] 차트를 앞으로 돌리면 이 움직임의 시작이 되는 것으로 짐작되는 A와 만난다.

큰 그림 ❶ 거래량

이전 차트까지 연장해서 보자. A가 등장한다. A가 나오던 날의 거래량은 3천만 주(A-1). 이날의 거래는 세력의 매집일 가능성이 높아 보이는데 무엇보다 이후 일봉의 흐름이 A의 종가 위에서 움직이고 있기 때문이다. 하다못해 가격의 벽 구간으로 진입했을 때조차 주가는 A의 종가보다 높다. 그렇다면 매집 가능성은 더욱 커진다. 그리고 A-1의 거래량을 보자. 3천만 주가 모두 매집은 아니겠지만 그래도 엄청난 수량을 갖고 있을 것으로 짐작된다. 그렇다면 세력들은 보유 수량을 전부 팔았을까, 아니면 아직 다 팔지 않았을까? A 이후의 거래량 전체를 계산하면 당연히 3천만 주가 넘지만 장대양봉을 터뜨려 파는 습성이 있는 세력으로서는 B나 C, D 어디에서도 그에 버금가는 거래량을 선보이고 있지 않다. BCD의 고점 가운데 3천만 주에 비벼볼 수 있는 건 그나마 D 하나밖에 없는데 이날의 거래량은 절반 수준이다. 무슨 말일까? 팔았을 가능성보다는 아직 팔지 않았을 가능성이 더 큰 것처럼 보인다.

큰 그림 ❷ 새로운 가격의 벽

가격의 벽을 돌파하고 난 뒤의 주가는 다시 D에서 급등하며 뭔가 완결을 지으려는 것처럼 보이지만 차트를 길게 펼쳐 보면 다시 B와 C라는 새로운 가격의 벽이 등장한다는 걸 알 수 있다. 프랙탈이다. 만일 D가 B와 C를 돌파하기 위한 첫 번째 돌파 일봉이라면 여기서도 눌림은 어느 정도 예측 가능한 것이고(가격의 벽 매매법의 기본에 따라), **따라서 이후의 음봉은 눌림으로 보고 더 지켜보는 게 좋은 판단 같다.** 그렇다면 지지선이 어디인지도 예측해 볼 수 있다.

[차트2-28] 지지선을 찾기 위해 선 A, B, C를 그었다.

    위부터 차례대로 선 A, B, C가 된다. 전체 구간에서 선 A$^{(14,450원)}$는 총 3회에 걸쳐 일봉과 만난다. 선 B$^{(14,300원)}$도 총 3회에 걸쳐서 만난다. 선 C$^{(14,250원)}$는 2배수인 총 6회를 만난다. 횟수만 따지면 6회인 선 C가 가장 유력한 지지선이 되어야 할 것 같다$^{(상승을\ 전제로)}$. 나아가 선 B는 선 C와 단 50원 차이이므로 둘 중에 한 곳이 강한 지지선이 되는 것으로 판단하는 게 합리적이다. 그런데 이 종목은 실제로는 선 A를 발판 삼아 올랐다.

[차트2-29] 선 A를 발판 삼아 대상승을 만들어내는 모습

    왜 선 BC가 아니고 A인지, 왜 K의 고점을 딛고 상승 파동을 만들었는지 설명하는 건 쉽지 않아 보인다. '결과적으로' 그들이 그렇게 가기로 선택했다고 설명하는 게 전부일 수 있다. 다만 가격의 벽 매매 원칙인 '재돌파 매수'는 여기서도 동일하게 등장한다. 어쩌면 우리는 반등 위치가 선 ABC 가운데 하나에서 나왔다는 사실만으로 충분히 만족해야 할지 모른다. 종목 [삼성엔지니어링]이 매우 교과서적인 지지 저항의 모습을 보여주어서 그렇지 이렇게 딱딱 맞아떨어지는 모습으로 움직이는 경우는 찾아보기 힘들기 때문이다. 대개는 동일한 기본 원리에 변형된 형태로 진행되기 마련이다.

    한 가지 덧붙이자. 이 차트는 이후에도 자잘한 가격의 벽을 만들며 주춤거리는 모습을 연출하는데 그럼에도 촘촘히 딛고 오른다. 이렇게 조금씩 알차게 올라가는 형태는 개인적으로 선호하는 모습이다. 이렇게 오를 때 힘 있는 상승이 가능하다는 게 그간의 내 경험이기 때문이다.

진짜 그림

우리는 지금까지 두 번에 걸쳐 가격의 벽을 돌파하는 모습을 추적했다. 그런데 이 그림이 완성일까? 경우에 따라서는, 즉 차트를 만들어가는 모습이나 기타 여러 투자 정보에 기반하여 바라보면 이건 아주 큰 그림의 일부에 속하는 경우도 많다.

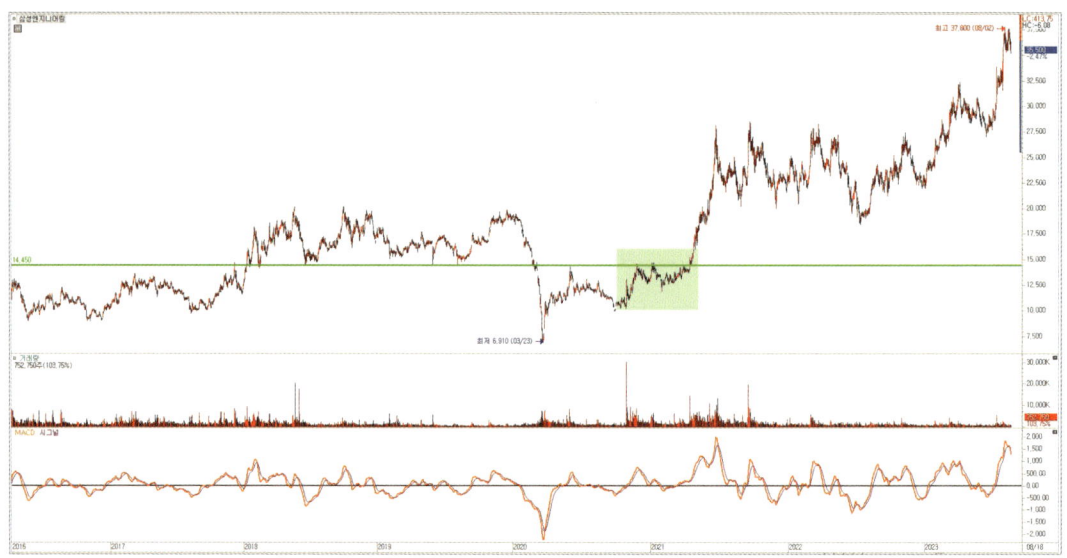

[차트2-30] 박스 친 부분이 우리가 지금까지 이야기한 구간이다.

[차트2-30]에서 우리가 지금까지 설명하고 다루었던 곳은 박스 친 부분이 전부였다. 그러나 그림을 더 키워서 보면 다른 게 보인다. 이 그림을 보면 왜 선 A가 지지선 역할을 했는지 조금은 짐작할 수 있는 흐름이 나온다. 2~3년 전의 주가 흐름을 보면 선 A는 강력한 지지선 역할을 해주던 가격이다(2018~2019년 사이의 흐름에서 주가는 14,450원, 14,500원에만 가면 반등이 나왔다.).

아무튼, 위에서 살펴본 박스권 내의 움직임은 실은 2017~2020년에 만들어진 고점, 즉 가격의 벽을 뚫기 위한 움직임이었음을 알게 된다. 뚫어야 할 벽을 앞에 두고 강력한 조정이 나왔던 것이다. 그런데 이것도 진짜 그림은 아니다.

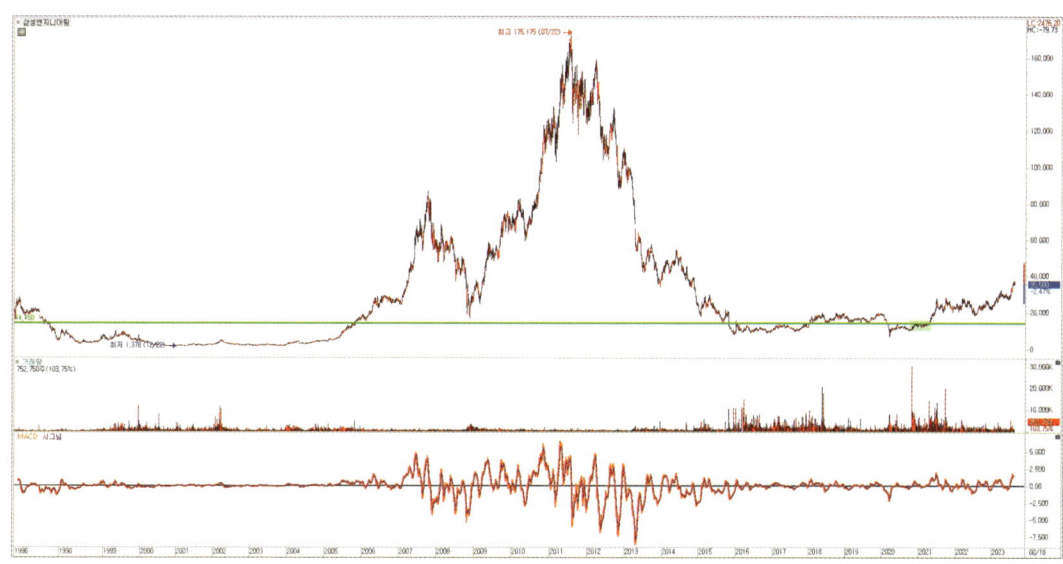

[**차트2-31**] [삼성엔지니어링]의 시작부터 2023년 8월까지

이 그림은 [삼성엔지니어링]의 전 역사를 아우르는 차트다. 상폐가 나오지 않는 한 차트는 여전히 진행될 것이며, 어디까지 이어질지도 모른다. 다만 차트 중간에 거대한 에베레스트가 있으며, 거래량은 하락 이후가 훨씬 더 많다는 점이 눈에 띈다. 그리고 우리가 대단한 상승을 만들었다고 생각했던 근래의 움직임은 이렇게 큰 그림으로 보면 그저 고개를 쳐든 정도에 불과한 것을 알 수 있다. 이 흐름의 종착지는 과연 어디일까? 등정에 성공할까? 그건 이후 만들어가는 과정에 답이 있겠다.

마지막으로 손절에 대해서 잠깐 언급하자. 위에서 우리는 자꾸 선을 그으며 지지와 저항에 대해서 말했다. 선을 긋는 건 지지선을 찾으려는 의도였지만 반대로 손절 기준도 된다. 지지선이라고 생각되어 선을 그었는데 마지막 지지선까지 깨졌다면 손절을 치고 손을 터는 게 이 매매법의 원칙에 해당한다. 원칙을 깨면서까지 매매를 하겠다면 다른 매매법을 찾는 게 좋다. 개인적으로는 설정한 지지선이 깨졌다고 무조건 손절하기보다는 몇 호가 아래로 내릴 때까지 여유를 주는데 왜냐하면 [삼성엔지니어링]은 마치 교과서처럼 지지와 저항을 만들며 기계적으로 움직였지만 그렇지 않은 종목도 많기 때문이다. 깨서는 안 되는 지지선을 깨뜨렸다가도 다시 회복하며 상승하는 경우도 흔하다. 너무 당연한 얘기다. 모든 종목이 [삼성엔지니어링]처럼 한 치의 오차도 없이 딱딱 맞게 움직인다면 주식은 너무 쉬워진다. 원리는 이해하되 응용이 훨씬 많다고 보고 유연하게 접근하는 게 좋다. 그 유연성은 경험치에서 온다.

가까운 시일의 일봉 차트만 보던 사람이
수년간의 일봉까지 보기 시작하고,
그와 동시에 분봉 차트,
주봉 차트도 같이 본다면
뭔가 느낌이 있었다는 얘기다.
디테일에 강해진 사람이 긴 그림을 보게 되고
긴 그림을 보던 사람이 디테일을 찾게 된다.

응용편 : 가격의 벽으로 단타 매매

다시 프랙탈이다. 작게 보던 걸 크게 보았다면 반대도 가능하다. 일봉에서 벌어지던 일이 분봉에서도 벌어진다. '가격의 벽' 매매 역시 일봉뿐 아니라 분봉에서도 가능하다.

경우에 따라 다르지만 일봉 기준으로 가격의 벽 매매를 하면 손절 폭이 크게 느껴질 수 있다. 그러나 분봉 기준으로 가격의 벽 매매를 하면 손절 폭을 대폭 줄이면서도 괜찮은 수익을 챙길 수 있다. 또한 분봉 기준으로 하면 매매가 '단타'가 되어 자금 회전율을 높일 수 있다는 장점도 있다.

바로 종목을 보자. [핀텔]이다. 먼저 이해를 돕기 위해 [핀텔]의 일봉부터 보자.

[차트2-32] 2022년 10월에 상장된 종목 [핀텔]의 일봉 모습이다.

　　차트에 표시한 A가 우리가 살펴볼 날이다. 왜 A에 주목했는지는 전일을 보면 알 것 같다. 하루 전, [핀텔]은 바닥 구간에서 거래량이 터지면서 양봉을 만들었다. 윗꼬리가 달려 있지만 몸통이 제법 통통하게 형성되어 나빠 보이지 않았다. 다음날, 즉 A가 나온 날 나는 [핀텔]의 3분봉 차트를 보며 종일 흐름을 살폈다.

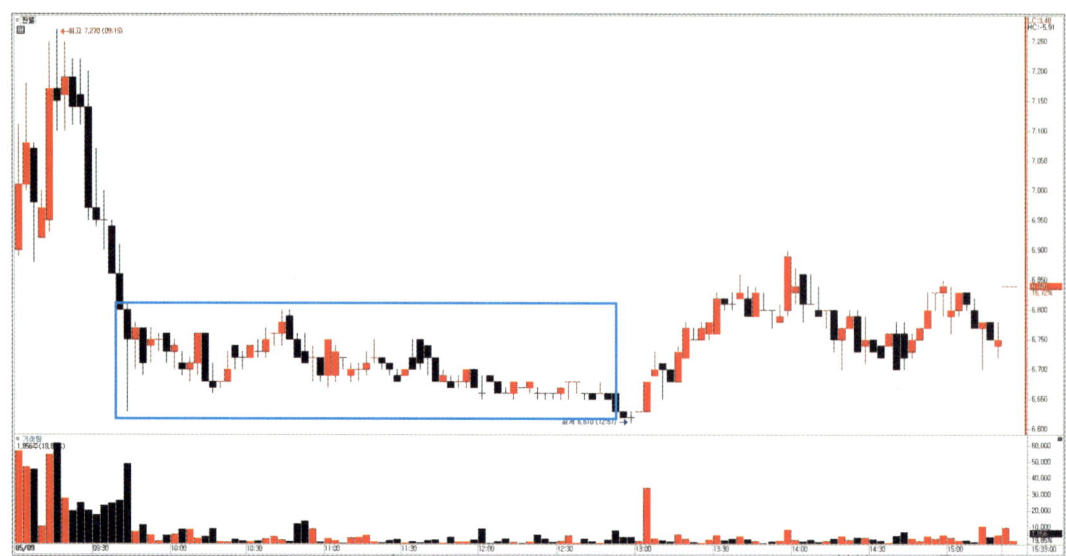

[차트2-33] [핀텔]의 A 일봉을 3분봉으로 바꾼 모습. 당일 시작부터 마감까지 다 담겼다.

　장 시작과 동시에 금방이라도 장대양봉을 만들 것 같은 움직임을 보였으나 상승 종목에서 자주 등장하는 트릭일 뿐이었고, 곧장 하락으로 이어졌다. 그리고 박스로 표시한 구간으로 진입한다. 주가가 이 박스 구간에 머문 시간은 오전 9시 40분경부터 오후 12시 50분경까지다.

　이 박스 구간은 전형적인 형태의 '가격의 벽'은 아니다. 앞서 [삼성엔지니어링]에서는 13,750원이라는 뚜렷한 가격의 벽이 있었다. 3차례의 가격 돌파 시도는 모두 이 가격에 가로막혀 실패로 돌아갔다. 누가 봐도 명명백백한 '가격의 벽'이었다. 그런데 [핀텔]은 과연 '가격의 벽'인지 헷갈린다. 높이가 뒤죽박죽이다.

[차트2-34] 반등 높이가 다른 [핀텔] 3분봉 모습.

　첫 번째 동그라미는 시가를 이탈하는 급락이 나온 뒤 반등하는 순간의 모습이다. 고가는 6,780원. 이후 자리를 잡는 듯이 보이면서 다시 오른 두 번째 동그라미는 전보다 20원 낮은 6,760원. 여기까지만 해도 이미 가격의 벽과는 무관한 흐름처럼 보인다.

　그리고 이 흐름에서 가장 큰 노이즈로 보이는 6,800원 고점의 세 번째 동그라미가 나왔다. 가격의 벽은 쉽게 뚫으면 곤란한데 만일 6,760원이나 6,780원이 가격의 벽이라면 이번 시도에서 살짝 뚫은 것이 된다. 뭔가 이상하다. 그리고 이어진 하락 후 반등에서는 고점이 다시 6,750원으로 더 낮아져 있다. 고점 가격이 계속 변하고 있고, 같은 구간에서 저점도 달라진다. 혼란의 연속이다. 어떻게 판단해야 할까?

　그런데 이 네 번째 동그라미부터 누군가의 개입이 있는 것처럼 보이는 흐름이 나타난다.

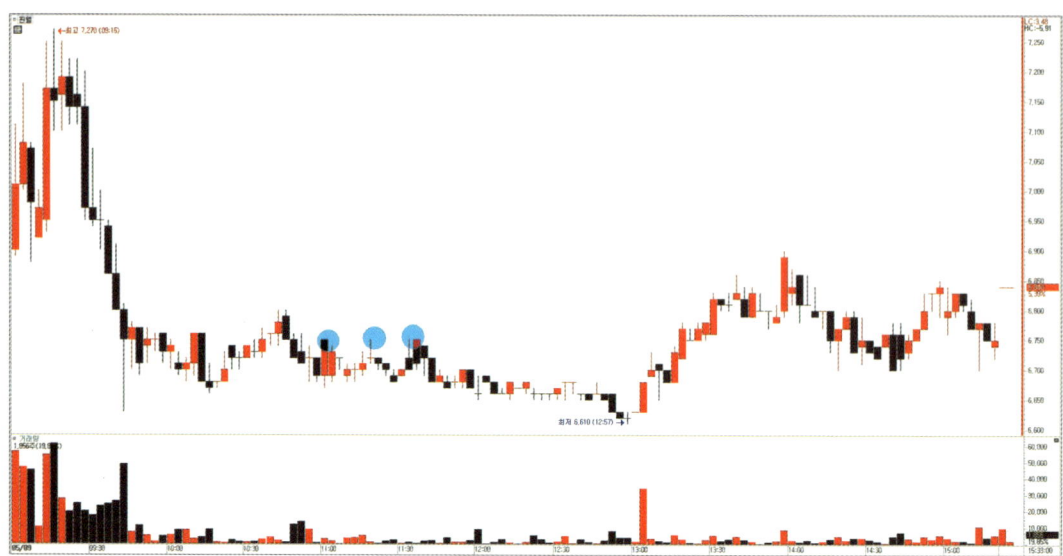

[차트2-35] 4번째 동그라미 이후의 움직임.

4번째 동그라미를 포함하여 총 3번의 반등에서 우리는 가격의 벽이 시작되었음을 알아차릴 수 있다. 차트2-35에 표시한 3개의 동그라미는 모두 고점이 6,750원이다. 저점을 음미하는 것도 좋은 방법 같다. 동그라미를 친 3번의 작은 상승 과정에서 저점이 비교적 일정하게 잡혀 있다. 3타4파의 경우, 종종 3타 이후 일정하게 잡혀 있는 저점을 깨뜨리고 내려갔다가 다시 저점 가격을 회복하며 4번째 시도로 이어지는 경우가 있다. 그러므로 일정한 저점이라는 이유만으로 이 자리에서 매수를 하는 건 별로 바람직한 매수는 아니다. 가격의 벽 매매법의 원칙대로 가격의 벽을 뚫는 시도가 나타날 때까지 기다려야 한다.

조정 과정에 대해서 한마디 보태자. 주식 매매는 얼마나 참을성을 갖고 견디느냐가 관건이 되는 경우가 많다. 보통 성질 급한 투자자들이 못 견디는 게 시간을 질질 끄는 시간 조정이고, 손실에 대해 예민한 반응을 보이는 투자자들이 못 견디는 게 가격을 떨어뜨리는 가격 조정이다. 반대로 말하면 주가를 만들어가는 세력들이 가장 잘 활용하는 두 개의 무기가 바로 시간 조정과 가격 조정이고, [핀텔]처럼 가격 조정과 시간 조정이 함께 등장하는 경우가 다반사다. 그럼에도 불구하고 이 정도는 아무리 참을성 없는 사람도 기다릴 수 있다고 생각되는데 왜냐하면 이 매매는 분봉으로 하기 때문이다. 만일 일봉이었다면 기간 조정과 가격 조정의 과정이 결코 녹록치 않았을 것 같다.

아무튼, 차트2-35의 동그라미 3개는 가격의 벽을 형성하는 과정이었으므로 이제부터는 지지 역할을 해줄 선을 그어보며 본격적인 모니터링을 시작한다.

그럼, 어디에 선을 그을까? 가격의 벽 구간에서는 일봉의 중요 가격과 자주 만나는 선에 긋는다고 얘기했다. 이 차트는 분봉이므로 분봉의 중요 가격과 자주 만나는 선에 그으면 되는데 문제는 분봉이 움직이는 폭이 좁다는 점이다. 그래서 너무 촘촘하게 선을 그을 필요는 없을 것 같고, 중요하다고 생각되는 가격에 한정해서 대략 3개의 선을 긋는다.

[차트2-36] 선을 긋고 모니터링을 시작한다.

횟수만 따지면 다른 선도 가능하지만 굳이 위의 선 ABC를 그은 이유를 대자면 이렇다.

선 A : 가격의 벽이다. 그 아래에도 분봉의 중요 가격과 더 많이 만나는 가격이 있으나 선을 따로 긋는 게 의미 없을 만큼 폭이 좁다. 그렇다면 가격의 벽에 선을 긋는 게 합리적이겠다.

선 B : 분봉의 중요 가격과 가장 많이 만나는 가격이다. 또한 마지막 세 번째 가격의 벽을 확인하고 내려오는 과정에서 살짝 반등이 나왔는데 그때 고가에 해당하는 가격이다. 즉 시간 조정 + 가격 조정의 구간에서 가장 높은 가격이 된다.

선 C : 잘 만들어진 저점 가격이다. 이 가격은 이후 노란색 박스 구간을 통해 일시적으로 깨졌다가 회복되는데 이 라인이 재차 깨진다면 하락 추세로 접어들었다고 보는 게 일반적이다. 즉 선 C는 깨져서는 안 되는 라인, 최후의 보루인 손절라인이 된다.

사실, 더 선을 그으라고 해도 별로 의미가 없어 보이는데 선 A와 선 C의 차이는 1.5% 미만이다. 이 좁은 폭 안에 많은 선을 긋는 것보다는 중요한 선에 집중하는 게 맞아 보인다. 그렇게 보면 A나 C보다 B가 가장 중요해 보이는 게 사실이다. 선 C는 다시 터치하는 게 무의미할 정도로 건드리면 안 되는 중요한 선이고, A는 넘어야 할 가격의 벽이기 때문이다.

그런데 이 차트의 모양은 단순히 가격의 벽 매매로 접근하기 어렵게 만드는 게 있었다.

[차트2-37] 가격의 벽 앞쪽에 불룩 솟은 봉우리가 있다. 이처럼 변형된 형태가 어려움을 일으킨다.

10시 30분경에 불쑥 솟아오른 봉우리가 있다. 파란색 동그라미로 표시한 구간이다. 이런 고점은 주가 상승 때 부담이 된다. 설령 가격의 벽까지는 뚫더라도 이전 봉우리까지 뚫은 게 아니면 아래에 선을 그은 게 큰 의미가 없을 때도 있다. 다만 조금 긍정적으로 바라볼 수 있는 이유는, 가격의 벽에서 그렇게 높은 위치가 아니라는 점이다. 그래서 일단은 선 하나를 더 그어서 이렇게 표시한다.

[차트2-38] 노이즈 고점 때문에 추가된 선 D.

선 D라는 부담을 안은 채, 이후 움직임을 보자. 저점 이탈 이후 반등이 나오며 가격의 벽(선A)을 돌파한다(a). 그리고 이어진 3분봉(b)에서 눌림이 나오고, 다시 이어진 3분봉(c)에서 재돌파가 나온다. 눌림이 크지 않고 선 A에서 반등이 나온 형태다. 정석대로라면 이 자리에서 매수를 하는 게 맞겠지만 선 D가 골치 아프다. 그럼에도 매수를 했다면 선 B 아래로 내려갈 때 손절을 한다는 계획으로 접근하는 게 좋겠다.

선 C가 아니라 선 B로 손절 라인을 잡은 이유는 아직 불투명한 상황이므로 손절을 짧게 잡고 흐름을 지켜보자는 계산이다. 이런 변형적인 형태에서는 그에 맞게 유연한 판단이 요구된다. 역시나 선 D는 신경이 쓰일 수밖에 없다.

나 역시 선 D 때문에 조금 더 지켜보기로 마음먹었다. 보다 더 확실한 신호가 필요했다. 그러다 기다리던 신호가 나타났다. 선 D의 고점까지 뚫는 움직임이었다.

[차트2-39] '노이즈' 선 D의 고점을 돌파했다.

    이전 단계로 돌아가서 가격의 벽(선 A)을 재돌파할 때 매매를 했다면 크지는 않아도 분명 수익을 낼 수는 있다. 그러나 노이즈는 존재 자체만으로도 많은 차질을 빚기 때문에 보다 신중해질 것을 요구한다. 변형된 형태가 익숙하다면 대응이 쉽겠지만 낯설수록 한 템포 늦추는 게 도리어 좋은 매매로 이어질 때가 많다.

    아무튼 이 돌파까지 지켜본 나는 보다 확실한 신호가 뜰 때까지 기다렸는데 그게 차트 2-39에 표시한 세 개의 동그라미다. 이 동그라미는 앞에서 그은 선 B와 만나는 지점이었는데 주가가 이 자리에서 반등을 하고 있음을 눈으로 확인할 수 있다. 선 B가 지지선이 될 확률이 매우 높다는 뜻이다. 특히 첫 2개의 동그라미까지 확인했다면 마지막 동그라미 부근에서 매수를 하는 게 변형된 형태를 풀어낼 수 있는 답 같았다.

    한 가지만 추가로 설명하자. 눌림 구간에서 나타나는 아랫꼬리 현상이다. 눌림 구간에서 아랫꼬리가 나타났다는 말은, 가격이 내려갔다가 누군가 끌어올렸다는 얘기인데 종종 세력들이 수량을 확보할 때 이런 형태가 된다고 알려졌다. 차트2-39에서도 첫 번째 동그라미는 아랫꼬리가 그려져 있다. 해당 분봉의 저가에서부터 종가에 이르기까지 누군가 물량을 싹 쓸어갔다는 말이다. 그런데 두 번째 동그라미는 아랫꼬리가 없는 것으로 보인다. 그럼에도 나는 이 역시 아랫꼬리라고 보고 좋은 신호로 읽었다. 캔들 차트를 읽을 줄 아는 사람이라면 다음 분봉의 시가가 이전 봉의 시가와 동일한 가격에서 시작했다는 걸 알 것 같다(차트 두 번째 동그라미는 두 개의 분봉에 표시되어 있다. 비교해 보자.). 그 말은, 3분봉이 마감되고 다음 봉이 시작되자마자 빠르게 가격을 끌어올렸다는 말이다. 이런 사정은 1분봉에 정확히 표현되어 있다.

[차트2-40] [핀텔]의 1분봉 차트.

1분봉 차트는 1분에 한 개씩 캔들이 만들어지는 차트다. 디테일하게 볼 수 있다는 장점이 있다(반대로 큰 그림을 놓칠 수 있는 단점도 있다.). [핀텔]을 1분봉 차트로 바꾸면 숨어 있던 아랫꼬리가 등장한다. 반등은 정확히 선 B에서 이루어졌다.

이제 지지와 저항의 개념을 이해했을 것 같다. 지지와 저항은 동전의 양면과 같다. 지지 자리가 뚫리면 저항 자리로 변한다. 적의 진지를 빼앗으면 그 진지는 나의 안전을 보장하는 방패가 된다. 같은 자리가 지지선이 되기도 하고 저항선이 되기도 한다. 이게 지지와 저항의 개념이다.

이 매매의 결과는 어떻게 되었을까? 선 B가 강한 지지선임을 알았지만 이날은 그게 끝이었다. 장이 마감되었다. 그러면 선 B는 이제 의미가 없는 걸까?

다음날 장이 시작하자마자, [핀텔]은 갭하락을 했는데 선 B의 가격을 정확히 터치한 뒤 급등하며 전전일의 고점을 돌파하는 장대양봉을 만들었다.

[차트2-41] 다음날 [핀텔]은 전전일에 만들었던 고점을 뚫고 상승했다.

단타라고 하지만 결국 갈지 말지 결정하는 건 세력 마음이다. 당일 상승을 만들고 끝나는 종목도 있지만 하루나 이틀 뜸을 들이다가 상승하는 경우도 흔하다.

지지와 저항을 활용한 또 다른 매매법 :
짝짓기 매매의 2등주 공략법

이름만 다를 뿐 지지 저항을 이용한 매매는 많다. 테마주 매매에서 흔히 짝짓기 매매라고 부르는 것도 지지 저항을 활용한다. 이 이야기를 풀어가려면 먼저 테마주 매매에서 가장 중요한 키워드인 '대장주'부터 알아야 할 것 같다.

테마주를 손대려면 대장주를 공략하라는 말을 많이 들어봤을 것 같다. 주식 매매에서는 상식처럼 통용되는 이야기지만 실전에 임하면 대장주가 아닌 2등주나 후순위 종목을 매수하는 경우가 흔하다. 왜 그럴까? 대장주의 고공행진이 너무 부담스럽기 때문이겠다. 너무 빠르게 치고 나가는 모습을 보면 아직 발동조차 걸지 않은 후순위 종목에 시선이 가는 게 사실이다. 또한 대장주가 오르는 모습이 신호탄이 되기 때문에 신호를 읽고 들어갈 수 있다는 장점도 있다. 그럼에도 대장주를 공략하는 게 이득이라는 건데 왜 그럴까?

2023년 전반기를 뜨겁게 달군 테마가 있다. 2차전지 양극제다. 이 테마의 대장주는 [에코프로]였고 2등주, 즉 중대장주는 [에코프로비엠]이었다. 차트를 보자.

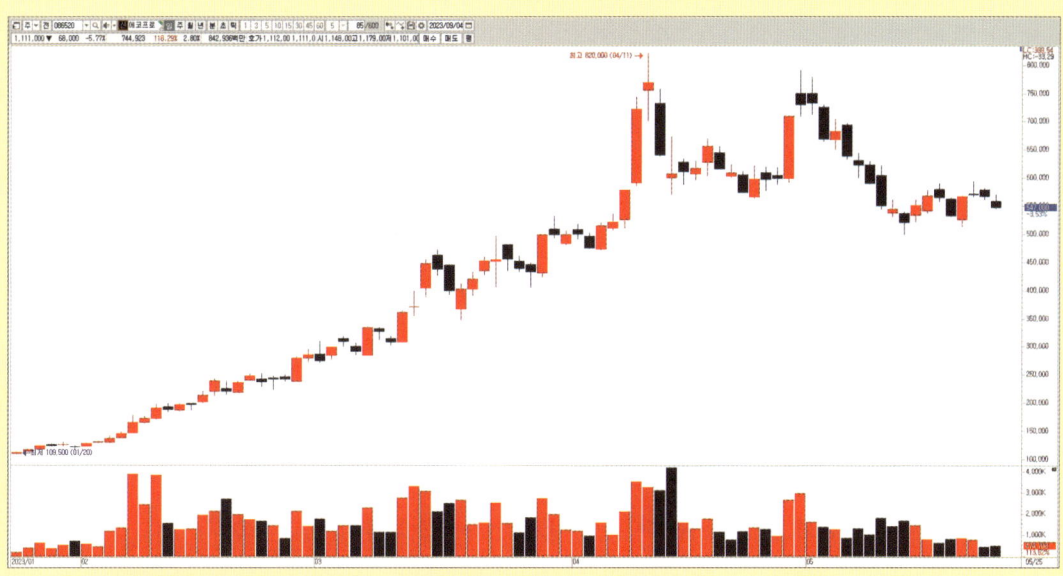

[차트2-42] 대장주 [에코프로]의 2023년 1~5월의 일봉 차트

[차트2-43] 중대장주 [에코프로비엠]의 2023년 1~5월의 일봉 차트

대장주의 장점 ❶ 더 많이 오른다

같이 놓고 보면 '둘 다 잘 올랐다'고 느끼겠지만 상대적 위치만을 보여주는

차트의 특성 때문에 중요한 차이가 간과된다. 이 기간 [에코프로]는 10만 원대 초반에서 82만 원까지 상승한 데 비해 [에코프로비엠]은 9만 원대 후반에서 315,500원까지 올랐다. 8배와 3배의 차이다.

무슨 말인가 하면, 대장주는 중대장주보다 상승 폭이 훨씬 크다. 이건 거의 대부분의 테마주에서 나타나는 현상이다. 그나마 [에코프로비엠]은 많이 오른 축에 속한다. 중대장주 상승률이 이보다 못한 경우가 태반이다.

대장주의 장점 ❷ 덜 떨어진다

대장주와 중대장주의 중요한 또 다른 차이가 있다. 하락률에서도 차이가 있다는 점이다. 조정 구간에 접어든 날을 보자. 그렇게 많이 오른 [에코프로]가 도리어 [에코프로비엠]보다 적게 떨어진다. 대장주가 시가와 종가가 비슷한 도지를 그린 날에도 중대장주는 음봉을 그리며 하락폭을 키우는 경우가 흔하다.

대장주의 장점 ❸ 하락 때 반등도 화끈하다

최고가를 찍고 하락하다가 중간에 반등이 나올 때를 비교해 봐도 대장주가 압승이다. 대장주는 쉽게 상한가를 간다. 반면 대장주의 상한가 소식에도 중대장주는 찔끔 오르다 말거나 혹은 거꾸로 하락하는 경우도 숱하다. 참고로, 반등이 화끈하다고 해서 반등 때 따라가라는 뜻이 절대 아니다. 하락 중 나타난 상한가(혹은 장대양봉)를 반등의 시작으로 받아들이면 테마주고 뭐고 매매가 꼬이기 시작한다. 멀쩡히 장중 상한가를 유지하다가 장 막판이나 다음날 장 개시와 함께 급락시키는 일도 많다. 고점 부근에서 거래량이 많이 터지고, 음봉들의 출현 빈도가 높아지면 작전이 끝났다고 보는 게 올바른 접근이다. 자칫 상한가를 잘못 따라 가면(일명 상따) 당일 -60%의 손실을 입을 수도 있다(당일 상한가에 매수, 당일 하한가가 나오는 경우). 테마주는 기본적으로 세력주다. 상한가를 쉽게 가면 하한가도 쉽게 갈 수 있다는 생각으로 긴장하며 접근해야 한다. 특히나 세력주를 장대양봉에 매수하는 습관은 절대 버려야 한다.

위에 든 3가지 이유만으로도 대장주를 매매해야 하는 근거는 충분해 보인다. 그러나 같은 무술이라도 유파가 다르듯 주식에도 수많은 매매법이 존재한다. 테마주는 대장주 매매가 으뜸이라는 얘기의 대척점에는 2등주 매매라는 '짝짓기' 매매도 있는 법이다. 물론 사람마다 의견이 다른데 대장주 매매를 우선순위에 두되 그게 힘들 때 2등주 매매, 즉 짝짓기 매매를 하라는 사람도 있고, 테마주는 짝짓기 매매가 훨씬 좋다는 사람도 있다. 다만 비중으로 보면 대장주 매매를 추천하는 사람이 더 많고, 2등주는 상대적으로 적다. 그런데 이 말은, 둘 중 하나를 택해야 한다는 뜻보다는 대장주 매매를 하려면 짝짓기 매매에 대한 이해도 있어야 한다는 말처럼 들린다.

후순위 종목의 역할

[이화전기]는 [이아이디], [이트론]과 형제회사다. 코로나 백신 테마주 열풍일 때는 삼형제가 러시아 백신 테마주로 같이 엮였다. 이번에는 '횡령'이라는 돌발 악재 후 리튬광산 테마로 급등했다가 동반 급락했다. 이 세 종목은 테마주를 이해하는 데 좋은 예시라고 생각되어 골랐다. 이 삼형제를 통해 우리의 주제인 지지와 저항을 이용한 짝짓기 매매를 살펴보자. 먼저 삼형제의 차트를 나란히 놓고 비교해 보자.

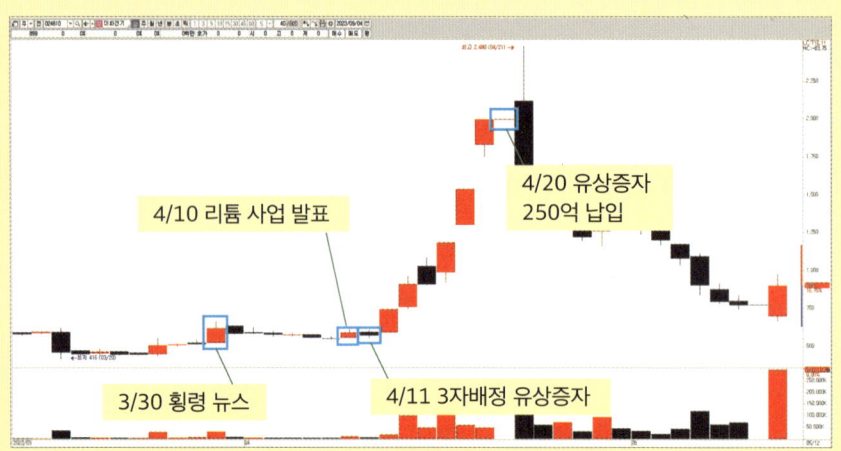

[차트2-44] 대장주 [이화전기]의 2023년 3~5월 일봉 차트

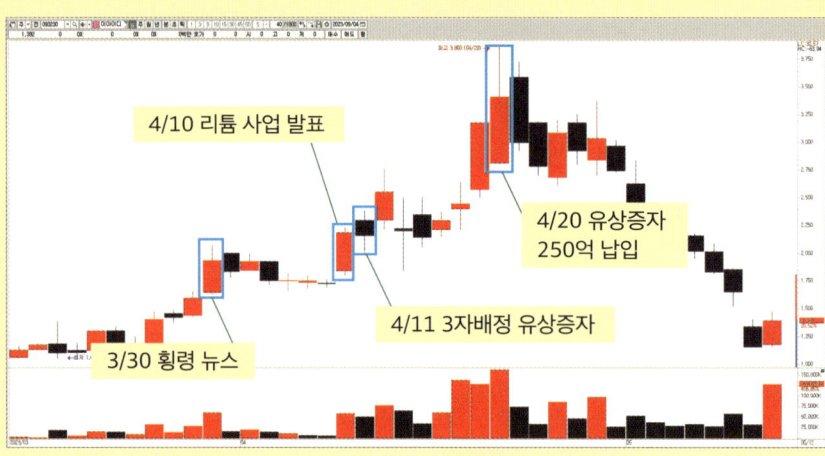

[차트2-45] 중대장주 [이아이디]의 동일 기간 일봉 차트

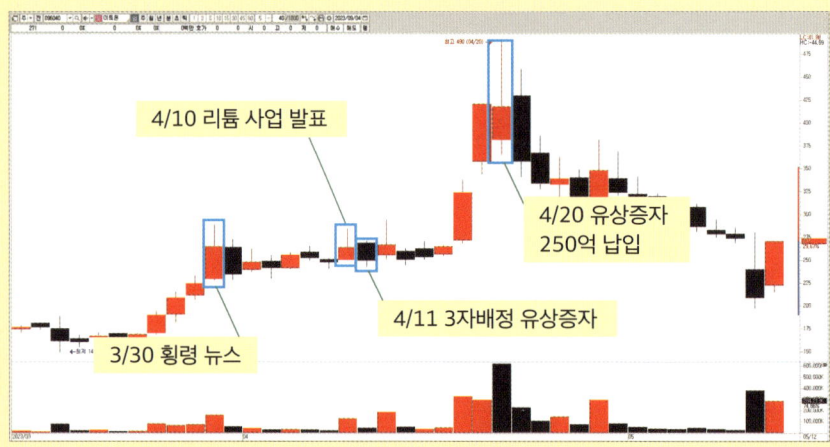

[차트2-46] 소대장주 [이트론]의 같은 기간 일봉 차트

리튬광산 사업의 주체는 [이아이디]지만 대장주는 [이화전기], 중대장주는 [이아이디], [소대장주]는 이트론이다(대장주를 결정하는 건 세력 마음이겠다. 대장주는 장중에도 얼마든지 바뀔 수 있다. 대장주를 가리는 기준은 사람마다, 상황마다 다를 수 있는데 일반적으로는 1) 묶인 종목 가운데 가장 먼저 움직이는 종목, 2) 가장 많이 오르는 종목, 3) 거래대금이 가장 큰 종목인지 보면서 판단한다.).

대장주의 상승률 : 435%

[이화전기]는 4월 11일 유상증자 발표 다음날부터 연속 상한가를 치며 급등했다. 4월 11일 종가 570원에서 8거래일 만에 2,480원까지 올랐다. 435% 급등이다.

중대장주의 상승률 : 78.7%

4월 12일부터 발동을 건 대장주 [이화전기]가 연속 상한가를 치는데도 정작 사업주체인 [이아이디]는 남의 일처럼 군다. 조금 오르다 말더니 다음날에는 하한가에 가까운 -27%까지 내려간다. 그런 뒤 가는 듯 마는 듯 하다가 납입일 하루 전인 4월 19일부터 급격히 상승한다. 4월 11일 종가는 2,160원이었고, 4월 20일 납입일에는 3,860원까지 올랐다. 78.7% 상승률을 기록했다.

소대장주의 상승률 : 96%

제일 마지막에 움직이기 시작한 [이트론]은 4월 11일 종가가 250원, 4월 20일 최고가가 490원을 기록했다. 96% 올랐다.

대장주가 급등할 때 중대장주와 소대장주도 함께 상승한다는 게 일반적인 테마주 매매의 전제다. 그러나 이 삼형제처럼 시간차를 두고 움직이는 경우도 흔하다. 시간차뿐 아니라 대장주와 반대로 움직이는 경우도 많다. 후순위 종목은 대장주에 몰리는 매수세를 분산시키고(짝짓기 매매의 경우 대장주의 움직임을 보고 2등주를 매수하는 것이므로), 더 오를지 말지 헷갈리게 만드는 역할(거꾸로 움직일 때)을 하는 경우가 훨씬 많다.

짝짓기 매매, 어떻게 할 것인가?

삼형제의 움직임을 보면서 테마주에 대한 중요한 개념을 알 수 있다. 테마주는 대장주와 중대장주로 구분되고 종목이 많으면 기타 소대장주들이 포함된다. 대장주가 테마로 급등하는 동안에도 중대장주나 소대장주는 조금밖에 오르지 않거나 도리어 하락하는 경우도 있다. 이게 왜 중요한가 하면 짝짓기 매매 때문이다.

짝짓기 매매는 테마주 매매 중 가장 많이 알려진 매매법이다. 짝짓기 매매란 동일 테마에 속한 대장주가 움직이면 2등주 등 후순위 종목들도 같이 상승한다는 믿음에서 생긴 매매다. 보통 대장주의 급격한 상승으로 추격 매수가 부담스러울 때 중대장주를 공략하는데 이를 짝짓기 매매라고 부른다.

그런데 방금 살펴본 삼형제의 움직임은 짝짓기 매매를 어렵게 만든다. 대장주만 혼자 가고 중대장주나 소대장주는 신통치 않다. 대장주가 상한가나 혹은 20% 이상 올랐는데 중대장주는 갈 건지 말 건지 주춤거리기만 한다. 실제로 경험적으로 봐도 주춤거리기만 하고 오르지 않는 중대장주도 많다. 심지어 당일이나 그 다음날 하락으로 이어지는 경우도 비일비재하다. 이런 사정은 소대장주도 마찬가지다.

안 가는 이유? 아직 물량을 못 채워서

같은 테마에 속하는지 의심스러울 정도로 반대의 움직임을 보이는 경우가 흔한 게 짝짓기 매매다. 그럼에도 중대장주를 사겠다면 양봉에 사는 것보다는 눌림목에 들어갈 때 분봉의 지지선을 보며 매수하는 게 리스크를 줄이고 기대수익도 키우는 방법이 되겠다.

그러나 이보다는 중요한 차이를 이해하고 접근하는 게 짝짓기 매매의 핵심이 될 수 있다. 대장주와 중대장주의 결정적인 차이점을 이해하면 대장주와 중대장주는 매매법이 완전히 다르다는 점을 알게 된다.

대장주는 매집이 아주 잘 된 종목이다. 낮은 가격에서 물량을 충분히 모았기 때문에 평단가가 낮다. 그래서 연속 상한가를 쳐도 평균 매입 단가를 낮게 유지할 수 있다. 아무리 대장주라도 매집이 충분치 않으면 상승폭이 제한된다. 반면 중대장주부터는 매집이 충분하지 못할 가능성이 크다. 그래서 대장주가 죽죽 치고 오르는 동안, 중대장주와 소대장주 등 소위 2등주들은 하락 구간을 만들며 부족한 물량을 채운다.

지지 저항을 활용한 안전한 매수 자리

중대장주를 공략하려면 어떻게 해야 할까? 드디어 지지 저항이 등장한다. 물량 많고 돈 많은 대장주는, 물론 모든 대장주가 그런 건 아니지만 한번 올릴 때 거침이 없다. 화끈하다. 분봉 차트로 [이화전기]의 상승 구간을 살펴보자.

[차트2-47] [이화전기]의 4월 10~21일까지의 30분봉 차트

　[이화전기]는 매물대 청소를 거의 의식하지 않고 달렸다. 허허벌판을 지나가듯 바람처럼 질주한다. 멀리 떨어진 매물대를 통과할 때만 한두 번 휘저을 뿐 막힘도 없고, 거침도 없다.

　'매물대'란 거래가 많이 이루어진 가격 구간이다. 그 구간보다 현재 주가가 낮다면 그 구간에 물린 사람이 많다는 뜻이 되겠다. 올라갈 때까지 기다리겠다고 생각한 사람도 있겠지만 언제든 비슷한 가격만 오면 팔겠다고 생각하는 사람도 있는 법이다. 팔 생각이 없다가도 자꾸만 약 올리듯 주가가 오르락내리락 하거나 시간만 질질 끌면 '던지고 나가는 게 낫겠다'고 마음을 고쳐먹는 경우도 있다. 어떤 식이든 세력은 '팔고 싶은 생각'을 유도하기 위해 자꾸만 매물대를 들쑤시고 다니는데 이를 '청소한다'고 개인적으로 표현한다. 그렇게 물량을 흡수한 뒤 올리는 게 세력의 장기 가운데 하나다. 매집량이 부족한 중대장주라면 더 철저히 매물대를 휘저으며 물량 뺏기에 나설 것 같다.

그런데 경우에 따라 매물대를 휘젓지 않고(청소도 안 하고) 한 번에 쑥 올리는 드문 경우도 있다. 왜냐하면 매물대 청소에는 많은 시간과 자금이 필요하기 때문이다. 어차피 많이 올릴 마음이 없기 때문일 수도 있다. '빠르게 조금 더 올려서 팔아 치우자'는 생각이라면 충분히 그럴 수 있다는 얘기다.

이런 생각들을 염두에 두고, [이아이디]를 보자.

[차트2-48] [이아이디]의 3월 30일부터 4월 31일까지 15분봉 차트

[이아이디]의 흐름은 [이화전기]와 다르다. 매물대 청소를 위해 저점을 깨뜨리는 구간이 등장한다. 그래서 만들어진 게 박스 B다. 박스 B는 4일간 이어지는데 이때 뚫지 못했던 박스 B의 고점은 4월 10일에 이르러 돌파가 나온다. 이 돌파 때 박스 A의 고점까지 뚫고 올라간다.

여기서 우리가 주목해야 할 지점은 박스 B다. 원래라면 나올 자리가 아닌데 시간 지연, 가격 조정 등을 통해 4일간 함정을 팠다. 이게 함정이 되었다는 말은, 상승 구간에서 이 자리는 깨져서는 안 된다는 뜻이다. 특히 박스 B의 고점이 중요한데 그래서 차트에서 파란색 선으로 표시했다.

다시 4월 12일로 가보자. 이날 [이화전기]는 첫 상한가에 도달한다. 중대장주인 [이아이디] 역시 상승 추세를 만들며 지난 10거래일 가운데 최고가를 찍는다. 그런데 4월 13일이 문제의 날이다. 이날도 [이화전기]는 장중 상한가까지 도달하는 등 강한 상승세를 만들었는데 [이아이디]는 도리어 갭하락으로 시작하여 오전 한때 -27%까지 하락했다. 그런데 이때 내려간 곳은 정확히 박스 B의 고점(차트에서 '지지선'으로 표기한 가격)에서 반등한다. 박스 B가 지지 역할을 해준 것이다. 실제로 상승이 이어지는 동안 박스 B를 깨뜨리고 내려간 적은 한 번도 없다.

이런 게 지지 저항을 이용한 매수 자리다. 3월 30일, 거래량을 동반하며 첫 시세 분출이 나온 뒤 저점을 갱신하는 박스 구간은, 일반적인 상승이라면 나와서는 안 되는 트릭 자리였기 때문에 이 구간으로 다시 가지 않아야 한다. 그래서 4월 13일의 급락이 매수 기회가 될 수 있는 것이다.

물론 '무조건 반등'이라는 건 처음부터 없으므로 손절라인도 같이 잡아두고 매매를 해야 하는데 박스 B의 저점이 적당해 보인다. 박스 B의 상단에서 매수하고 반등하면 홀딩이고, 박스 B의 하단을 깨뜨리고 내려가면 손절한다는 계획이다. 만일 박스 B의 폭이 넓어서 상단과 하단의 폭이 크다면 중간 정도로 손절폭을 좁히는 것도 좋은 방법이다. 그러나 아무리 커도 -5%는 넘지 않을 것 같다. 기대 손실은 적고, 기대 수익은 큰 자리가 된다.

물론 쉽지 않은 매매다. 하락폭이 적당해야 들어갈 마음도 생기지 [이아이디]처럼 -27% 수준의 급락이 나오면 누구라도 꺼려지는 게 보통이다. 그럼에도 여기에 소개하는 이유는 '하려면 지지 저항에서 해야 한다'는 것을 설명하기 위해서다. 테마주는 원래가 급등 급락을 잘 만든다. 그럴수록 더더욱 지지와 저항이라는 전통적이며 여전히 효과가 있는 자리를 찾아서 접근하는 게 유리하다.

테마주의 하락에 대한 이해도 필요하다. 테마주가 일단락되었는지 확인하기 위해서도 역시 지지와 저항 자리를 찾아야 한다.

[차트2-49] [이아이디]의 이후 과정을 담은 15분 차트

　　차트2-49에는 두 개의 선 1과 2가 있다. 1은 앞서 지지선 역할을 했던 가격선이고, 2번은 상승 구간에서 만들어진 가격의 벽이다. 가격의 벽이란 세 차례 돌파 시도가 있었으나 뚫지 못하고 떨어진 저항 가격을 의미한다. 이 차트에서도 4월 17일에 그런 시도가 있었다. 이런 자리는 중요하기 때문에 가이드선을 그었는데 이 벽을 뚫으면 강한 지지 자리가 되고(4월 18일의 움직임을 보면 지지해주는 모습을 볼 수 있다.) 이 자리에 깨지면 다시 강력한 저항 자리로 돌변한다.

　　이제 하락 구간으로 가보자. 5월 3일의 동그라미를 친 부분이다. 이날 갭하락으로 출발한 [이아이디]는 선 2를 한 차례 두드렸으나 탈환하지 못하고 그대로 고꾸라지고 있다. 무슨 말인가? 중요한 자리에서 하락이 나왔으니 추가 하락이 예상된다는 말이다. 물론 다음날 다시 선 2를 회복할 수도 있지만 지금의 흐름만 보면 단기 상승세가 끝나고 하락으로 접어든다고 판단하는 게 현명하다.

그 다음, 선 1은 선 2보다도 중요한 자리가 된다. 앞서도 설명했지만 이 자리는 상승 구간에서 나타난 첫 트릭이었기 때문에 다시 내려가는 게 별로 좋은 그림이 못 된다. 그래서 손절라인도 선 1이 속하는 박스의 하단으로 잡은 것인데 만일 이 가격을 지키지 못하면 이때는 하락 추세가 깊어진다고 보는 게 올바른 접근 같다. 이 자리를 깨뜨리고 내려가면 아예 관심종목에서도 삭제하는 게 바람직해 보인다. 차트에 찍힌 고점 3,860원의 고점 구간까지 다시 가려면 처음부터 매집이 시작되든 대단한 호재가 있든 뭔가 있어야 한다. '한 번 갔던 저 가격은 다시는 갈 수 없다. 혹시 가게 되는 기적이 일어나더라도, 그건 먼 훗날의 일이다.' 이렇게 생각을 정리하고 미련을 버리지 못하면 호구 신세를 못 면한다.

차트에는 K라고 표시한 곳이 있는데 이 자리는 마지막으로 빠져나올 수 있는 타이밍이다. 이런 현상은 주식 차트에서 아주 흔하게 등장한다. 중요한 자리를 깨뜨리고 내려간 뒤 한 차례 해당 자리까지 일시적인 반등이 나오는 것이다. 자세히 보면 선 2에 대해서도 동일한 움직임이 있다. K는 도망칠 수 있는 마지막 기회이지, 반등이 나오는 움직임이라고 생각하면 곤란하다.

참고로 이렇게 하락을 만들어가던 이 삼형제는 며칠 뒤 장대양봉을 만들고 거래정지가 되었다. 이들의 거래정지와 관련해서는 이 책 뒤편 부록에서 자세히 다루었다.

지지 저항은 주식 매매에서 아주 기초적인 노하우이지만 그러나 거의 모든 차트 매매법이 지지 저항에 토대를 두고 응용되며 만들어지기 때문에 놓칠 수 없는 내용이다. 지지 저항만 이해해도 매매 방법이 달라지며 설령 많이는 못 따더라도 손실 없는 매매를 가능하게 해준다. 탄탄한 실력이란 결국 지지와 저항에 대한 경험적 이해가 있다는 말이다.

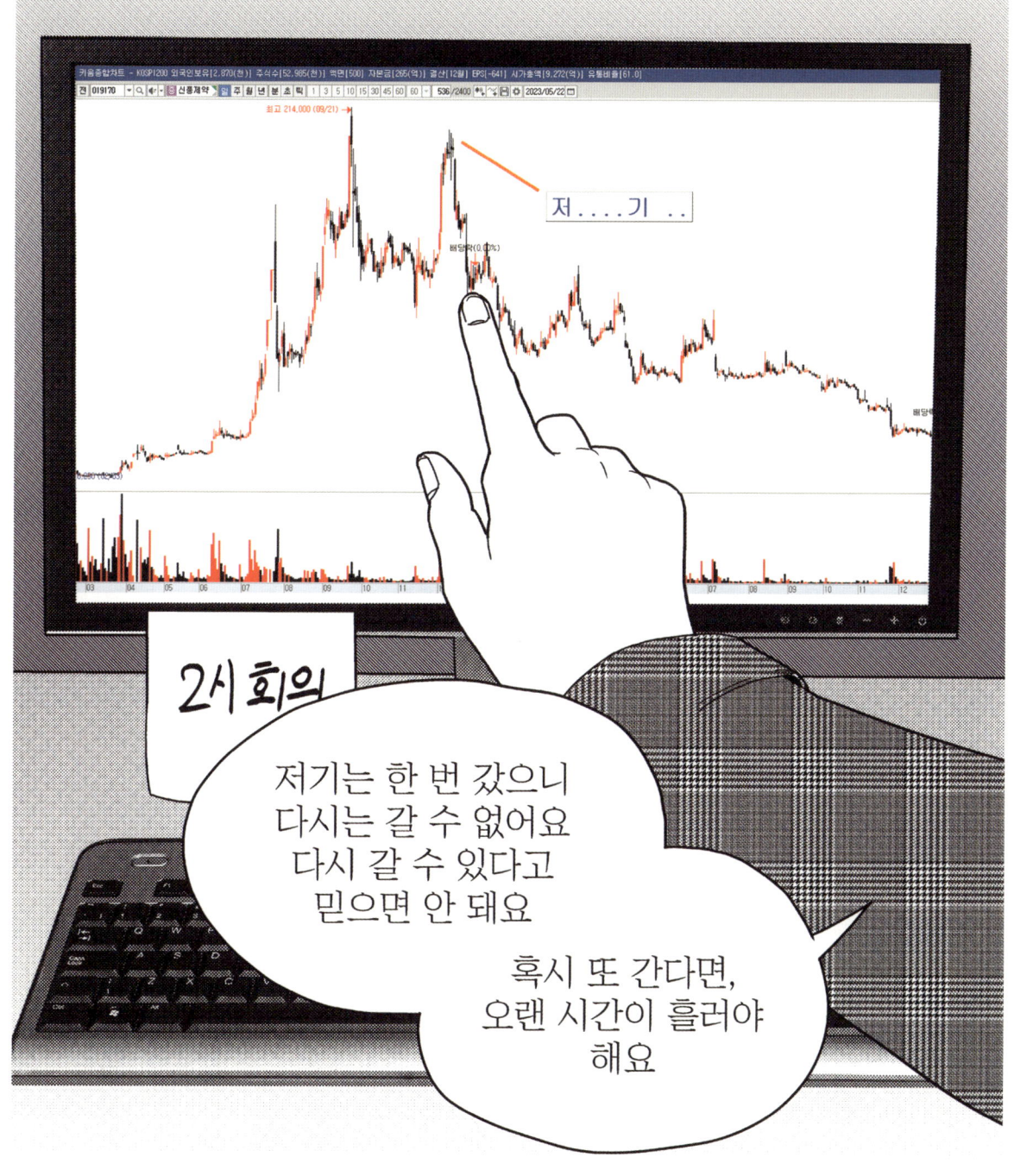

'초전도체' 테마주 매매 실전 중계

* 근래에 강력한 테마주 하나가 떴다. '초전도체'다. 네이버 카페 〈주식 네 이놈〉도 초전도체가 화제의 중심이었고, 나 역시 회원들과 의견을 주고받으며 매매를 진행했다. 이 과정을 여기에 담은 건 테마주를 어떻게 다루어야 하는지 소개하기 위해서다.

테마주는 매력적이다. (결과적으로) 짧은 기간에 큰 수익을 낼 수 있기 때문에 테마주로 눈이 가는 게 사실이다. 매일 연속해서 상한가를 치는 강력한 테마주를 보면 마음이 흔들린다. 너무 쉽게 상한가에 도달하는 걸 보면 내일 또 상한가를 갈 것 같다. 평소에는 수익 10%도 엄청난 수익이라고 생각하던 분들도 다르지 않다. 상한가가 너무 쉽게 느껴진다. 단기간에 수백 % 수익을 낼 수 있을지 모른다는 생각에 가슴이 두근거린다. 그런 생각 끝에, [에코프로]가 150만 원을 넘긴 시점에서도 매수할 용기가 생기는 것이다.

경험이 풍부한 사람이 아니면 테마주로 큰 수익을 내기 힘들다. 테마주 매매하는 분들은 많지만, 테마주 매매로 큰 수익을 내는 경우는 드물다. 테마주야말로 '세력 단기 작전의 꽃'이기 때문이다. 개미에게 쉽게 수익을 허락할 정도로 출제 난이도가 낮을 리 없다. 세력은 충분한 매집을 거친 뒤, 일정 수준 상승을 시킨 뒤에야 비로소 개미들의 매수를 허용한다. 설혹 눈치 빠르게 저가에서 매수했더라도 큰 수익까지는 쉽지 않은 여정이 기다린다. 세력은 개미가 호락호락하게 수익을 내게 허용하지 않는다.

그렇다면 테마주 매매에는 답이 없는 것일까? 답이 없는 건 아니지만 초보라면 특히나 힘들겠다. 테마주 매매 방법은, 충분히 실력이 쌓이고 실전 경험이 풍부한 분들에게나 설명이 가능하다. 지금은 '테마주 매매는 이렇게 하는 거구나' 하는 느낌만 받을 수 있어도 앞으로 매매에 큰 도움이 될 것이다.

다음은 내가 실전에서 회원들에게 실시간으로 설명하고 차트에 기록했던 내용들이다.

테마는 '상온초전도체'다. 이때 내가 어떤 식으로 매매했는지 보면 테마주 매매가 왜 위험한지, 또 테마주 매매도 수익을 내는 방법이 확실히 있다는 걸 느낄 수 있을 것이다.

오랜만의 카톡

한국 연구진이 상온초전도체 물질을 발견했다는 뉴스가 전 세계를 강타했다. 그 무렵, 지인에게서 예전에 내가 추천했던 종목 [서남]이 급등한다고 톡이 왔다.

[차트2-50] 2023년 8월 1일, 지인에게서 톡이 온 날의 장 마감 후, 종목 [서남]의 일봉 차트

지인은 86% 수익을 내고 팔았다면서 고맙다고 했다. 다만, 급등해서 팔았더니 상한가를 쳤다며 아쉬워했다.

[서남]을 상당히 좋은 종목으로 보고 지인 한두 명에게 추천했던 기억이 떠올랐다. 그런데 한 가지 이상했다. 나는 대주주 지분이 없는 종목은 매수하지도 추천하지도 않는다. 아무리 차트가 좋아도 대주주 지분이 없다면 리스크 관리가 어려울 수 있기 때문이다. [서남]은 대주주가 없는 종목이었다. 뭘 보고 추천했는지 기억나질 않아서 메모를 뒤져봤다. 매집 중이거나 특이사항이 있는 종목을 발견하면 차트에 메모하는 습관이 있었다.

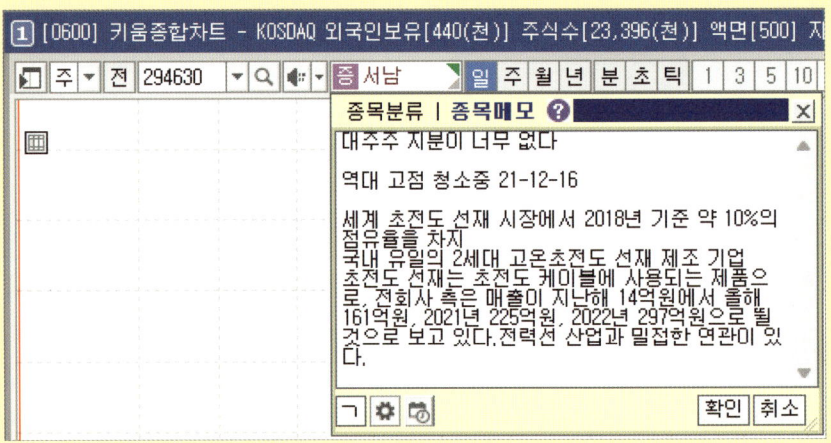

[그림2-4] 당시 남긴 메모.

기록을 보니 [서남]에 관심을 처음 갖게 된 날은 2021년 12월 16일이었다. 메모에는 대주주 지분이 너무 없는 게 부담스럽다는 내용도 담겨 있었다. 동시에 세계 초전도 선재 시장에서 약 10%의 점유율을 차지하고, 국내 유일의 2세대 고온 초전도 선재 제조 기업이고, 그게 초전도 케이블에 사용된다는 등 회사에 대해 조사한 기록이 적혀 있었다. 이런 기록을 바탕으로 가격이 충분히 하락하기를 기다리다가 이제는 분할 매수해도 되겠다는 시점에서 지인에게 추천했던 모양이다.

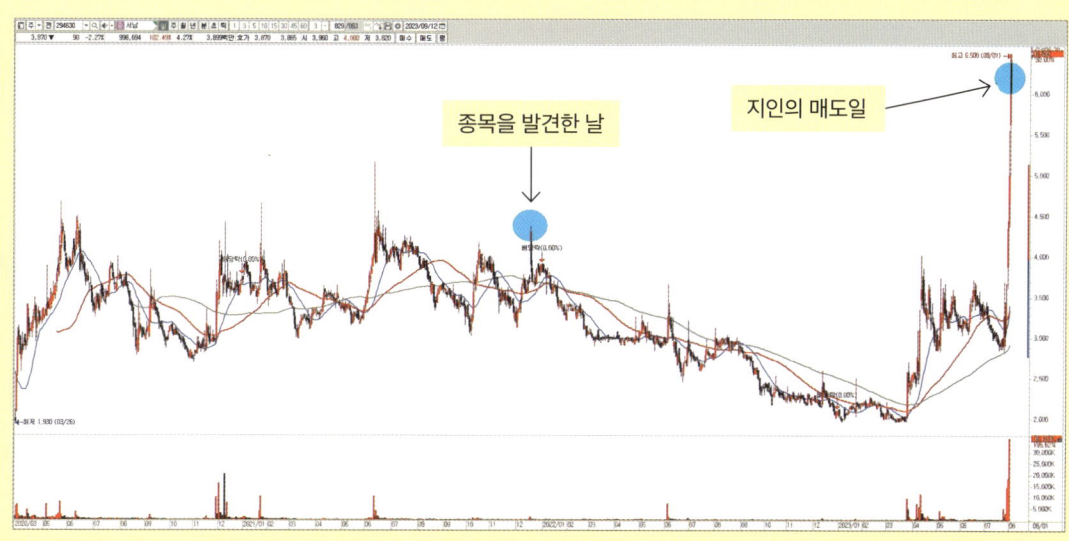

[차트2-51] [서남]을 발견한 날로부터 지인의 매도일까지

왼쪽 동그라미 친 날이 처음 서남을 발견한 날이자 메모를 남긴 날이다. 그 후 안전하다고 느껴지는 자리까지 하락했을 때 지인에게 추천했다. 추천할 때는 분할매수를 하라고 신신당부하지만 지인들 중에서 분할매수를 하는 사람은 없는 것 같다. 내 말이 떨어지기 무섭게 매수하고 마냥 기다리는 게 대부분이다.

추천일은 정확히 기억하지 못한다. 다만 지인의 수익률로 추산해 보면 매수가가 2,200~2,600원 사이를 지나던 시절, 즉 2022년 후반기나 2023년 상반기일 것 같다. 나는 이렇게 확실하다고 생각되는 종목을 골라 매수하고 잊고 지내는 매매를 선호한다. 그래서 지인에게 추천하게 되는 경우에도 그런 종목을 추천한다.

아무튼 [서남]의 이후 진행 과정은 다들 잘 알 것 같다. 연일 신고가를 갱신하며 날아갔다.

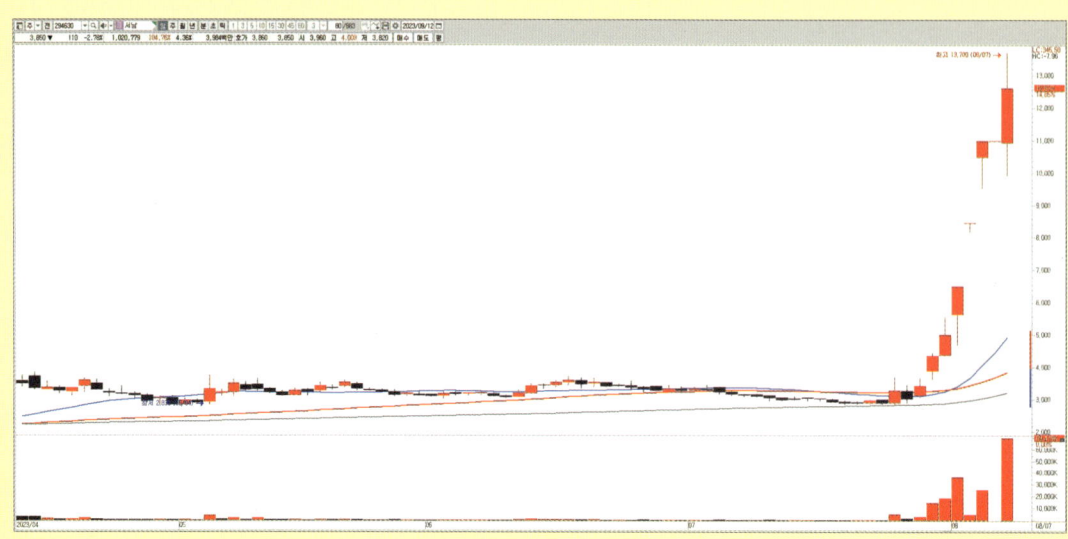

[차트2-52] 첫 상한가 이후 2거래일 연속 상한가를 기록한다.

　상온초전도체 논문이 세계를 들썩인다는 뉴스는 떴지만, 나는 뒤늦게 추격 매수하는 매매는 피하는 편이라서 관련 테마주를 관심종목에 모으고 기다렸다. 그런데 [서남]은 계속 올랐고 매수 기회를 주지 않았다. 지인은 자기가 팔고 난 뒤에 120% 넘게 더 올랐다며 속상해했다. 놓치면 어쩔 수 없는 것이다. 억울해하면 지는 거다.

[차트2-53] 종목 [신성델타테크]의 일봉 차트

[서남]이 첫 상한가 치던 8월 1일, [신성델타테크]도 퀀텀에너지연구소의 지분이 있다며 상한가를 기록했다.

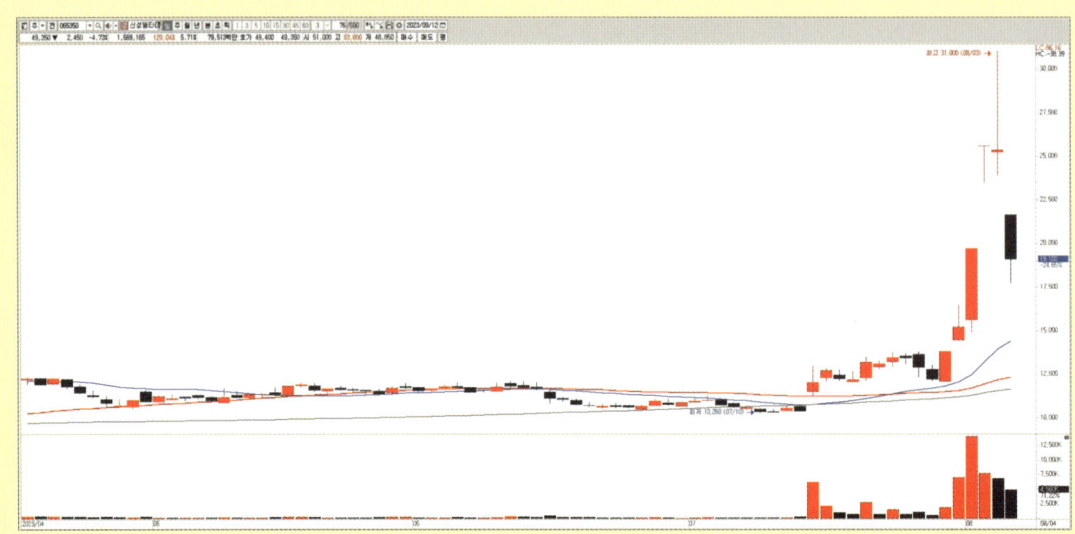

[차트2-54] 상한가를 기록한 날로부터 3거래일간의 [신성델타테크] 흐름

8월 3일부터 [신성델타테크]가 급락했다. 8월 4일은 다시 하한가까지 내려갔다. 이 날 [서남]은 단기 급등으로 하루 거래정지가 되었다. 저 차트를 보면 어떤 생각이 드는가? [신성델타테크]가 급등한 사유는 고작 퀀텀연구소의 지분이 있다는 것이다. 이때는 테마주 차트를 열심히 분석해야 한다. 한 종목만 분석하는 게 아니고 모든 종목을 다 분석해야 한다. 분석 결과, 답은 간단했다. 그래서 회원들과 지인들에게 내 견해를 밝히고 차트에 내 생각을 적어 저장했다.

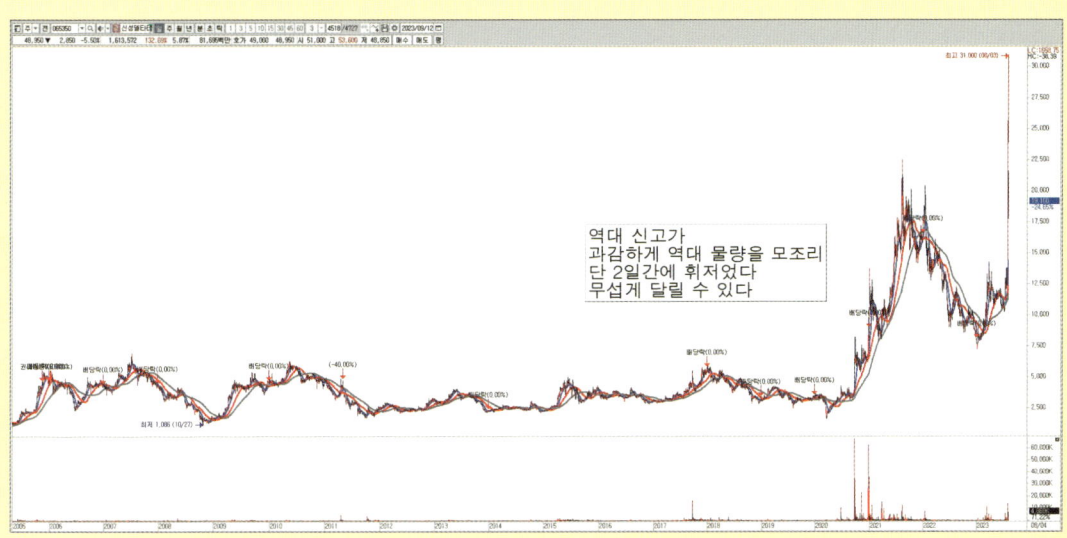

[차트2-55] 2023년 8월 4일에 남긴 기록

8월 4일 당일, [신성델타테크]는 장중 거대한 장대음봉으로 하락하고 있었다. 그때 남긴 기록이다. 나는 [신성델타테크]가 역대 신고가를 기록하고 하락한 게 도리어 좋아 보였다.

그래서 지인들에게 매수를 권했다. 그때가 하한가 직전이었다. '하한가 가도 상관없다. 하한가에 들어가면 추가매수하라.'고 권했다.

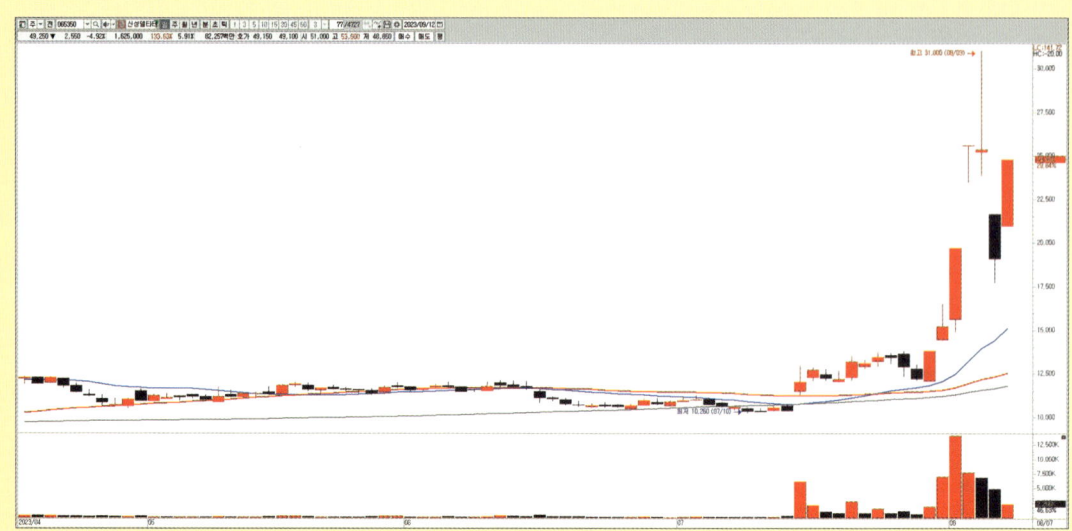

[차트2-56] 장대음봉 다음날

　　장중 하한가에 추매하고 버티며 다음날 만약 더 하락한다면 또 추매한다는 전략을 세우고 기다렸다. 사실 한 번 더 하락해 주길 바랐다. 이 심리가 이해되지 않을 수 있다. 분석에 자신이 있기 때문에 한 번 더 하락해 주길 바라는 것이다. 하지만 기대를 저버리고 장 후반에 하한가를 벗어나며 약간 반등했다.

[차트2-57] 8월 8일 오전 9시 10분의 [신성델타테크]

다음날 8월 8일 장이 열렸다. 차트2-57은 아침 9시10분에 저장한 것이다. 차트 왼쪽에 보면 '관심종목'이 있다. 종목명 옆에는 가로로 누워 있는 일봉이 있다. '관심종목'에서 제공하는 'L일봉H'이다. 관심종목에서 간편하게 일봉을 확인할 수 있는 기능이다. 그 일봉들을 보며 당시 분위기를 느껴보자.

장이 열리자마자 초전도체 테마가 일제히 급등했다. [신성델타테크]는 상한가를 쳤고 모든 테마주가 동반 급등했다. [파워로직스]와 [서원], [덕성] 등은 누가 2등주인지 경쟁하듯이 급등했다.

그런데 오전 장을 끝내고 외출했다 돌아오니 장이 난리가 아니었다.

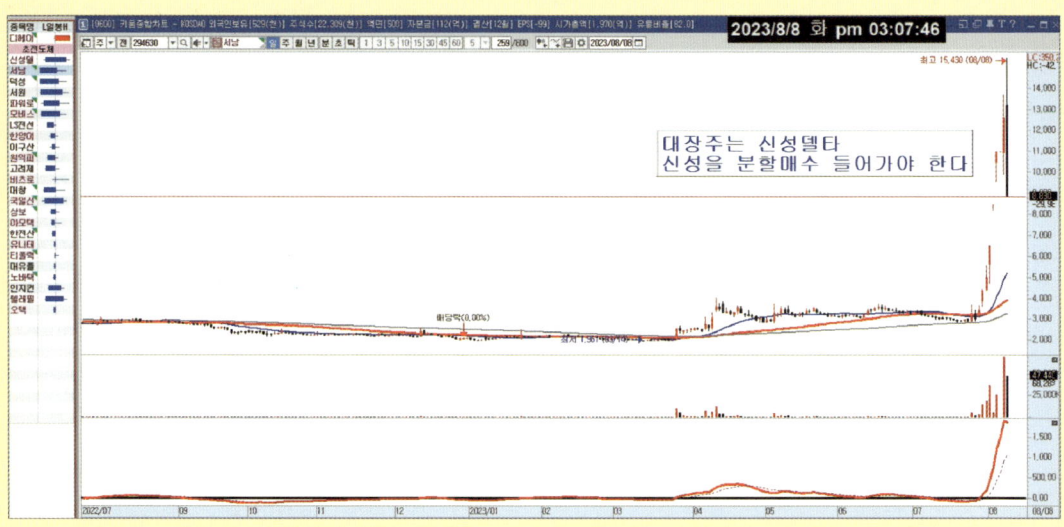

[차트2-58] 이 종목은 [신성델타테크]가 아니라 [서남]이다. 메모에 '대장주는 신성델타, 신성을 분할매수 들어가야 한다'고 적어두었다.

    차트2-58을 저장한 것은 8월 8일 장 마감이 임박한 3시 7분이다. 차트 왼쪽의 관심종목을 보면 일봉들이 다들 파란색으로 변해 있다. 얼마나 공포스러운 장이었는지 느낌이 올 것 같다.

    냉정하게 상황 분석을 하고 먼저 공포에 떨고 있을 지인들과 회원들에게 [신성델타테크]를 분할 매수하라고 알려줬다. 안전하니 겁먹지 말라고 했다. 다른 종목은 건드리지 말고 [신성델타테크]에 집중하라고 알려줬다.

    최초로 급등하기 시작했던 [서남]은 하한가로 장을 마감했다. 그래도 전혀 걱정되지 않았다. 이런 게 분석의 힘이다. 자신의 분석에 믿음이 없으면 이런 급락에도 추매한다는 건 불가능하다.

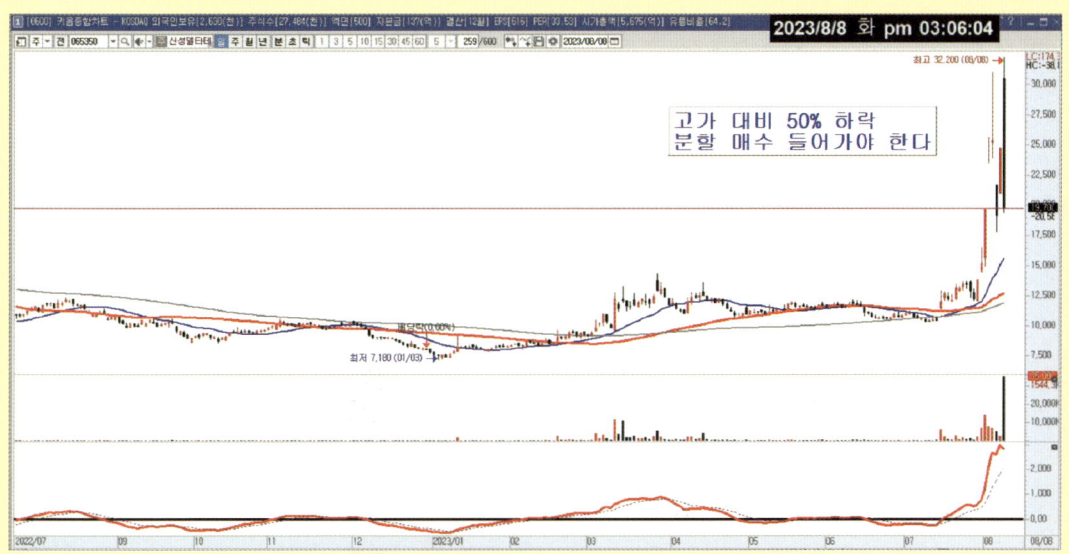

[차트2-59] 종목 [신성델타테크]다. '고가 대비 50% 하락. 분할 매수 들어가야 한다'고 기록한 메모다.

이 날 장 시작하자마자 급등했기 때문에, 그때 매수한 분들은 단 몇 분 만에 50% 이상 손실이 났다. 순식간에 손실이 불어날 때 공포에 떨며 손절한 분들도 많을 것이고, 어쩔 줄 몰라 넋을 잃고 종일 바라만 본 분들도 있을 것이다.

이 날 하락세는 엄청났다. 먼저 하한가 친 종목들이 잠시 하한가가 풀리기도 했지만 장이 마감될 때는 대거 하한가로 끝났다.

[신성델타테크]를 분할매수 해야 한다고 회원과 지인들에게 다시 알려주고, 내 생각도 차트 메모장에 저장했다. 위 메모는 장 후반인 3시 6분에 한 것이다. 당시의 긴박감을 기록하기 위해 시계를 띄우고 저장했다.

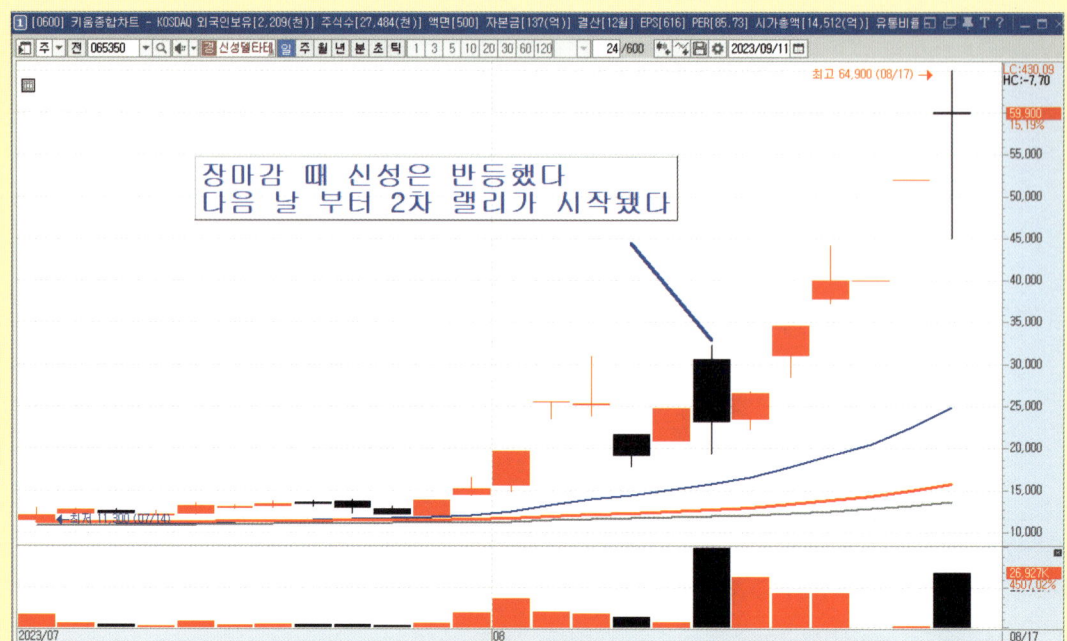

[차트2-60] [신성델타테크]의 이후 과정

    다른 종목이 하한가로 장이 마치는 동안, [신성델타테크]는 역시 대장주답게 장 막판에 살짝 반등했다. 그리고 다음 날부터는 기대를 저버리지 않고 2차 랠리를 시작했다. 그 후 상승한 것만 보면 그때부터는 매매가 아주 쉬워 보인다.

    그런데 과연 그럴까?

[차트2-61] 급락 하루 뒤인 8월 9일 오전 9시 32분경의 일봉 차트. 음봉이다.

다음날인 8월 9일도 쉽게 주지는 않았다. 차트2-60과 다른 차트처럼 보이겠지만, 장이 막 시작한 8월 9일 오전 9시 32분 차트다. [신성델타]는 장 시작 후 조금 오르더니 다시 하락했다.

나는 추가 상승을 위한 중간 매집이라는 걸 차트를 보며 확신했다. 그래서 [신성델타테크]를 추매하거나 홀딩해야 한다는 견해를 밝혔다.

다른 종목들은 여전히 하락하며 위기감을 높였다. 이때 내 생각을 차트에 저장하고 [신성]을 매수한 분들에게는 걱정 말라는 말씀을 드렸다. 차트 기록 시간이 아침 9시 32분이다.

전날 상한가 친 뒤 급락 때 저가는 -21.94%였다. 그런 공포스러운 경험을 했고 오늘 또 다시 다른 테마주들이 급락하는데 나 같은 판단을 할 수 있는 사람은 많지 않았을 거라고 생각한다.

이때의 느낌을 전달하기 위해서는 테마주 전체의 LH봉과 시계를 띄우는 게 가장 좋은 방법일 것 같았다. 나도 다시 보니 새삼스럽고 그때의 느낌이 그대로 되살아나는 것 같다.

[차트2-62] 중소대장주 가운데 하나였던 [LS전선아시아]에 남긴 메모

    장중에 테마주 중대장이나 소대장주들도 분석한 기록이 있는데 지면 한계상 1개만 소개한다.

    "내일은 다시 고점 뚫고 달린다."

    8월 9일 메모한 기록이다. [LS전선아시아]는 폭락 때 매수해야 하지만 대장주가 아니라 패스했다. 테마주를 매매하려면 되도록 대장주에 집중해야 한다.

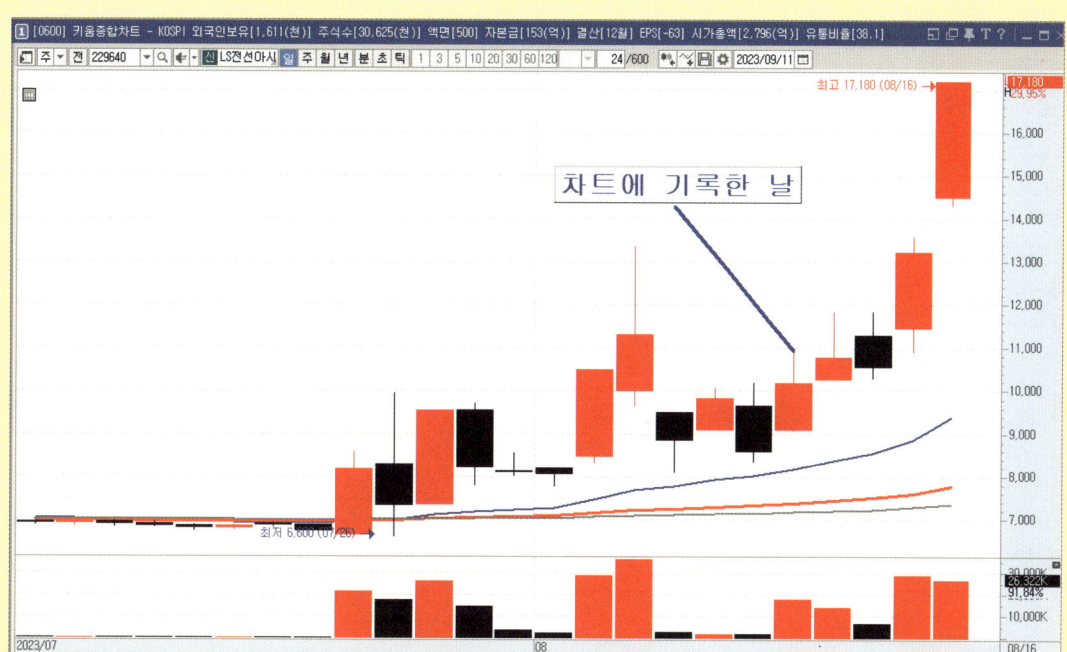

[차트2-63] [LS전선아시아] 이후 흐름

　　[LS전선아시아]도 예상대로 상승했다. 테마가 커서 소대장주인데도 꽤 많이 올랐다. [신성델타테크] 등 대장주나 중대장주가 무서워서 잡지 못한 분들을 위해 분석했던 것인데, 당시 대장주나 중대장주는 너무 많이 올라서 매수하기는 부담스러운 위치였다.

　　그래서 아직 잡지 못한 상태에서 비교적 안전한 가격대에서 잡을 수 있는 [LS전선아시아], [파워로직스] 등 몇 종목을 분석했다. 그동안 별로 오르지 않던 [LS전선아시아]나 [파워로직스] 등도 달린다고 분석했는데, 이때부터 오르기 시작했다.

　　이제 [신성델타테크]를 잡은 분들은 충분한 수익을 줄 때까지 버티면 된다.

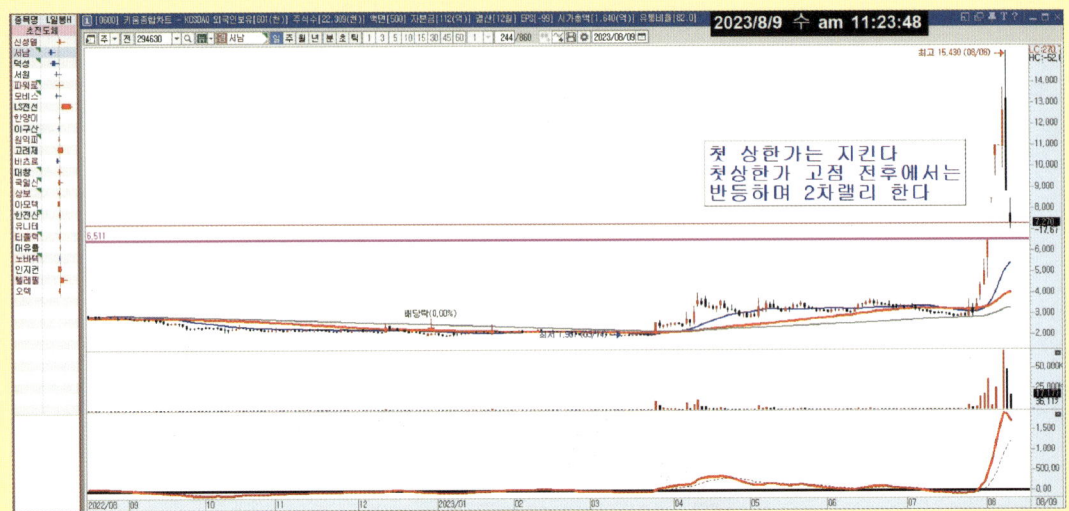

[차트2-64] 8월 9일 반등이 시작될 무렵의 [서남] 일봉 차트

    8월 9일, 오전 11시가 지나자 조금씩 반등하는 종목이 생겼다. 초전도체 대장주였던 [서남]은 연속 급락한 상태이지만, 이제는 [서남]을 잡아야 한다고 판단했다.

    이것도 철저한 분석에 의한 결론이다.

[차트2-65] 종목 [덕성]의 8월 9일 일봉 차트

　　이제는 많이 하락한 종목 중에서 잡아야 한다고 판단했다. 시계가 저장되지는 않았지만, 이 그림도 8월 9일 당시에 저장한 것이다. [신성델타테크]를 매수한 분들은 끝장을 보면 된다. 대장주는 쉽게 무너지지 않는다. 이제부터는 [서남]이나 [덕성]을 잡아야 한다고 분석했다. [덕성]은 매집이 없다. 그래서 [덕성]은 중대장주인데도 그동안 매수 대상이 아니었다. 하지만 급등한 게 매집이라고 분석했다. [신성]을 잡을 용기가 없다면 [서남] 혹은 [덕성]을 내일은 꼭 잡아야 한다는 기록을 하고, 지인들에게는 다음날 하락할 때 [서남]을 잡으라고 알려줬다.

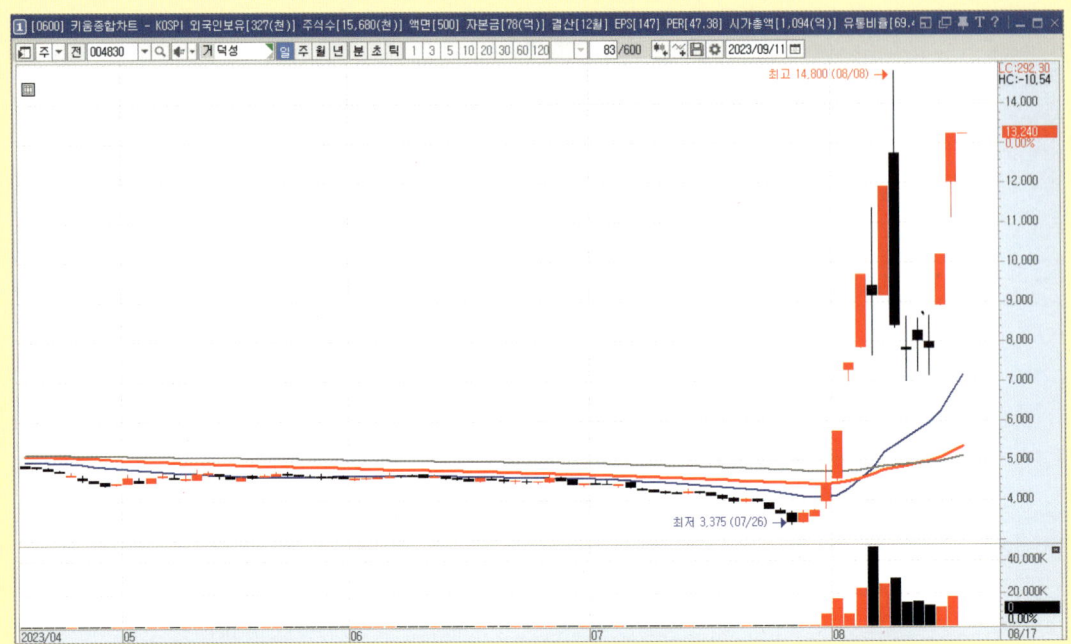

[차트2-66] [덕성] 이후 흐름

[덕성]은 그 후 2연속 상한가를 기록했다. 그리고 8월 9일의 저가를 다시 깨지 않고 바닥 매집한 후 반등했다.

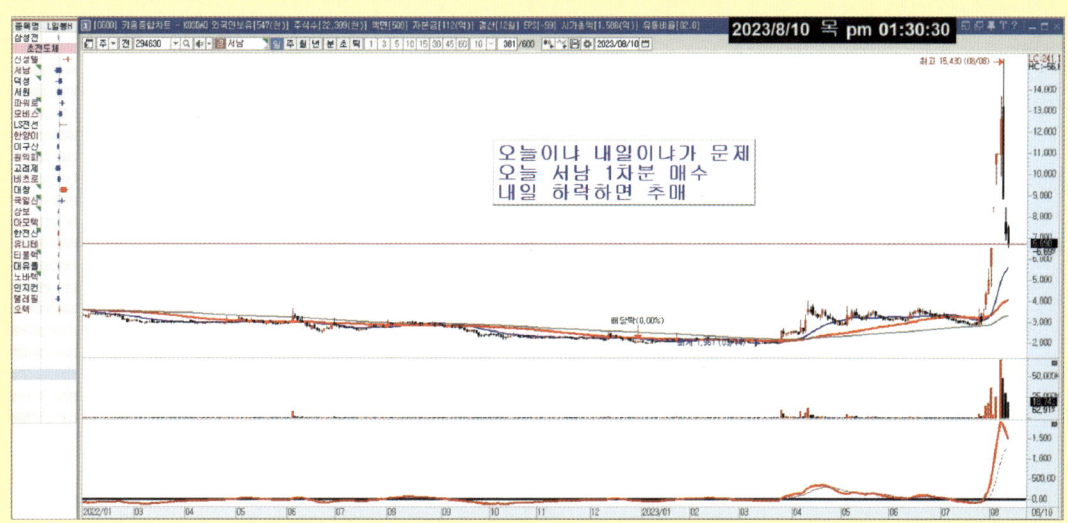

[차트2-67] 다시 8월 10일 종목 [서남]의 일봉 차트

    8월 10일, 다시 테마주가 하락한다. [신성델타테크] 혼자 오르고 있다. 내 차트 분석으로는 [서남]은 틀림없이 오른다. 오늘이냐 내일이냐가 문제. 분할매수 해야 한다는 견해를 회원들과 지인들께 알려줬다. 이렇게 연속 급락하는 종목의 매수를 권하는 건 쉬운 일이 아니다. 완전한 확신이 없으면 그런 일은 할 수 없다. 하지만 이 당시는 내 분석에 확신이 있었다. 매수해야 하는 근거가 차고 넘쳤다.

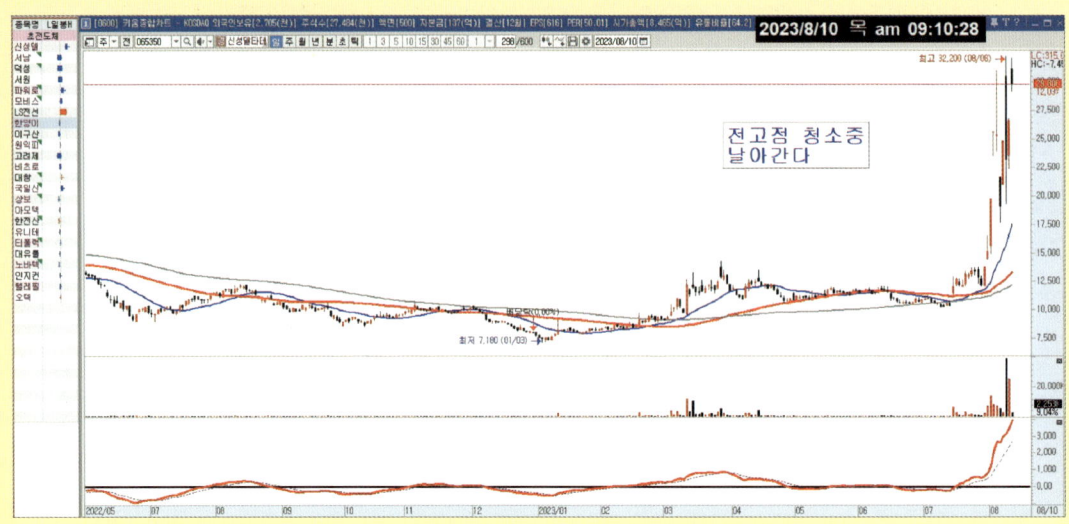

[차트2-68] 대장주 [신성델타테크]의 8월 10일 일봉 차트

    8월 10일, [신성델타테크]가 다시 전고점까지 올랐다. 오른 자리에서 음봉으로 흔들고 있다. 전고점 청소 중으로, 날아간다는 확신을 차트에 저장했다. 이때 아마도 대부분의 개미가 익절했을 것 같다.

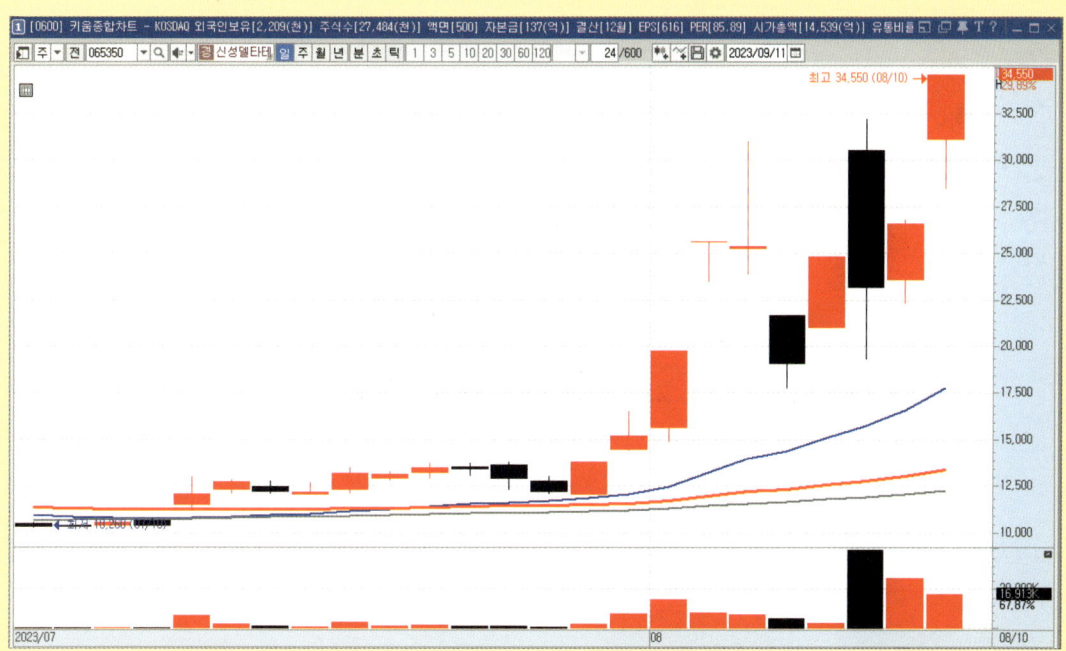

[차트2-69] 8월 10일 상한가에 도달한 [신성델타테크]

　　무섭게 흔들어대던 [신성델타테크]가 장마감 때는 상한가로 끝났다. 차트 2-68과 2-69를 보는 느낌이 완전히 다를 것이다. 앞 고점까지 오른 뒤 음봉으로 내려가는 주식을 잡고 버티는 건 쉽지 않다. 확신이 있어야만 가능하다. 그 확신은 차트 분석력을 키워야 가질 수 있다. 다른 어떤 방법으로도 이때 이렇게 확신에 차서 버티는 건 결코 쉽지 않을 것이다.

[차트2-70] [신성]이 상한가로 마감한 8월 10일, 오전 9시 36분에 저장한 [서남]의 1분봉 차트

8월 10일 아침에 [서남]이 매수 찬스라는 메모를 했다. 이 차트는 1분 캔들볼륨 차트다. 캔들볼륨 차트는 캔들의 두께로 거래량을 알 수 있어서 거래량이 많이 터진 곳을 직관적으로 볼 수 있다. 회원과 지인들에게도 바닥일 수밖에 없는 이유를 설명해줬다.

여기에서 한 가지 당부를 하고 가야겠다.

모든 테마주나 종목들을 내가 이렇게 자신 있게 분석할 수 있는 게 아니다. 도리어 대부분의 경우는 분석할 수 없다고 봐야 한다. 내가 분석할 수 있는 차트가 있다. 반복해서 강조하지만, 나는 내가 분석할 수 있는 종목만 매매하자는 원칙을 가지고 있다. 분석이 안 되는 종목을 남의 말만 듣고 매수하는 건 초심자들이나 하는 것이다. 독자들은 자신의 분석을 믿고 매수할 수 있고, 분석을 근거로 홀딩하거나 추매할 수 있는 능력이 생길 때까지는 소액으로만 매매하기를 권한다.

확신이 있을 때도 매매가 힘든데, 확신 없이 매수하는 종목은 수익을 내기 힘들다. 손실 날 가능성이 압도적으로 높을 수밖에 없다.

이 날, [서남]은 초전도체 테마가 아니라는 뉴스가 떴다며 여기저기서 우려하는 전화를 받았다. 걱정할 것 없다. 그 정도 협박에 포기할 정도면 분석한 게 아니다. [서남]이 중대장이다.

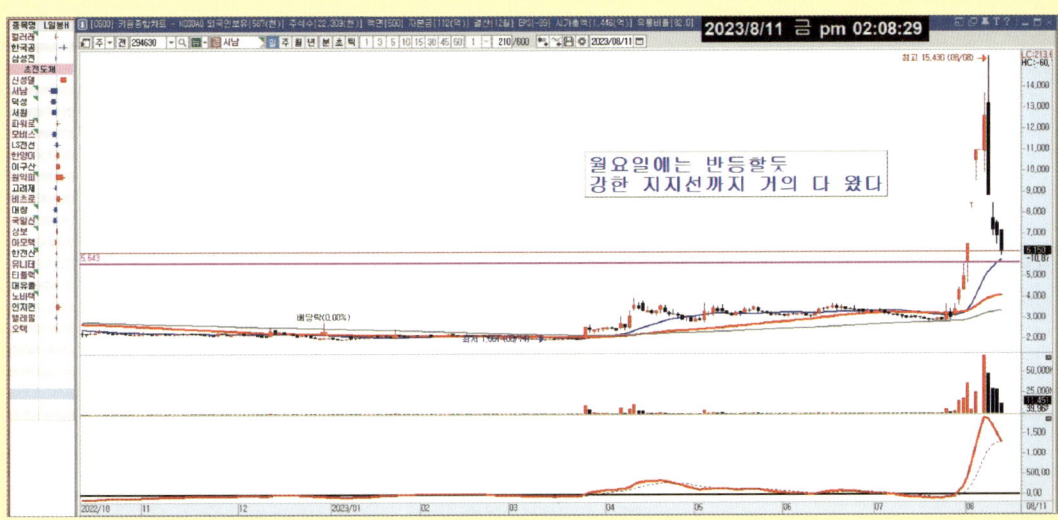

[차트2-71] 8월 11일 오후 2시 8분, 종목 [서남]의 일봉 차트

[신성델타테크]가 독주하며 달리고 있다. [서남]은 여전히 오를 생각이 없다. 차트의 기록은 8월 11일 금요일, 장 후반인 2시 8분에 남긴 것이다.

"오늘은 반등 안 할 듯. 월요일에는 반등한다."

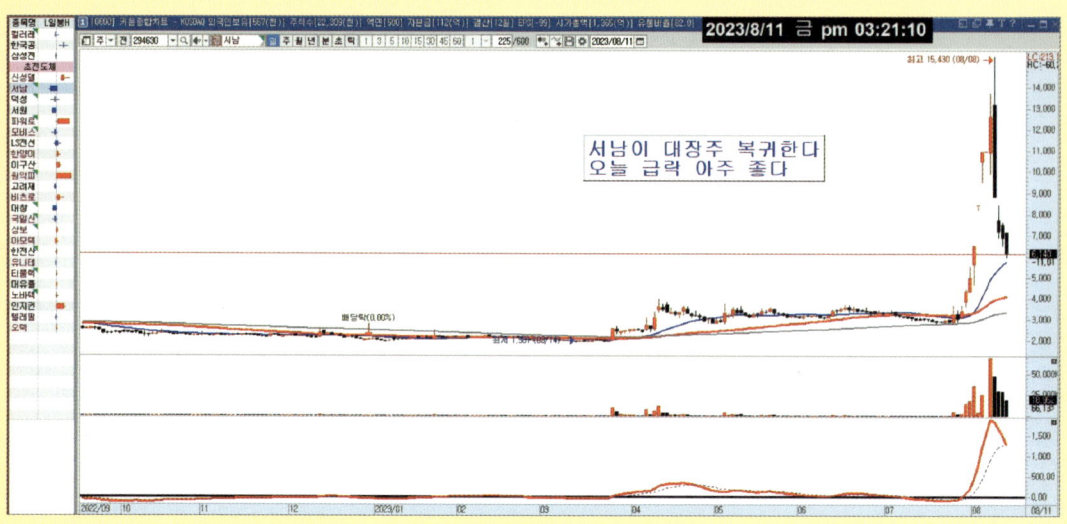

[차트2-72] 8월 11일 오후 3시 21분, 종목 [서남]의 일봉 차트

장 막판에 [파워로직스]와 [원익피앤이]가 급등했다(왼쪽의 관심종목 참조). [파워로직스]는 강한 중대장이 될 수 있다고 그 전에 회원들에게는 알려줬었다. 월요일은 [서남]이 대장주에 복귀한다는 확신이 있었다. 그래서 장이 끝나기 전에 다시 한 번 기록했다.

"오늘 급락 아주 좋다."

[덕성]이 중대장주로 급등할 거라는 분석 등 다른 분석 기록들이 있지만, 지면상 생략한다.

분석을 하다 보면 이렇게 확실하게 보일 때가 있다.

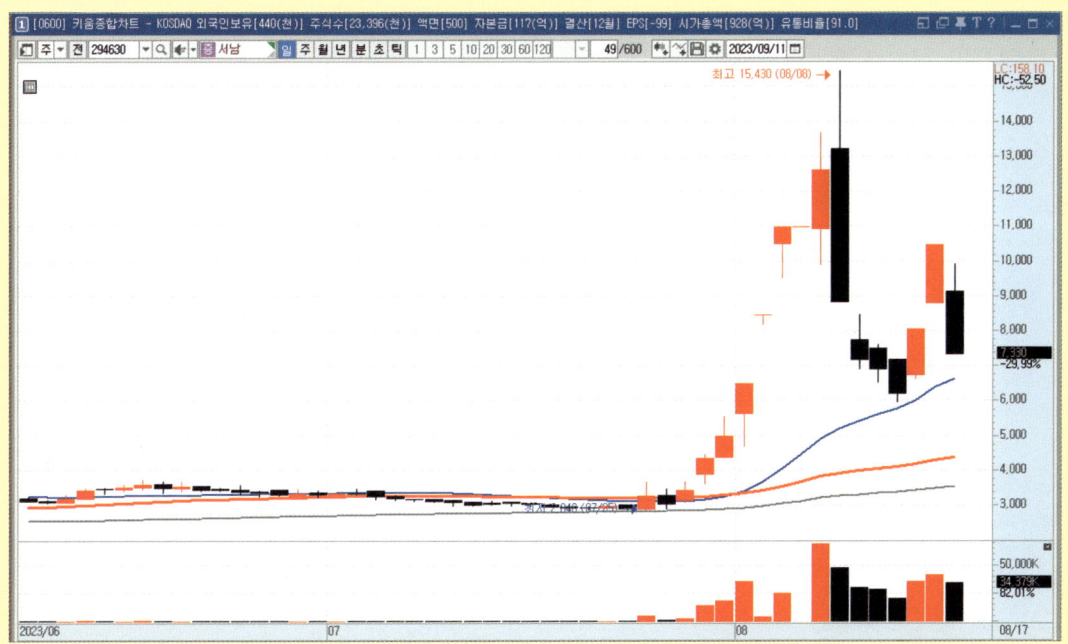

[차트2-73] 급락이 나온 11일 이후 흐름

8월 14일 [서남]이 드디어 반등한다. 장 초반 [덕성], [파워로직스], [모비스] 등은 이미 상한가 쳤는데, 혼자 약하다. 하지만 [서남]에 확신이 있었다. 그래서 한 번 더 기록을 남겼다. 오후 2시 30분이 되자 [서남]도 상한가를 쳤다. [서남]은 다음날도 상한가 쳤다. 초전도체 테마주가 대거 급등했다.

그리고 그 다음날인 8월 17일 아침 갑자기 테마주가 급락하기 시작했다.

이유를 확인하기 위해 뉴스를 뒤져보니 네이처에서 초전도체 테마가 아니라는 기사를 실었다고 한다. 다 털어야 한다고 모두에게 알렸다.

차트2-73을 보면 최종적으로는 당일 저가에서 종가가 형성되었지만 장중에는 아랫꼬리를 말아 올리는 구간이 나왔다. 이 반등구간에서 모두 털고 나왔다.

[차트2-74] 뉴스 이후 맥을 못 추는 [서남]의 일봉 차트

이후 흐름은 차트2-74의 [서남]과 별반 다르지 않다. 이제 초전도체 테마는 당분간 손을 떼야 한다는 관점을 모두에게 알렸다. 당시의 모든 기록은 카페나 팬딩 등 여러 곳에 남아 있다. 그때부터 오늘까지 하락하고 있다. 중간에 반짝 반등은 있었지만 아직은 본격 상승이 없었다. 그 후부터는 다시 매수 기회를 노리며 기다리고 있다.

이상은 초전도체 테마주 매매 기록이다. 그동안 테마주 매매는 대장주로 해야 한다는 말을 수없이 들었을 것이다. 이 기록을 보면 대장주를 매수해야 하는 이유를 확실히 체감할 수 있을 것이다. 대장주인 [신성델타테크]는 아직도 내려올 생각을 하지 않고 저 높은 곳에서 버티고 있다(2023년 9월 기준). 그리고 테마주 매매는 감에 의존해서 기분에 따라 매수하는 게 아니라는 걸 알 수 있을 것이다.

여러분도 이런 매매를 할 수 있다. 자신을 가지고 공부해보라고 권하고 싶다. 위 내용은 모두 실전으로 벌어진 일이며 카페나 팬딩 등에 실시간 박제되어 있다.

3부

저점에서 이런 캔들이 나타났다면

- 방향 전환기에 나타나는 캔들 패턴

하나의 캔들에는
무슨 의미가 담겨 있을까?

주식 투자에서 가장 몽상적인 생각 가운데 하나는 절대적 기준점이 존재한다는 생각이다. 절대적 기준점을 알 수 있다면 현재의 모든 주가가 싼지 비싼지 아주 손쉽게 판단할 수 있다. 그리고 판단 결과, 싸면 사고 비싸면 팔면 된다. 이 기준점을 찾기 위한 수많은 시도가 있었지만 지금까지 증명된 유일한 것은 절대적 기준점을 찾아주는 지표는 단 하나도 없다는 사실뿐이다. 이것은 두 가지를 의미하는데 하나는 '방법을 아직 못 찾았다'는 뜻이고, 다른 하나는 '주가에 절대적 기준점 자체가 없다'는 뜻이겠다. 그러나 무엇을 의미하든 결과는 같다. 아무도 현재의 주가가 싼지 비싼지 판단하는 절대값을 모른다.

그래서 우리는 절대적 지표 대신 상대적 지표라는 보다 현실적인 무기, 즉 확률값을 들고 주식 매매에 임하게 된다. 기준값이 고정되어 있다고 생각하는 게 '절대적'이라면 상대적이란 기준값이 따로 고정되어 있지 않고(찾을 수 없고) 주가가 움직이는 과정에서 만들어내는 상대적 위치를 통해 높낮이의 확률에 접근할 수밖에 없다는 생각이다. 예컨대 여러 날에 걸쳐 충분히 올라서 전 고점과 가까워졌다면 '이 가격은 고점 가능성(=하락할 가능성)'이 크다고 판단하고, 여러 날 조정을 거치며 충분히 낮아져 전 저점과 가까워졌다면 '이 가격은 저점 가능성(=상승할 가능성)'이 크다고 판단하는 식이다.

그러면 그 가능성이 얼마나 되는지 수치로 계산할 수 있을까? 아마도 과거의 데이터를 모두 학습한 AI라면 통계적으로 상승할 확률, 하락할 확률이 얼마인지 계산해서 보여줄 것 같다(이것이 AI에 의해 자동으로 수행되는 퀀트 투자다.). 그러나 그 수치까지 모르더라도 접근이 불가능한 건 아니다. 상대적으로 낮은 가격이라고 생각되는 그 위치에서 특정 캔들이 나타나면 이후 상승이 나타날 확률이 급격히 높아지기 때문이다. 특정 위치에서 특정 형태의 캔들이 등장하면 보편적으로(이 말은 이 게임에 참여했던 투자자들의 경험적 통계치에서 매우 높은 확률값을 갖는다는 의미다.) 상승 혹은 하락이 예측된다는 것이 기술적 분석, 즉 차트 매매 이론을 구성하는 한 축인 캔들 매매가 된다.

캔들 매매의 기본은 캔들의 의미를 읽어내는 데서 시작된다.

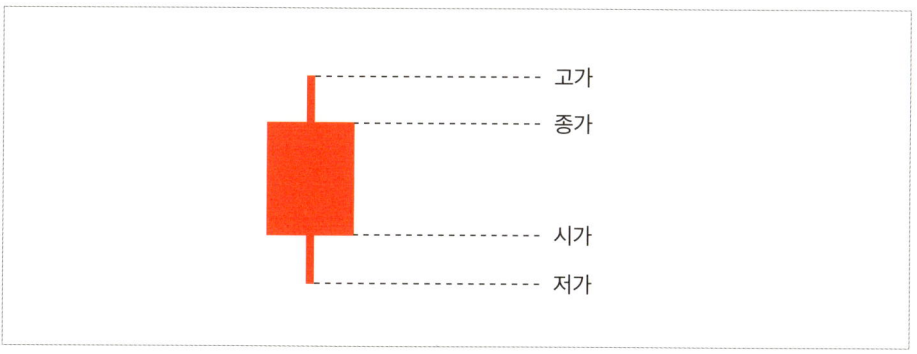

[그림3-1] 양봉 캔들

그림은 양봉 캔들이다. 빨간색이다. 몸통과 꼬리로 구분하는데 몸통의 하단부는 당일 시작가인 '시가'를, 몸통의 상단부는 당일 마감가인 '종가'를 의미한다. 꼬리는 아래 붙으면 아랫꼬리, 위에 붙으면 윗꼬리라고 부른다. 윗꼬리의 꼭짓점은 당일 최고가인 '고가'가 되고, 아랫꼬리의 끝트머리는 당일 최저가인 '저가'가 된다.

이 양봉이 일봉이라고 치면 당일 주가는 어떤 흐름을 거쳐 최종적으로 이런 형태의 일봉을 만들었을까?

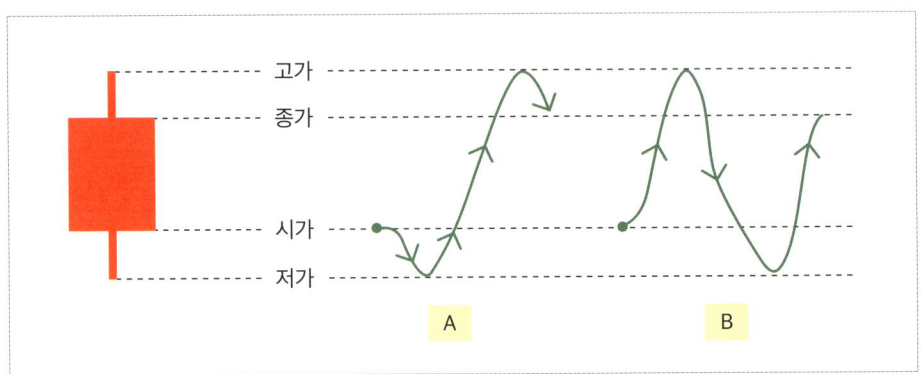

[그림3-2] 양봉 캔들이 만들어지는 과정

동일한 양봉이어도 만들어지는 경로는 다양한데 A와 B 정도가 대표적인 형태 같다. A는 장 시작과 동시에 눌렸다가 이후에 크게 상승하고 살짝 내리면서 끝난 형태이고, B는 오전에 하락 없이 크게 상승했다가 크게 내리고 다시 올랐으나 고점을 넘지 못한 형태다. 어떤 경로를 거치든 상관없다. 양봉으로 마치려면 마지막은 상승 추세가 유지되어야 한다는 공통점이 있다.

상승한다는 말을 매수매도 과정으로 바꿔서 설명해 보자. 양봉이란 가격이 올랐다는 얘기인데 가격이 오르면 팔려고 물량을 내놓는 사람들이 나오기 마련이다. 그런 매물을 다 사들이며 주가를 올려야 양봉이 된다는 뜻이다. 즉 양봉은, '누군가 물량을 사면서 가격을 높였다'는 뜻이 된다.

반대는 음봉이다.

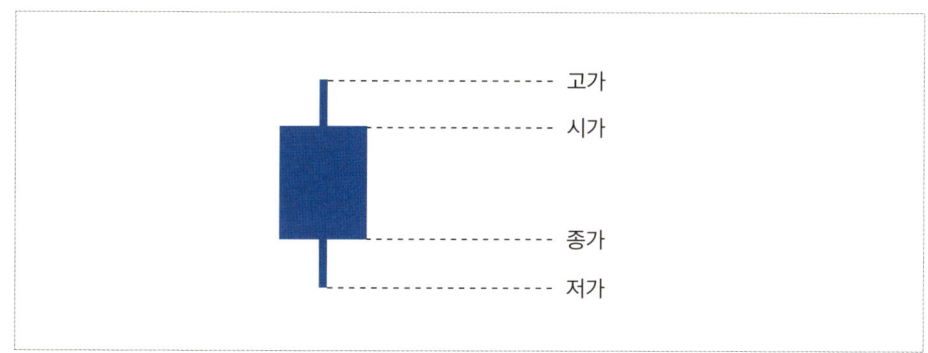

[그림3-3] 음봉 캔들

음봉 캔들이다. 파란색이다. 고가와 저가의 위치는 양봉과 똑같다. 다만 시가와 종가의 위치가 뒤바뀌었다. 시가가 위에 있고 종가가 아래에 있다. 내려갔다는 말이다. 마찬가지로 이게 어떻게 그려졌는지 그림을 그려보자.

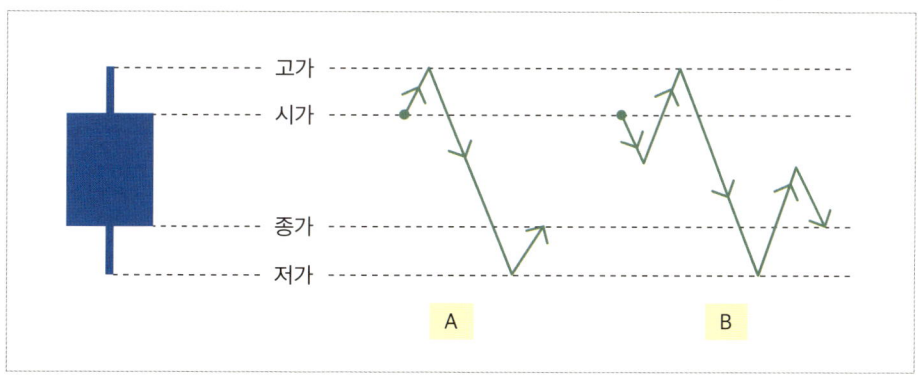

[그림3-4] 음봉 캔들이 만들어지는 과정

A와 B는 음봉 일봉이 어떻게 만들어졌는지 추적해 본 그림이다. 물론 음봉이 만들어지는 과정은 더 다양하지만 마지막이 하락 추세여야 한다는 공통점이 있다. 양봉이 단순히 '누가 샀다'가 아니라 '가격을 계속 올리면서 샀다'이듯, 음봉 역시 단순히 '누가 팔았다'가 아니라 '가격을 계속 내리면서 팔았다'가 된다.

누가 팔았는지는 모른다. 세력이 일부 물량을 던지며 투매를 유도하면서 물량을 모은 것인지, 아니면 순간적으로 악재가 떠서 다 던진 것인지 캔들 하나만으로는 알 길이 묘연하다.

그럼에도 한 가지만 첨언하면, 윗꼬리는 누군가 다른 사람에게 물량을 넘길 때, 즉 매도할 때 잘 생기고, 아랫꼬리는 누군가 물량을 쓸어 담을 때 잘 생긴다고 알려졌다. 물론 그 누군가는 뭔가를 계획하고 실행하는 자일 가능성이 크겠다. 그럼에도 '무조건 그렇다'고 생각하고 받아들이지는 말자. 음봉이 파는 게 아니라 모아가는 과정이 될 수 있듯이 양봉이 사는 게 아니라 파는 과정이 되기도 한다는 건 공공연한 비밀이다.

이 말은, 캔들 하나만으로는 해석이 너무 다양해서 코에 걸면 코걸이가 되고 귀에 걸면 귀걸이가 된다는 뜻이다. 캔들은 하나일 때는 너무 많은 의미로 해석되기 때문에 때로 무의미에 가깝다.

주식에서 '현상'은 다른 '현상'과
만날 때 의미를 갖게 된다.
단독으로 의미를 갖고 있는 '현상'은
거의 없을 뿐 아니라
설령 의미가 있더라도
가능성은 상대적으로 떨어진다.
그럼에도 특정 현상에 가중치를 주어
의미를 부여하고 있다면
그건 편향이 작동하는 것일 수 있다.
위험하다.

캔들의 결합이 의미를 만든다
- 상승장악형 캔들 조합

30cm 자가 있다. 이 자는 길까, 짧을까? 길게 만들고 싶다면 옆에 10cm 자를 놓으면 된다. 그러면 30cm 자는 3배나 긴 자가 된다. 반대로 짧게 만들고 싶다면 1m 자 옆으로 옮기면 된다. 그러면 30cm 자는 짧은 막대기가 된다. 30cm 자에 '길다, 짧다'는 의미가 생기는 건 옆에 누가 놓여 있느냐에 달렸다. 마찬가지로 캔들도 단독으로는 의미 분석이 불가능한 경우가 태반이다. 최소 2개가 모일 때 비로소 유의미한 해석이 가능해진다.

바닥에서 뜰 때 신뢰도가 높은, 상승장악형 캔들

첫 번째 살펴볼 '장악형 캔들' 역시 최소 2개의 캔들이 뭉쳐서 의미를 띠는 대표적인 형태다. 먼저 생김새부터 보자.

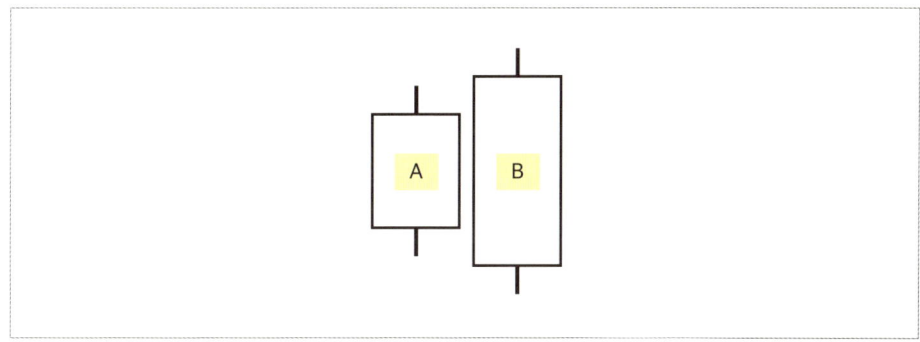

[그림3-5] 장악형 캔들

캔들 A가 뜬 다음날, 키 큰 캔들 B가 뜨면 이를 '장악형'이라고 부른다. 30cm 자 옆에 1m 자가 놓인 것이다. 나중 뜬 B가 먼저 뜬 A를 압도하는 형태이므로 '장악형'이 된다.

A의 자리에는 양봉도 올 수 있고, 음봉도 올 수 있다. 그런데 여기서 말하는 장악형 캔들이 되려면 B의 자리에는 반대의 캔들이 떠야 한다.

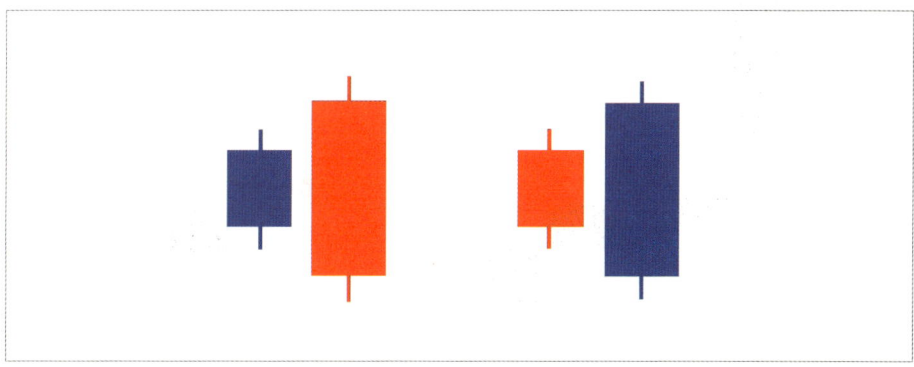

[그림3-6] 상승장악형 캔들과 하락장악형 캔들

왼쪽 그림은 전날 음봉이 뜨고, 다음날 키 큰 양봉이 뜬 모습이다. 전일의 매도 흐름을 완전히 뒤바꾸며 더 큰 매수세가 밀어닥친 모습이다. 오른쪽 그림은 전날 양봉이 뜨고, 다음날 키 큰 음봉이 떴다. 전일의 매수 흐름을 완전히 지워버리고 강력한 매도세로 전환된 형태다.

우리의 관심사는 상승으로 바뀌는 신호인 '상승장악형' 캔들이다. 이 캔들이 뜬다고 무조건 상승으로 전환되는 것은 아니다. 그러나 가능성을 높여주는 게 있다. 위치다. 하락 중이던 주가의 바닥에서 상승장악형이 뜰 때 반등의 신뢰도가 높다고 알려졌다. 물론 추가적으로 음봉이 너무 위아래로 길지 않을 때, 즉 폭이 크지 않을 때 반등 확률이 높아진다(이때 '음봉이 길지 않다, 폭이 크지 않다'는 말의 의미는 이 종목이 흘러온 모습에서 답을 찾아야 한다.). 이런 경우, 하락세를 멈추고 반등이 시작될 가능성이 높다. 다음 차트3-1은 전형적인 상승장악형이 등장하고 반등을 한 실제 사례다.

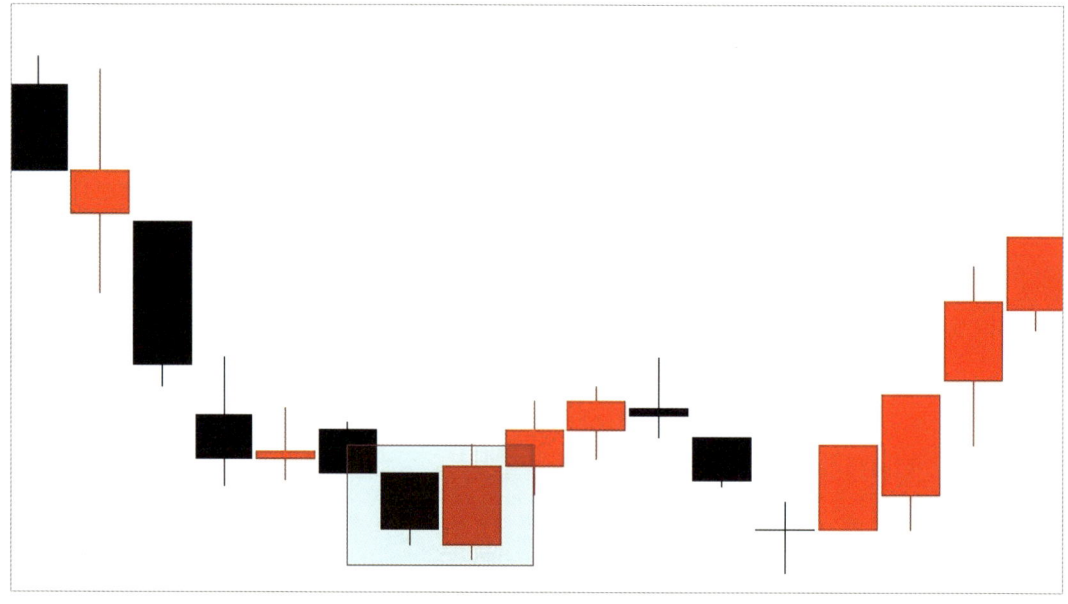

[차트3-1] 전형적인 상승장악형이다. 그러나 안타깝게도 실전에서는 만나기 어려운 형태다. 더 다양한 형태로 변형되기 때문이다. 다만 원리를 이해하고 변형을 찾는 게 핵심이 되겠다.

차트상의 위치까지 고려하면 장악형 캔들이 뜨는 4가지 경우를 생각해 볼 수 있다.

	상승	하락
고점	상승장악형 (2사분면)	하락장악형 (1사분면)
저점	상승장악형 (3사분면)	하락장악형 (4사분면)

이 4사분면 가운데 매수하기에 유리한 구간은 '상승 + 저점'이 교차하는 3사분면이다(붉은색). 반면 매도 신호라고 읽어도 좋은 구간은 '하락 + 고점'이 교차하는 1사분면이다(푸른색). 물론 여기에 추가로 다른 정보가 보태지면서 살지 말지 최종 판단이 이루어지는 게 보통이겠다.

애매할 땐 하나 더, 상승장악 확인형 캔들

차트 상의 위치와 2개의 일봉만으로 헷갈린다면 하루 더 기다려보자. 상승장악형 다음날 종가를 높이는 양봉이 하나 떴는가? 상승장악 확인형이다.

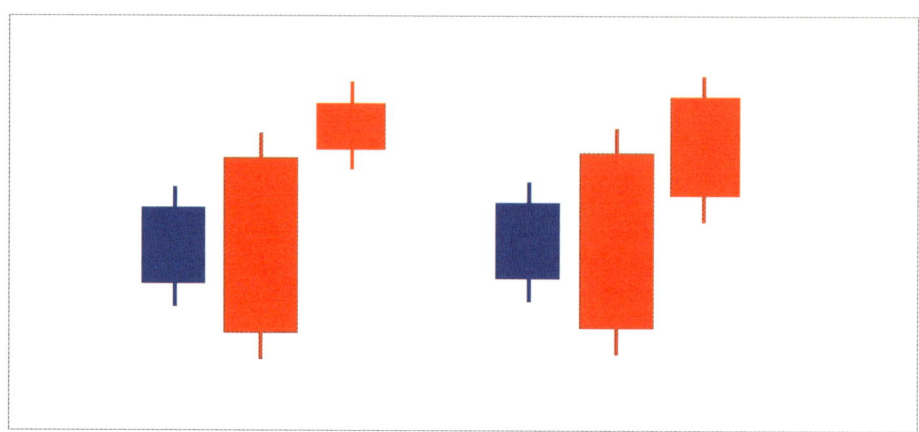

[그림3-7] 상승장악 확인형

이름에서 알 수 있듯이 전일의 캔들이 '상승장악형'임을 확인해주는 일봉이 뜨면 상승장악 '확인형'이 된다. 상승 가능성이 실제로 확인된 것으로 가장 강한 상승형 캔들로 여겨진다. 보통은 왼쪽 그림처럼 시가가 전일 종가를 해치지 않고 위로 뜨는 게 가장 이상적인데 오른쪽처럼 갭하락이 나오면서 일시적으로 흔들었다가 다시 상승하는 형태도 있다.

반대로 하락장악형 다음에 종가 아래로 내려가는 음봉이 뜨면 하락장악 확인형이 된다.

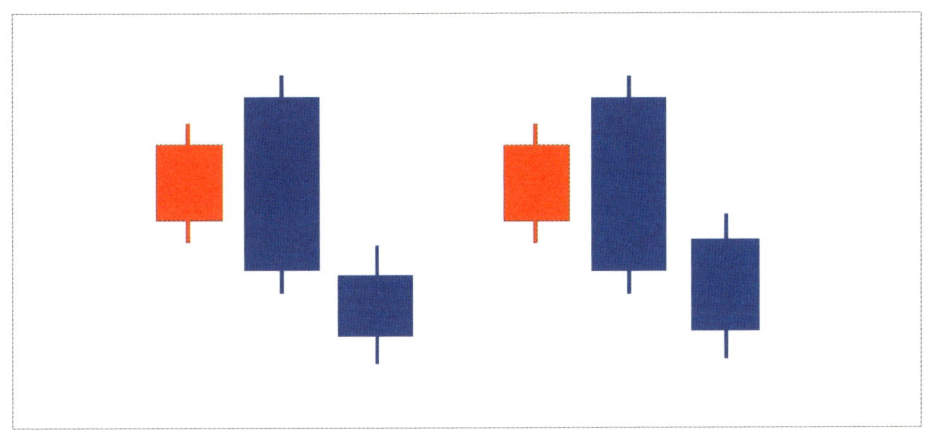

[그림3-8] 하락장악 확인형

'하락장악 확인형'은 하락이 확인되었다는 의미이고, 추가 하락 가능성이 높아졌다는 의미로 읽힌다. 경우에 따라 오른쪽 그림처럼 장 개시와 함께 갭상승(전일 종가보다 시가가 높은 경우)으로 출발했다가 최종적으로 하락하는 경우도 하락장악 확인형이다. 트릭이 언제 어떻게 등장할지 모르는 게 주식이다. 그러므로 그림을 외우려 하지 말고 원리에 대한 이해를 바탕으로 당일 움직임을 모니터링하는 게 중요하다.

앞뒤가 바뀐 형태, 잉태형

장악형과 반대의 형태도 존재한다. 아래 그림을 보자.

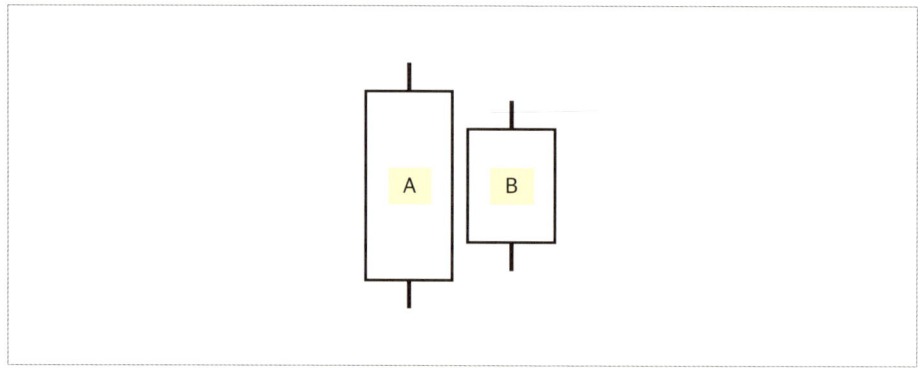

[그림3-9] 잉태형

전일 일봉 A에 이어 일봉 B가 떴는데 품속에 안겨 있는 형태다. 아기를 밴 것처럼 배가 불룩 나와 있는 모습이어서 '잉태형'이라고 표현한다. 물론 B의 자리에는 전날과 다른 일봉이 나와야 의미가 있는 것으로 판단한다.

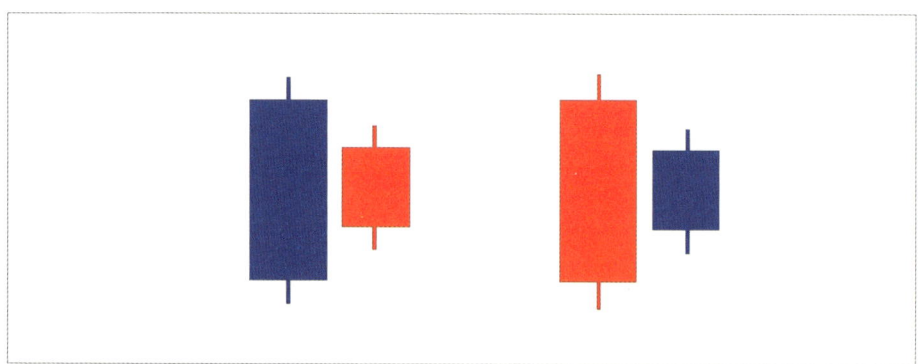

[그림3-10] 상승잉태형과 하락잉태형

전날 음봉이고, 다음날 짧은 양봉이 생기면 '상승잉태형'이라고 부르고, 전날 양봉에 다음날 키 작은 음봉이면 '하락잉태형'이라고 부른다. 둘째 날의 캔들은 몸통이 짧을수록 좋고, 첫날 캔들의 몸통을 벗어나면 안 된다. 기왕이면 몸통 중간에 뜨는 게 가장 이상적이다. 너무 하단으로 치우치면 품질이 떨어진다. 몸통을 벗어나 아랫꼬리나 혹은 윗꼬리까지 침범하면 잉태형으로 보지 않는다. 특히 아랫꼬리 영역까지 걸쳐 있으면 그냥 하락형이라고 본다.

잉태형 역시 그 자체로 의미를 따지지는 않는다. 위치 정보와 결합하는 게 중요하다. 특히 주가 하락 중에 나타난 잉태형은 강한 상승 반전 신호로 본다. 반면 상승 중일 때는 하락으로 전환하는 신호로 읽는다.

잉태형의 다음날 기대하는 건 '확인형'이 뜨는 것이겠다. 확인형이 뜬다면 잉태형이 맞다는 증거가 된다. 의미가 보다 뚜렷해진다.

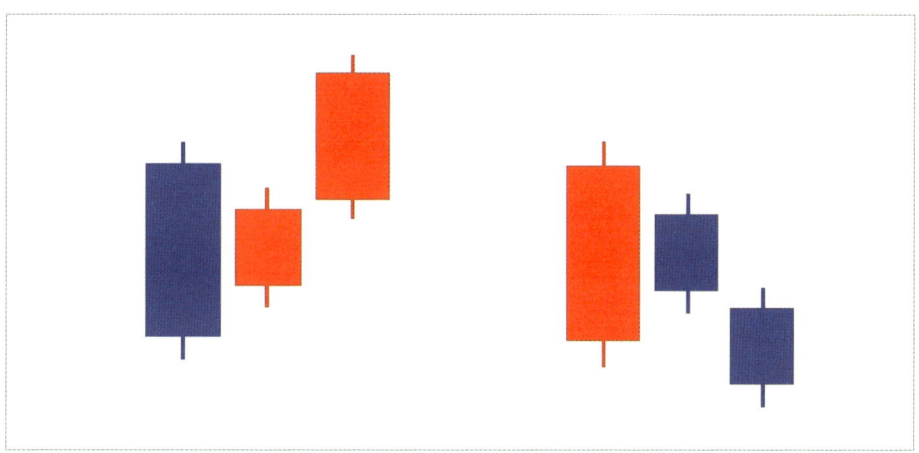

[그림3-11] 상승잉태 확인형, 하락잉태 확인형

상승/하락장악형, 상승/하락잉태형 캔들을 자동으로 포착하는 방법

이들 캔들 조합은 흔히 약간의 변형을 동반하기 때문에 내가 아는 그 상승형이 맞는지 고민스러울 때가 많다. 전형(type)이라고 부르는 그 형태는 현실에서 드물게 출현하기 때문이다. 그러나 드물 뿐, 아주 없는 건 아니다. 종목에 따라서는 실제의 상승으로 연결되는 경우도 있다. 어떻게 찾을까? 차트에 해당 캔들 조합이 떴을 때 자동으로 표시해주는 기능을 활용하는 방법이 있다.

어떻게 설정할까? 번호 순서대로 따라가 보자.(참고로, 아래 설명은 키움증권 베이스다. 타 증권사도 사용법이 약간 다를 뿐 동일한 기능을 제공한다. 설정에 애로가 있다면 증권사 고객센터에 문의하면 자세하게 알려준다.)

❶ 일봉 차트를 띄운 후 빈 화면에 우클릭을 한다. 메뉴가 뜬다.
❷ 메뉴 가운데 '신호검색적용'을 클릭한다.

[차트3-2] 우클릭 후 '신호검색적용'을 누른다.

❸ 적용할 지표가 뜬다. 원하는 항목을 찾아서 클릭한다.

❹ 한 번에 하나씩밖에 적용시킬 수 없으므로 원하는 만큼 위 과정을 되풀이한다.

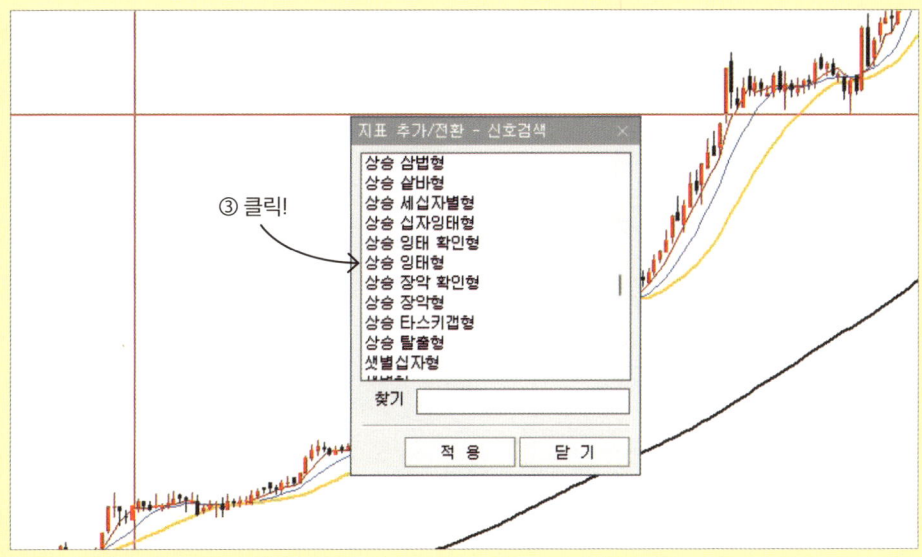

[차트3-3] 원하는 신호를 클릭한다.

❺ 차트에 화살표가 뜬다. 위로 향하는 빨간색 화살표는 일봉 아래에 뜨는데 '상승'과 관련된 신호이고, 아래로 향하는 파란색 화살표는 일봉 위에 뜨는데 '하락'과 관련된 신호다.

[차트3-4] 상승/하락장악형, 상승/하락잉태형의 4가지 신호가 반영된 결과

❻ 지우기 : 만일 신호를 지우고 싶다면 화살표에 마우스 커서를 대고 우클릭을 하면 '신호검색 삭제' 메뉴가 뜬다. 클릭하면 사라진다.

참고로, 위에 예시로 사용한 차트는 종목 [삼천리]다. 뒤에서 다시 다루겠지만 [삼천리]는 주가조작 세력의 타깃 중 하나였다. [삼천리]는 상승 구간에서 신호의 의미가 잘 맞아떨어진 종목 가운데 하나인데 문제의 중심에 있었다는 게 걸린다. 아무튼, 신호 설정을 해두면 못 보고 지나칠 수 있는 종목을 찾는 데 도움이 된다는 점은 기억할 만하다.

3

힘의 응축, 도지형

잉태형은 힘이 축적된 형태다. 캔들에서 그게 보인다면 이미 실력자다. 그런데 잉태형보다도 응축력이 강한 게 있다. 도지형이다. '도지'는 일본어로 '동시에'라는 뜻인데 시가와 종가가 같다는 의미에서 붙여진 이름이다. 한편 생긴 모양 때문에 십자형이라고도 부른다.

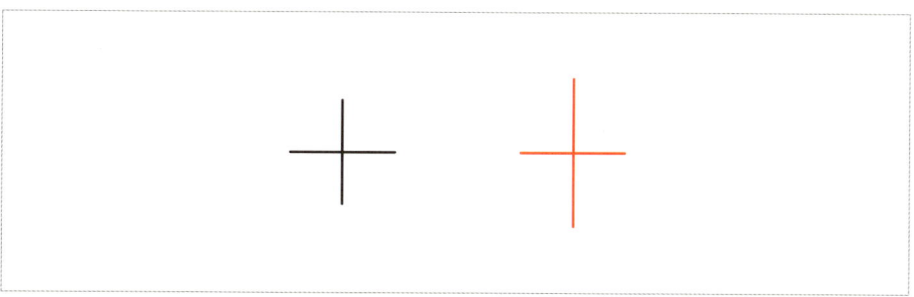

[그림3-12] 도지형이다. 종가가 시가 바로 아래에 놓이면 왼쪽처럼 파란색(혹은 검은색) 십자가가 되고, 종가가 시가와 같거나 바로 위에 있으면 오른쪽처럼 빨간색 십자가가 된다. 윗꼬리와 아랫꼬리는 있기도 하고 없기도 한데 꼬리의 길이와 상관없이 시가와 종가가 거의 비슷한 가격에서 만날 때 다 '도지형'이라고 부른다.

도지형은 시가와 같거나 비슷한 가격에서 장이 끝날 때 생긴다. 장중에는 시가보다 조금 오르기도 하고, 더 내려가기도 한다. 하지만 장이 끝날 때는 시가 부근으로 수렴한다. 만일 장이 시작할 때 매수했다면 장 마감 때는 본전에 가까운 날이다.

도지는 본질적으로 참여자를 지치게 만드는 형태다. 올라가지도 않고 떨어지지도 않는다. 그런 날이 연속 2~3일 이어지면 매도하고 나가는 사람들이 생기기 시작한다. 힘차게 오르는 종목들을 보면 탈출 욕구는 더욱 커진다.

도지가 힘의 응축이라고 부르는 이유는, 그 자체에 답이 있는 건 아니다. 도지 역시 위치에 큰 영향을 받는다. 만일 하락 중이던 차트의 바닥에서 도지가 생기면 반등이 나올 가능성이 커진다. 반대로 전고를 돌파하는 등 장대양봉을 동반하며 상승하던 주가가 도지를 만들면 꼭지가 될 가능성이 있다. 이런 이유로 도지는 방향을 전환시키는 캔들로 인식되는 경우가 많다.

상승을 부르는 도지, 샛별형

이를 잘 보여주는 캔들 조합이 있다. 샛별형과 석별형이라고 부르는 형태다. 먼저 샛별형이다.

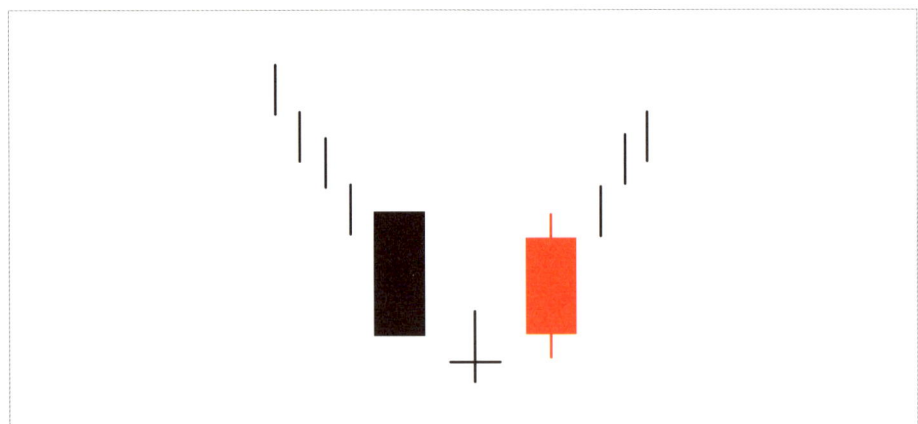

[그림3-13] 샛별형 캔들 패턴

기다란 음봉을 동반하며 하락한 저점 구간에서 도지가 나타나면 강력한 반등 신호가 될 수 있다.

아침별을 뜻하는 '샛별형(morning star)'은 하락 중이던 주가가 도지형을 만들고 연이어 양봉으로 반등하는 패턴을 의미한다. 샛별형의 완성은 이런 하락 자리에서 벗어나서 상승 추세를 만드는 것인데 우리는 도지 단계에서부터 샛별형의 가능성을 점칠 수 있다. 그 가능성은 다음과 같은 징후가 기준이 된다.

- 도지형 캔들은 갭하락으로 시작해야 좋다(갭하락이 아니면 샛별형이 아닐 가능성이 크다.).
- 경험적으로 보면 갭하락 폭이 커야 힘이 더 강하다.

여기까지만 봐도 어느 정도 가능성을 타진할 수 있는 게 샛별형이다. 그러나 보다 정확히 하려면 반등 양봉까지 확인하는 게 좋다. 반등 양봉은 다음과 같은 특성을 보일 때 좋다.

- 도지 다음날은 양봉을 만들며 가격이 올라야 하는데, 최소 도지 전날 음봉의 몸통 절반 이상은 오르면서 끝나는 게 좋다. 음봉-도지-양봉을 차례대로 1, 2, 3봉이라 하면 3봉이 1봉 고점에 가깝거나 더 높은 가격에서 끝나면 힘이 세다고 판단한다.

이렇게 샛별형은 완성된다. 샛별형은 생각보다 자주 등장하는 형태다. 왜냐하면 이 정도 하락을 하면 물린 사람들 빼고는 사람들이 별로 관심을 기울이지 않기 때문이다. [대원미디어]의 차트를 보자.

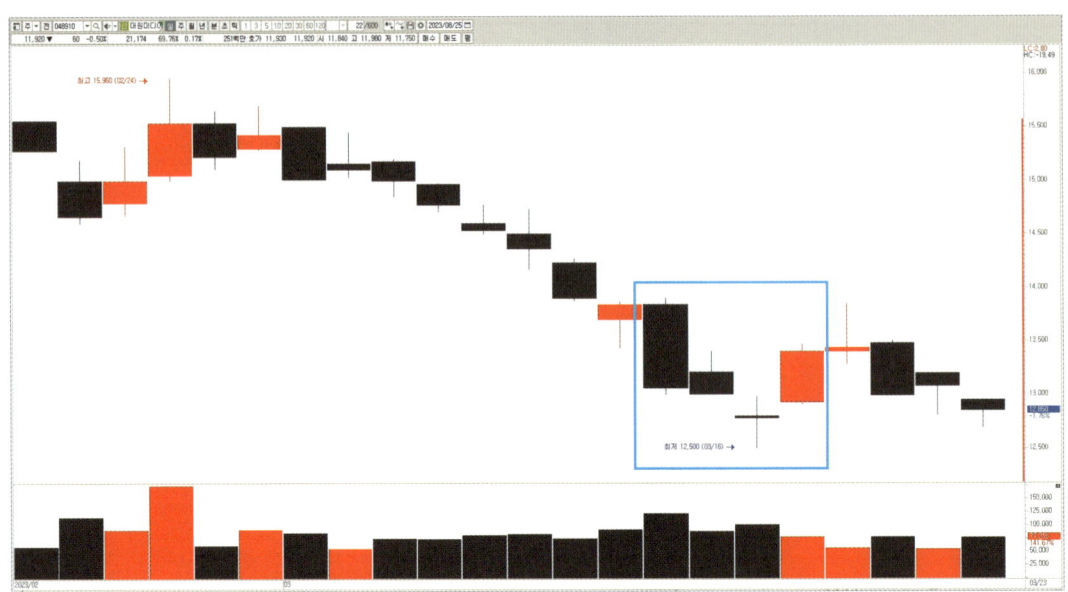

[차트3-5] 음봉-도지-양봉의 흐름을 보여주는 샛별형의 출현. 종목 [대원미디어]의 2023년 2~3월 일봉 차트.

    박스 구간이 샛별형 캔들 조합이다. 그런데 차트를 보면 뭔가 이상하다. 샛별형은 바닥에서 나타나는 강한 반등형이라고 했는데 며칠 뒤 다시금 흘러내린다. 그럼, 샛별형이 아니라는 얘기인가?
    반등은 원래가 쉽지 않다. 샛별형의 경우도 다시 하락하는 경우를 자주 목격한다. 기대대로 반등이 추세를 만들며 상승세를 이어가면 별 문제 없이 따라 가면 되겠지만 만일 흘러내린다면 최종적으로 샛별형인지 아닌지 판정하는 과정이 필요하다. 이를 위해 도지의 아랫꼬리 구간에 주목한다.

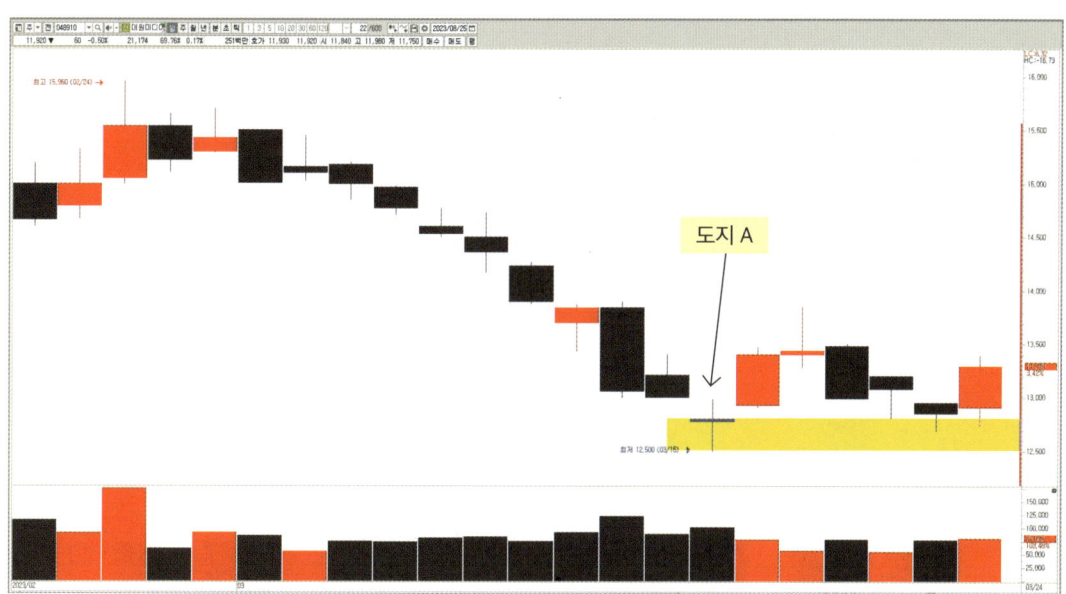

[차트3-6] 도지 A의 아랫꼬리 구간에 라인을 긋고 이후 흐름을 살핀다.

우선 첫 매수가 가능한 곳이 도지 A처럼 보일 수 있다. 그러나 도지 뜨고 다음날 장대음봉이 나오는 일이 비일비재하므로 샛별형이 완성된 다음날부터 음봉에 매수가 가능해진다.

샛별형을 확인했다면 이제부터는 시간 싸움이다. 우선은 선을 그은 곳, 즉 도지 A의 몸통에 가깝게 내려올 때까지 기다려 분할 매수를 시작한다. 도지 A의 몸통이 두텁다면 한 템포 늦춰서 아랫꼬리까지 떨어지기를 기다리는 게 현명해 보인다.

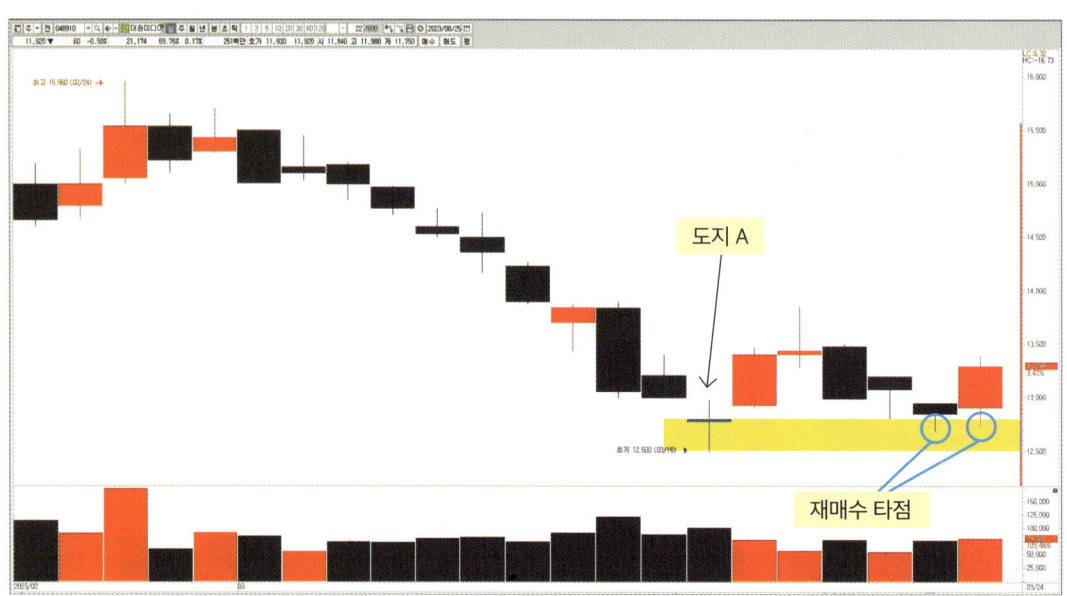

[차트3-7] 첫 매수에 이은 단타가 성공했다면 파란색 원이 두 번째 공략 지점이다.

    반등 후 하락 구간에서 도지의 아랫꼬리 구간까지 낚싯줄처럼 꼬리를 내린 캔들이 2개 보인다. 이때가 모두 매수 기회가 된다. 이때는 과감하게 잡는 게 좋아 보인다. 이 움직임은 일시적인 하락처럼 보인다. 그러나 움직임을 확인한 결과 도지의 저가를 깨뜨리지 않을 것 같다면, 즉 꼬리를 말아 올릴 것 같다, 실제로 그런 움직임이 있다면 매수를 준비한다. 이를 위해 분봉 차트를 함께 보면서, 혹은 호가창의 움직임을 보면서 매수 타점을 잡아간다.

    손절라인은 어디일까? 손절은 도지 A의 저가다. A의 저가에 가까워지면 고민이 시작되어야 한다. 그러나 이 정도 위험은 감수할 수 있을 것 같다. 캔들 A는 고가와 저가의 폭이 좁은 도지이기 때문에 손절을 해도 손실폭은 고작 -2% 수준이다. -2%의 손절 리스크를 감수하고 우리가 얻을 수 있는 건 생각보다 적지 않다.

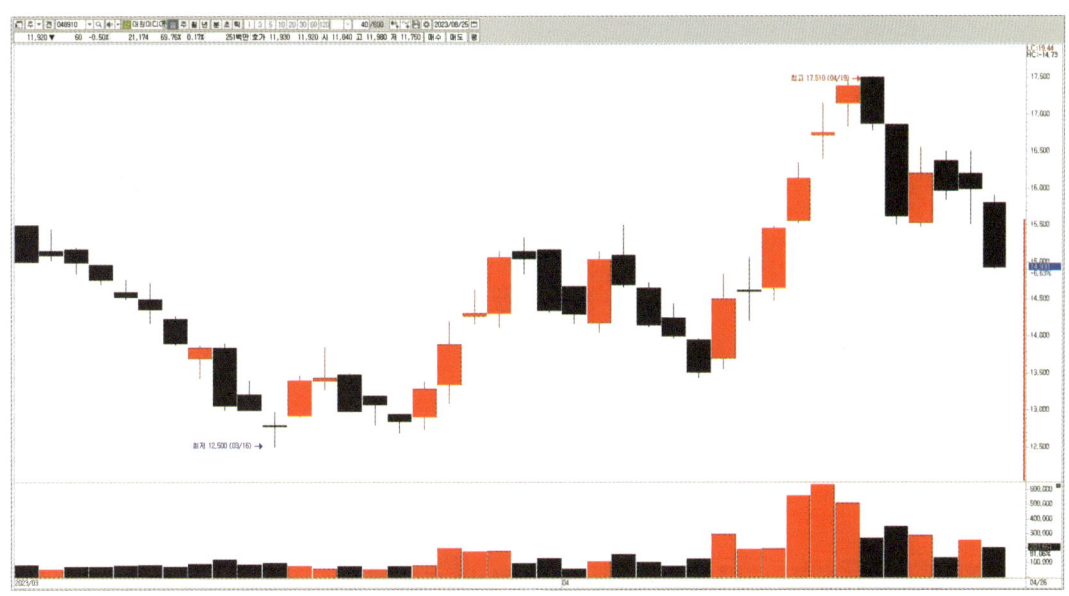

[차트3-8] 매수한 지점으로부터 차트 상의 고점까지 약 30% 수준의 상승이 나왔다.

상승 구간을 다 먹을 수는 없겠지만 오르는 동안에는 파는 곳 어디든 수익이 된다는 게 이런 매매의 장점이다. [대원미디어]는 매수일로부터 약 18거래일 후에 중기 고점을 찍었는데 수익률은 약 30%에 이른다. 상승 중간에 박스권 움직임을 보이면서 횡보하다가 다시 한 차례 흔든 후 고점 돌파 구간으로 진입하는데 이곳을 넘기는 게 고비가 되겠지만 이 정도 흔들림 없이 가는 종목도 별로 없다. 박스권 움직임이 불안하다고 느끼면 일부 팔고, 일부 홀딩을 하다가 다시 비중을 늘리는 쪽으로 가닥을 잡아도 되고, 그래도 좌불안석이면 박스권 구간에서 다 팔아도 된다. 어떻게 팔든 수익이라는 사실 자체에는 변함이 없다.

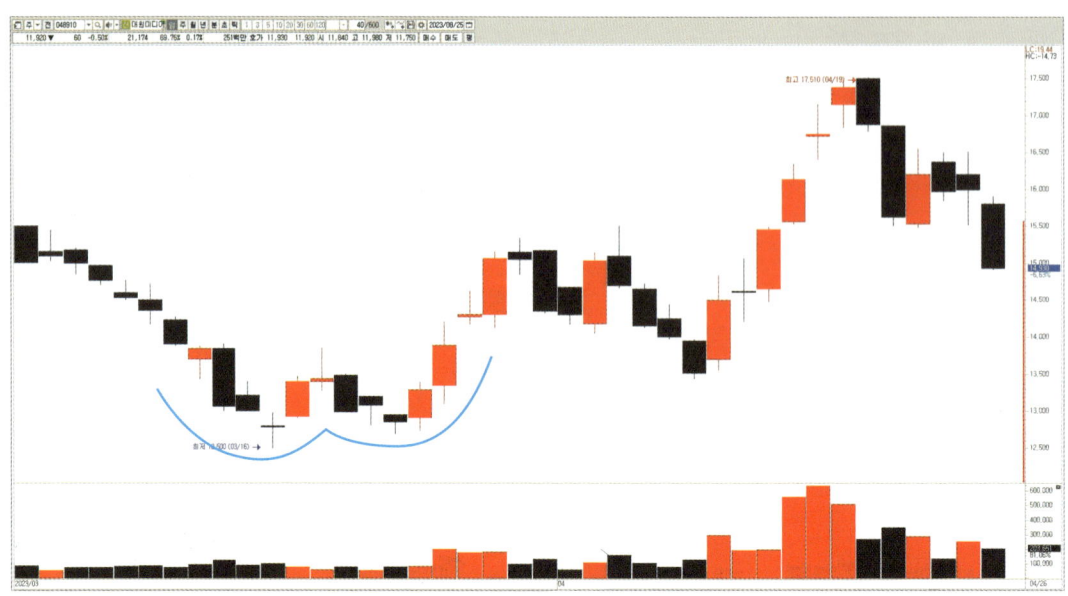

[차트3-9] 쌍바닥의 한 종류인 속칭 '짝궁둥이'

　　이 차트에는 숨은 그림이 있다. 속칭 '짝궁둥이'로 알려진 쌍바닥이다. 쌍바닥은 이름 자체에서 알 수 있듯이 저점을 두 번 찍고 오르는 형태인데 '짝궁둥이'는 이런 쌍바닥 중에서도 더욱 힘이 좋다고 알려졌다. 짝궁둥이란 두 번째 나오는 궁둥이가 먼저 나온 궁둥이의 저점을 깨뜨리지 않는 형태, 즉 저점을 높여가는 형태의 쌍바닥을 의미한다.

　　처음부터 짝궁둥이가 만들어진다고 보고 접근하는 건 무리다. 도지 A의 선을 그은 지점부터 모니터링을 하면서 당일 움직임이 어떤 형태인지 판단하며 가능성을 좁혀가는 게 좋다. 설령 도지 A의 저점을 다시 터치하고 올라가는 쌍바닥이라고 해도 충분히 좋았을 형태인데 [대원미디어]는 도지의 저점을 건드리지 않는 선에서 짝궁둥이를 그렸으므로 전 고점 등을 함께 보면서 매도 타점을 잡으면 조금 더 수익이 크겠다.

　　한편 쌍바닥 혹은 쓰리바닥처럼 자꾸만 파동을 죽이는 움직임이 나오는 건 당연히 세력들의 매집 때문이다. 단타를 위해 뛰어드는 개미들을 털어내는 데도 용이하고 물량을 늘리는 데도 좋은 방법이다. 그런 목적에서 가격을 조정하다 보니 '가는 척' 하는 현상이 나오는 것이고, 가는 척 하다 도로 제자리로 오는 과정을 되풀이하면 자연스럽게 쌍바닥(혹은 짝궁둥이)이나 쓰리바닥(바닥이 세 개인 것)이 그려지는 것이니 샛별형, 도지형 등 캔들 조합의 명칭만 외우지 말고 이런 패턴을 만드는 세력들의 의도에 대한 이해를 높이는 게 핵심이 되겠다.

   샛별형과 형태는 다르지만 바닥에서 나타나는 또 다른 반전형 차트를 하나 소개한다. 샛별형이든, 뒤에 다루는 석별형이나 행잉맨이든 이게 상승인지 하락인지 확정하는 일봉은 3번째 뜨는 일봉이었다(상승/하락장악형에서도 세 번째 뜨는 일봉이 '확인형'이었다.). 아래 차트는 두 번째 봉까지만 보면 상승인지 하락인지 헷갈리는데 마지막 3번째 봉이 뜨면서 모든 게 달라진다.

[차트3-10] 종목 [에프엔씨엔터]의 2021년 6월부터 10월까지의 모습.

    차트의 1번에 도지가 보인다. 도지는 꼬리의 길이에 따라 의미가 달라지며, 그 의미에 따라 이름도 있다. 예컨대 차트 1번의 도지처럼 윗꼬리가 짧거나 없고, 동시에 아랫꼬리가 길면, 즉 'T' 자처럼 생긴 형태를 잠자리형이라고 부르는데 '상승'을 의미한다고 알려졌다. 반대로 아랫꼬리가 짧거나 없으면서 윗꼬리만 긴 경우, 즉 'T' 자를 뒤집은 형태는 '비석형'이라고 부른다^(하락). 물론 꼬리가 길지 않은 형태도 얼마든지 많은데 도지는 꼬리가 짧을수록 힘이 잘 응축되어 있다고 보는 경우가 많다. 사람을 가장 미치게 하는 게 지루함이라면 꼬리 짧은 도지는 그 지루함의 결정체가 아닌가 싶다. 지겨워서 던지고 나가는 매물을 종일 받아낸 게 도지일 가능성이 크다. 도지는 탐욕과 공포가 아닌 제 3의 방법, 즉 지루함을 만드는 게 본질인 캔들로 보인다.

    아무튼 차트로 돌아가서, 1번 도지를 보면 캔들 형태상 잠자리형, 즉 강한 반등형이 등장한 것 같다. 그러나 2번 음봉은 전일의 의미를 모두 부정하는 듯 강력한 음봉이 뜬다. 느낌표가 물음표로 바뀐다. 그러다 다시 3번 장악형처럼 보이는 양봉이 뜨면서 다시금 느낌표로 바뀐다. 저점에서 나타난 1번 캔들은 잠자리형, 즉 상승을 의미하는 게 맞았고, 2번 캔들에서 세력은 함정을 팠는데 역시 매집의 한 가지 기술로 보인다. 그리고 마지막 3봉에서 단기 매집을 마무리 짓고 상승 발판을 놓는다. 마지막 3봉에서 의미가 뚜렷해지는 형태다.

한편, 여기서도 쌍바닥이나 짝궁둥이 같은 움직임이 나올 수 있을까? 물론이다. 이 종목의 경우도 다음날 갭을 띄워서 날아가리라고 상상하기는 힘들다. 다만 우리가 판단할 수 있는 건 상승 확률이 높아지고 있다는 점뿐이다. 그게 아니면 손절라인을 잡을 이유가 없다. 만일 쌍바닥 움직임이 나온다면 그에 맞게 대응하면 된다. 이 차트의 움직임을 기억했다가 유사한 움직임에서 동일한 결과를 기대하는 건 마치 폭탄이 한 번 떨어진 자리에 또 떨어지기를 기다리는 것과 같고, 토끼가 같은 그루터기에 또 부딪쳐서 죽기를 기다리는 것과 같아서 확률적으로 불리한 게임에 뛰어드는 것이다.

하락의 전조, 석별형과 행잉맨

매수 타점만 본다면 '샛별형'으로 충분하지만 파는 것도 일이다. 샛별형과 반대의 현상이 고점에서 나타날 때 이를 저녁별을 뜻하는 '석별형(evening star)'이라고 부른다. 낮 동안 열심히 올랐으면 이제 내려갈 시간이다. 매도 시점을 알려주는 징후로 인식된다. 고점 부근에서 석별형을 만났다면 처분이 능사겠다.

[그림3-14] 석별형 캔들 패턴

매수의 완성은 매도다. 매도는 '고점 징후'를 보고 판단할 수 있는데 석별형은 변형된 형태를 만들며 고점 징후를 보여준다. 석별형의 변형 가운데 가장 불길하며 가장 흔하게 나오는 형태가 있다. '교수형' 캔들이다. 보통 '행잉맨(hanging man)'으로 더 많이 부르는 것 같다.

[그림3-15] 교수형(행잉맨) 캔들

[그림3-15]에 표시한 일봉을 보면 도지와 비슷하게 생겼지만 1) 몸통이 제법

통통한 음봉이고, 2) 윗꼬리가 짧고, 3) 아랫꼬리가 길다는 점이 다르다. 아랫꼬리는 세력의 매집일 가능성이 높다고 말했지만 행잉맨의 아랫꼬리는 의미가 달라진다. 실제로 상승 전 매집이어서 다음날 상승이 나올 수도 있다. 그럼에도 전고점 부근이나 박스권 상단에서 이런 현상이 나타나면 일단은 회피 종목으로 생각하는 게 좋다.

확률적으로 봐도 오르는 종목보다 내리는 종목이 많은 게 주식판임을 생각하면 상승형 패턴보다는 행잉맨처럼 나쁜 의미를 지닌 패턴이 더 자주 등장하는 게 현실이다. 독자도 찾자고 마음먹으면 좋은 패턴보다 훨씬 자주 만난다는 걸 알 수 된다. 몇 개만 찾아보았다.

[차트3-11] 상승 구간에서 나타난 행잉맨. [에프엔씨엔터]의 2021년 10~11월 일봉 차트.

박스 친 구간이 행잉맨이다. 일봉 하나가 그 자체로 행잉맨인 경우도 있고, 숨은 형태로 행잉맨을 만들기도 한다. 이 차트는 여러 차례 행잉맨을 만들며 급락을 예고하는 것처럼 보인다. 아랫꼬리가 나타났다고 좋아할 게 없어 보인다.

[차트3-12] 행잉맨 변형. [한일진공]의 2021년 4~11월까지의 일봉 차트.

고점에서만 행잉맨이 나오는 게 아니다. 차트3-12는, 고점을 공략하던 종목이 일시적으로 후퇴한 뒤 반등할 것 같은 움직임을 만들었다가 행잉맨을 만든 모습이다. 행잉맨 이후 바로 급락으로 이어지지는 않았지만 길고 긴 추세 하락의 지옥으로 들어간다. 파란색의 행잉맨 구간은, 하락이 시작된 후의 최고가에 해당한다. 무서운 함정이다.

사실, 행잉맨과 석별형을 구분하는 건 실전 매매에서는 별로 의미가 없다. 결과가 같기 때문이다. 명칭보다 원리가 중요한 이유다.

[차트3-13] 고점 박스권에서 나타난 행잉맨. 종목 [코스모신소재]의 2021년 5월에서 2022년 4월까지 일봉 차트.

[코스모신소재]의 모습이다. 박스 친 구간은 샛별형일까, 행잉맨일까? 일견 샛별형으로도 보이지만 행잉맨으로 봐도 무방하다. 그저 당일 일봉에 몸통이 있느냐(음봉, 행잉맨), 없느냐(도지, 샛별형)의 차이밖에 없다. 도지가 뜬 당일, [코스모신소재]의 주가를 움직이는 세력은, 아랫꼬리를 말아 올리며 '반등이야' 하고 시장에 신호를 보내면서 매수를 유도한 뒤 급락 구간을 통해 손절을 받아내고 있는 것처럼 보인다. 개미들로 하여금 세력의 물량을 비싸게 사서 싸게 팔도록 유도하는 과정도 모두 매집의 한 종류이므로 이때의 아랫꼬리가 매집이 아니라고 말할 수도 없다. 다만 이때의 매집은 다음날을 위한 게 아니라 몇 개월 뒤를 보고 하는 중기적 플랜으로 판단된다. 단기적 매집이라고 보기에는 지금까지 흘러온 차트 궤적이 너무 안정적이다. [코스모신소재]는 행잉맨을 동반한 하락 이후 한 차례 더 반등을 만들며 '아직 죽지 않았다'고 항변하는 것처럼 보이지만 곧 추세 하락의 급락 구간으로 돌입한 뒤 약 두세 달 뒤에 반등을 시도한다.

힘이 응축되어 있는 캔들 조합 : 적삼병과 흑삼병

양봉이 3개가 나타난다. 몸통이 짧다. 그런데 저점과 고점을 조금씩 높여간다. 3명의 붉은 병사를 의미하는 '적삼병'이다. 다른 캔들 조합처럼 항상 맞는 건 아니지만 힘이 응축되어 있을 가능성이 있어서 4일차에 장대양봉을 기대할 수 있는 움직임이다.

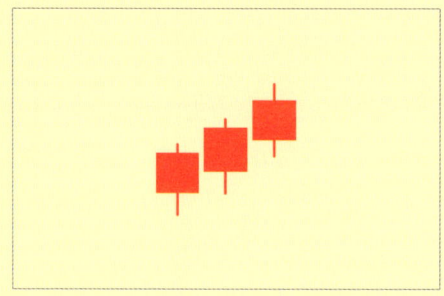

[그림3-16] 힘의 응축, 적삼병

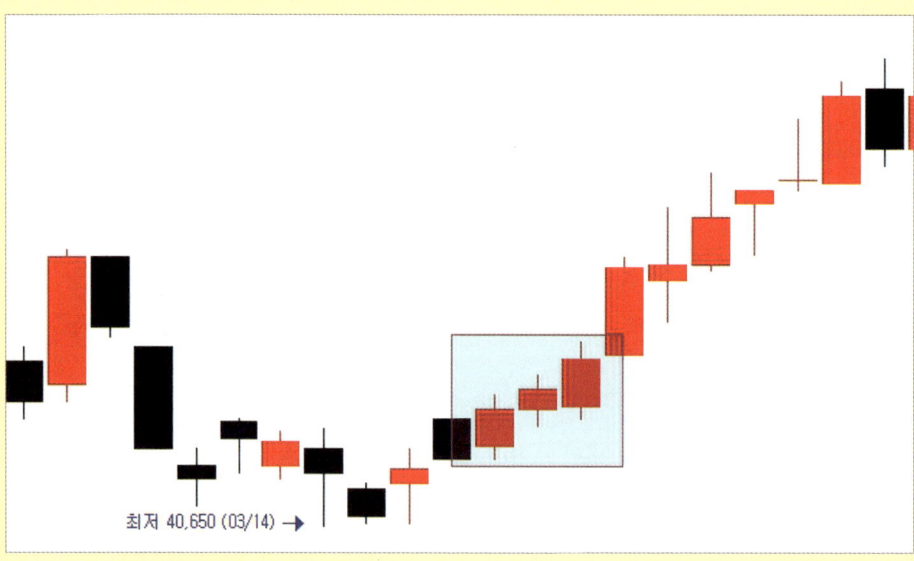

[차트3-14] 적삼병 차트 사례

반대도 있다. '흑삼병'이다. 3일간 고점과 저점을 매일 낮춰가는 짧은 음봉이 생기면 급락이 나올 가능성이 높아진다. 하락 방향으로 힘이 응축되고 있는 캔들이라고 볼 수 있다.

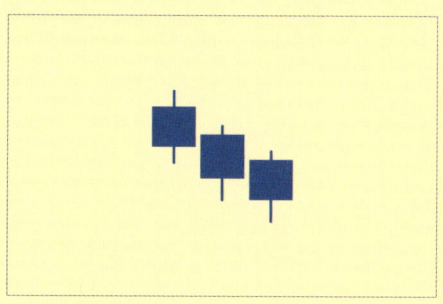

[그림3-17] 흑삼병

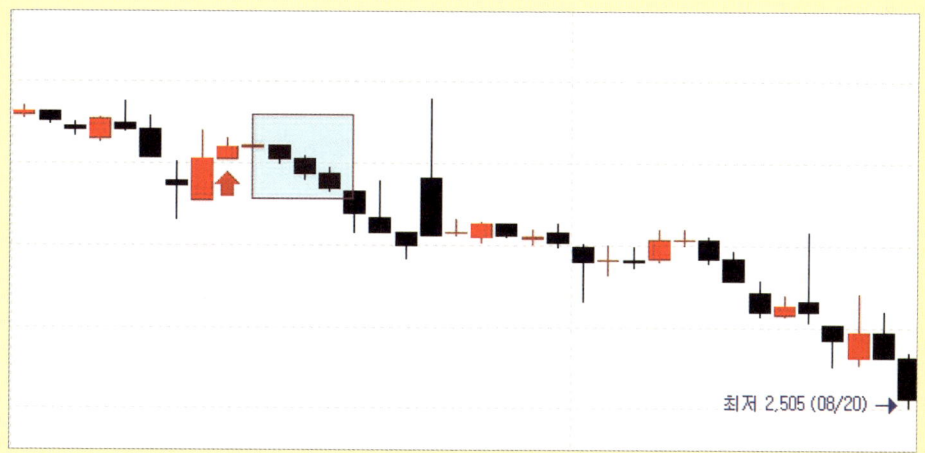

[차트3-15] 흑삼병 차트 사례

위치에 따라 의미가 달라지는 또 다른 캔들 조합

동일한 장대양봉도 위치에 따라 의미가 달라진다. 한참 오른 뒤의 상단에서 등장한 장대양봉은 팔고 도망쳐야 될 자리가 되지만 한참 내린 뒤의 하단에서 나타난 장대양봉은 이제 뭔가 시작되는 움직임일 가능성이 크다. 앞에서 설명한 캔들 조합들도 위치에 큰 영향을 받는다.

싸다고 다 '바닥'은 아니다. 저점을 뚫고 내려갔다고 다 바닥은 아니다. '바닥'이란 싸다 비싸다가 아니라 '딛고 오르기 위한 발판'이라는 의미가 강하다. 그런 관점에서 보자면 '저점 징후'로 인식되는 현상이 나타날 때만 바닥이라고 읽는 게 올바른 접근이 된다. 앞에서 살펴본 캔들 조합뿐 아니라 금융장세 초반부에 나타나는 흐름, 확률 높은 정배열이나 가격의 벽 등은 모두 저점 징후가 되는 현상들이다. 저점 징후를 읽었다면 매수를 준비할 시간이 된 것이다.

다음 소개할 '망치형'도 바닥에서 등장할 때 주목해야 하는 캔들 패턴이다.

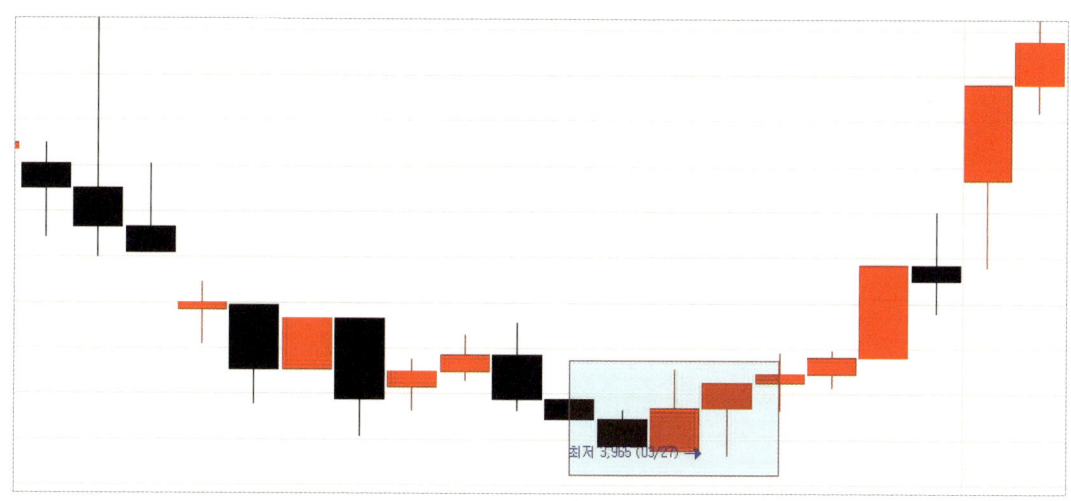

[차트3-16] 바닥에서 등장한 망치형

상승 가능성을 급격히 끌어올리는 캔들, 망치형

일봉은 단독으로는 의미를 분석하는 게 대부분 불가능하다. 2개의 캔들 조합부터 의미가 생기고, 보통은 3개쯤 되어야 의미가 또렷해진다. '망치형'도 마찬가지다. 차트3-16의 박스 친 구간을 보자. 음봉-윗꼬리양봉-아랫꼬리양봉의 순서로 배열되어 있는데 이때 마지막에 뜬 아랫꼬리 일봉이 '망치형'이다. 바닥에서 뜬 망치형은 그 자체로 의미 있다고 보는 경우도 있지만 여기서는 조합이 더욱 강한 힘을 발휘하는 것으로 보인다. 망치형을 비롯한 총 3개의 조합은 개인적으로 '역계단'이라고 부르는 형태인데 이럴 경우 상승 가능성이 커진다. 이처럼 특정 신호와 함께 뜰 때 망치형은 강력한 힘을 발휘한다('역계단'에 대해서는 필자의 다른 책 《주식 네 이놈》 참조).

망치형을 생각하면 떠올릴 수 있는 형태는 다음과 같이 4가지다.

[그림3-18] 차례대로 1) 망치형, 2) 역망치형, 3) 검정 망치형, 4) 검정 역망치형

이 가운데 신뢰도가 높은 망치는 처음과 끝에 있는 1) 망치형과 4) 검정 역망치형이다. 망치형은 상승 전환 가능성이 높은 캔들로 인식된다. 물론 바닥을 다지는 중에 나타날 때 그렇다. 한편 상승 중이던 주식이 주춤거리다가 검정 역망치형이 나타나면 하락할 가능성이 높다고 알려졌다.

반면 역망치형이나 검정 망치형은 속임수로 뜨는 경우가 많아서 위치가 나쁘거나 혹은 다른 캔들 조합이 좋지 않을 때는 무시하는 게 안전하다.

예를 들어보자.

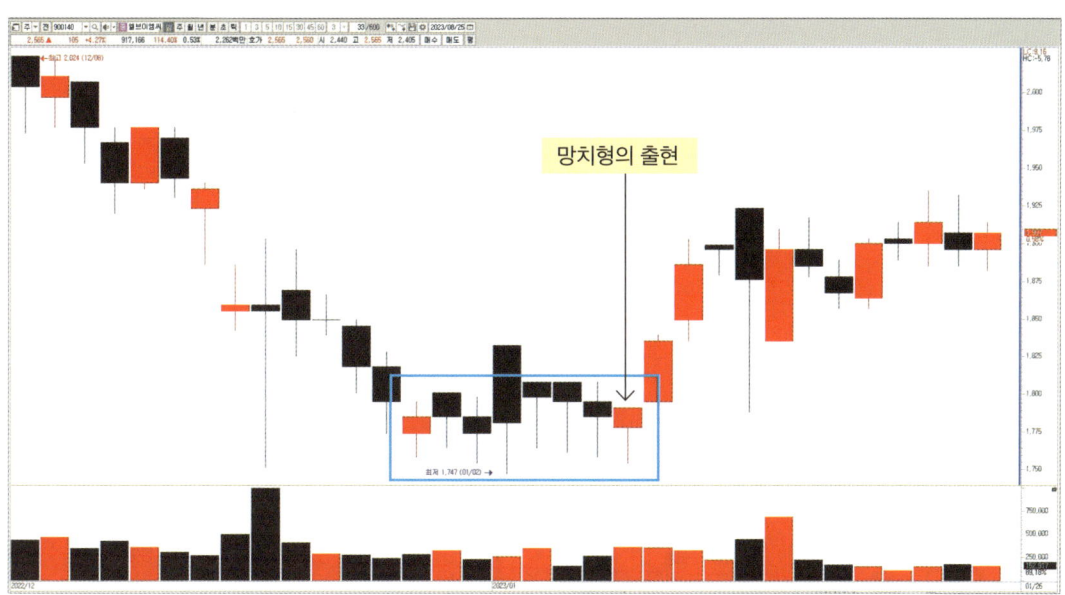

[차트3-17] 종목 [엘브이엠씨홀딩스]의 2022년 12월부터 2023년 1월까지의 일봉 차트

하락 후 횡보를 하던 차트에 망치형이 등장한다. 바닥이라고 해도 망치형 단독으로는 신뢰도가 낮다. 망치형 출현 후에도 하락하는 경우를 종종 목격한다.

그런데 이 차트에는 다른 게 있다. 파란색 박스 친 곳을 보면 비록 음봉이지만 아랫꼬리 캔들이 나란히 서 있다. 아랫꼬리는 누군가가 물량을 쓸어 담을 때 생기는 캔들인데 마침 이 자리는 바닥처럼 보인다.

만일 망치형이 뜨기 전일이라고 가정하면 뭔가 조금 아쉬운 상황이 이어지는 것이겠다. 바닥처럼 보이고 있고, 아랫꼬리가 만들어지고 있는데 딱 이거다 싶은 신호탄이 없다. 그때 망치형이 출현한다. 신뢰도가 급속히 높아진다.

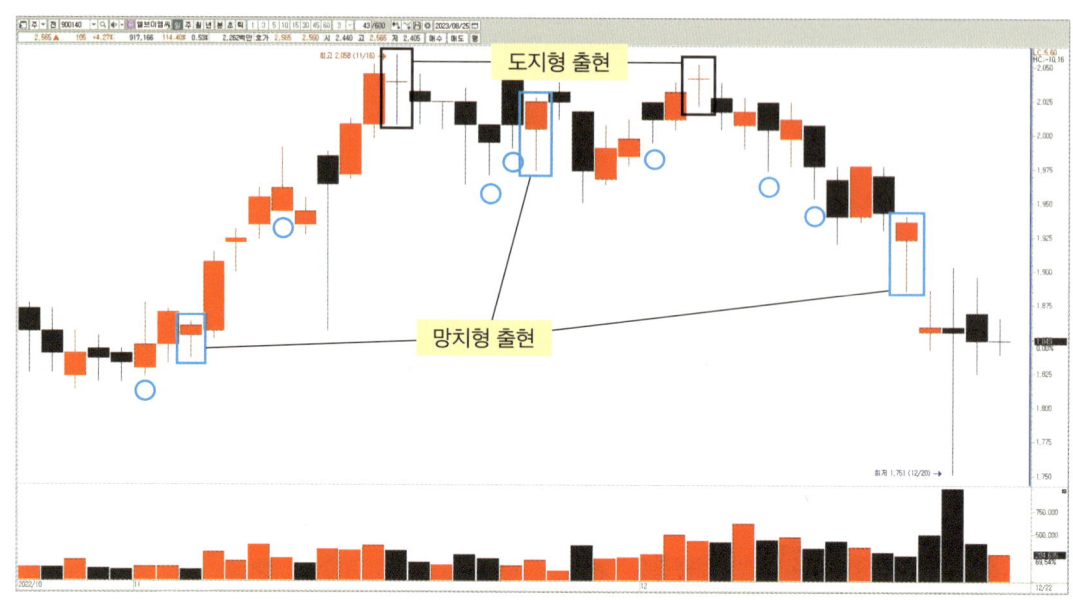

[차트3-18] 종목 [엘브이엠씨홀딩스]의 2022년 10월부터 12월까지의 일봉 차트

같은 종목의 다른 시기를 살펴보자. 망치형이 여러 곳에 출현하고 있는데 처음 등장한 망치형만 상승으로 이어지고 두 번째는 횡보, 세 번째는 하락으로 이어진다. 많이 오른 뒤에 나타날 때는 당연히 경계해야 하지만 세 번째 망치형처럼 하락하는 도중에 나타나는 형태도 별로 좋지 않다고 본다. 바닥을 다지는 중에 나올 때 상대적으로 신뢰도가 높아진다.

이밖에도 '망치형'의 변형인 역망치형이나 검정 망치형도 눈에 띄어서 파란색 동그라미로 표시했는데 고점에서 나온 형태들이라 상승을 점치기에는 어려워 보인다. 위치와, 의미 있는 캔들의 조합이 아니고서는 망치형도 별로 힘을 발휘하지 못한다.

하나만 더 짚고 가자. 검정 박스로 표시한 도지형 캔들이다. 둘 다 석별형 형태로 떠 있는 걸 확인할 수 있다. 같은 도지라도 석별형처럼 위에 뜰 때는 불길한 징후로 읽는 게 일반적이다.

캔들은 자기가 필요한 자리에서 나왔을 때 강한 힘을 발휘한다. 그런 자리가 차트3-17이다. 이때의 망치형이 신뢰도가 높다. 손절라인은 망치형의 저점이 된다. 이렇게 준비한 뒤 매매를 진행하면 설령 하락으로 이어져도 손실이 짧고, 원하는 대로 상승했다면 기대 수익은 크다.

강한 반등 신호,
음양양 3봉 캔들

하락하는 주식의 바닥을 잡는 건 쉽지 않다. 잘못 잡으면 잡자마자 큰 손실을 입을 수 있다. 기대 수익은 크면서 손실은 최소화할 수 있는 자리, 즉 확률 높은 자리를 찾아야 하는데 그런 자리가 없을까? 바닥에서 나타날 때 상승 가능성이 높아지는 캔들 조합을 하나 더 소개한다. 일명 '음양양' 캔들이다.

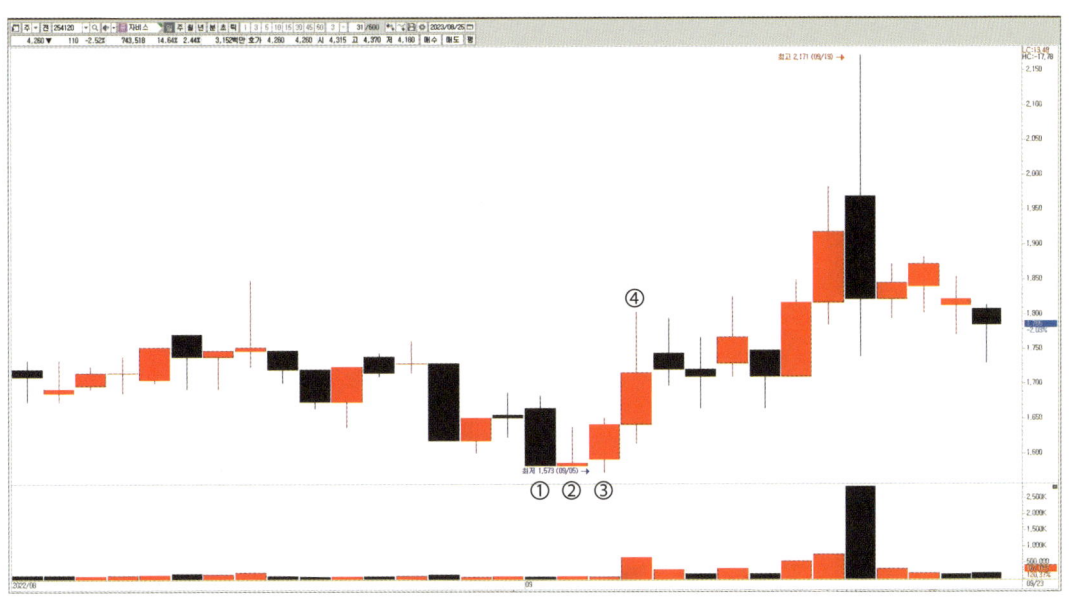

[차트3-19] 음양양 캔들. 종목 [자비스]의 2022년 8~9월 일봉 차트

차트에 1~4번까지 넘버링을 했다. 이 가운데 1~3번 캔들이 음양양 캔들이다. 음봉-양봉-양봉 순으로 배열되어 있어서 필자가 그렇게 이름을 붙였다. 개별 특징을 살펴보자.

- 1번 캔들 : 음봉이다. 전일의 저점을 이탈했다.
- 2번 캔들 : 양봉이다. 정확히는 비석형 캔들(묘지의 비석처럼 생겼다는 의미)이다. 1번 음봉의 2/3 이상 올랐다가 하락한다. 다만 시가를 지켜주었기 때문에 양봉으로 마감한다.
- 3번 캔들 : 양봉이다. 전날 비석형 캔들의 윗꼬리를 다 채우며 마감했다.

참고로, 2번 비석형 캔들은 하락하는 힘이 강하다고 여겨지는 캔들이지만 역시나 위치와 조합에 따라 의미가 달라지는데 이때도 마찬가지다. 비석형 캔들은, 음양양 캔들에서 중간 고리 역할을 하는 형태로 자주 등장한다.

어떻게 이런 조합이 나왔는지 '그 움직임과 의도'를 추적하면 답이 조금 보인다.

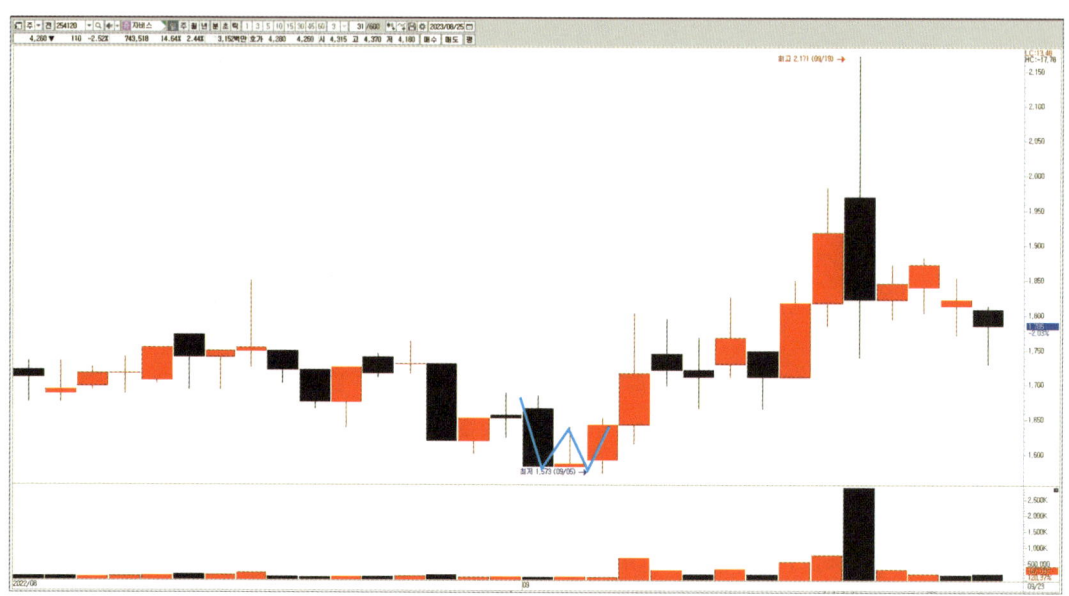

[차트3-20] 음양양 캔들의 3일간 움직임을 선으로 표시한 모습. W 자를 그린다.

1번 봉 자체로는 의미가 없다

1번 캔들만으로는 하락 징후 외에는 읽을 수 없는 캔들이 된다. 그런데 2번 캔들이 뜨면서 1번 캔들에도 의미가 부여된다. 2번 캔들은 올랐다가 내렸으므로 1번 봉에서 급락을 맞은 사람들은 팔 기회가 있었을 것이다. 한편 2번 캔들의 상승 추세에서 매수를 했다면 장 후반부에 진입하면서는 물려 있을 것이다. 그런데 3번 캔들이 뜨면서 팔 기회를 준다. 즉 누군가 2번 캔들에 물려 있던 사람들의 물량까지 사주고 있다는 뜻이다.

2번 캔들은 1번 캔들을, 3번 캔들은 2번 캔들을 청소하고 있다

2번 캔들이 1번 캔들 몸통의 2/3 이상 오른 것도 좋은 징후다. 높이를 충분히 만들어줄 때 3번 캔들의 신뢰도가 높아진다. 만일 2번 캔들의 상승이 1번 캔들의 절반 수준에서 그친다면 1번 캔들에는 여전히 물려 있는 매물이 많을 수 있다. 그런데 어느 정도 충분한 높이를 만들었으므로 작게 손절을 치며 빠져나가는 사람도 생길 수 있다. 즉 2번의 움직임은 1번 자리에서 물려 있는 사람들에게 탈출 기회를 제공하는 의도가 있는 것으로 판단되며 그럴 때 3번 캔들이 의미가 있다.

음양양 조합을 마치고 다음날, 주가는 3번 캔들 몸통 중간 정도까지 하락하더니 급반등한다. 3번 아랫꼬리는 1번과 2번 캔들에 물려 있는 개미들이 손절한 흔적이다.

손절라인은 어디?

4번 캔들에서 매수했다고 가정할 때, 손절 라인은 어디로 잡아야 할까? 3번 캔들의 저점이다. 힘 있는 매집이라면 3번 캔들의 아랫꼬리까지 다시 가지는 않는다. 아랫꼬리를 다시 건드린다면 매집이 아직 충분하지 않다고 해석할 수 있다. 4번 캔들이 3번 캔들 아랫꼬리보다 내려가서 손절하게 되더라도 기대 수익에 비해 손절 폭은 크지 않으므로 해볼 만한 게임이 된다.

실제 차트와 다르게 쌍바닥 혹은 짝궁둥이를 그리고 갈 수도 있다. 예상 밖으로 저점을 이탈하는 움직임이 나오면 손절이 되는 것이고, 기대한 대로 3번 캔들의 저가를 건드리지 않으면 짝궁둥이를 그리며 상승 추세로 바뀔 수 있다.

음양양 변형 패턴

음양양은 개인적으로 신뢰성이 높다고 생각되는 형태다. 다른 차트에서도 찾아보자. 약간의 변형을 동반하며 음양양을 출현시킨 종목 [SNT모티브]다.

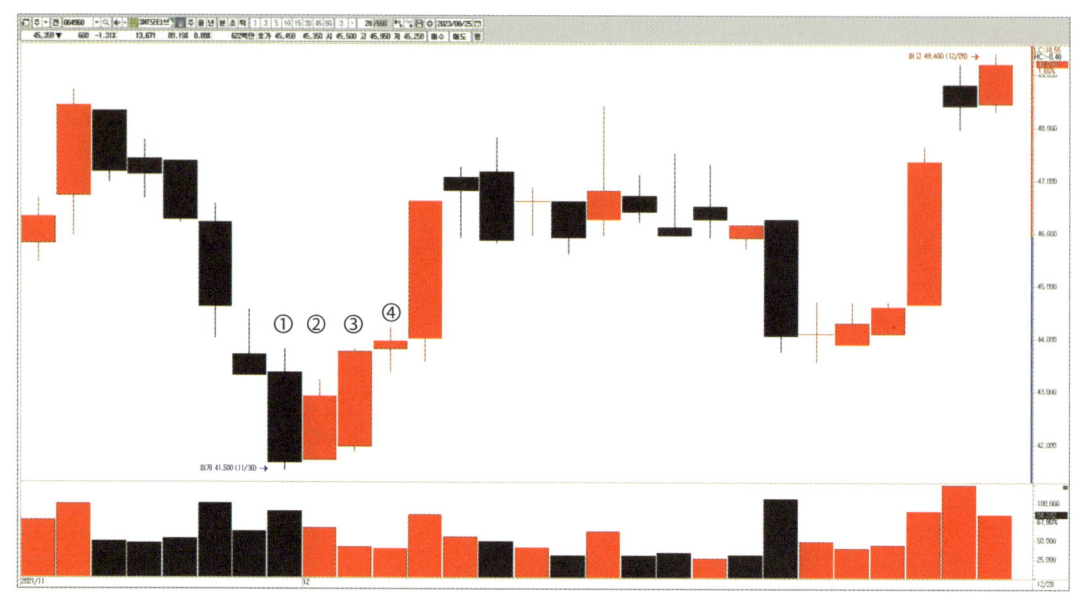

[차트3-21] 종목 [SNT모티브]의 2021년 11~12월 사이에 출현한 음양양 캔들

[자비스] 때와 다른 게 있고 같은 게 있다. 먼저 1번 음봉은 동일하다. 저점을 이탈하며 음봉이 된다. 3번 양봉도 동일하다. 강한 상승을 만들며 종가를 끌어올린다.

2번 봉 해석의 문제

문제는 2번 봉이다. [자비스]에서는 비석형이었는데 여기서는 몸집이 두툼한 양봉이다. 개인적으로는 [자비스]처럼 2번이 비석형일 때 더 좋다고 판단한다. 비석형이 나오려면 위아래로 오르락내리락해야 하는데 그렇게 가격대를 훑으면서 물량을 모으는 게 더 강한 매집이기 때문이다. 그런데 자세히 보면 오르락내리락하는 과정이 숨어 있다. 다만 시간을 지연시켜서 3번 봉에서 그 과정을 수행한다. 3번의 시가를 보면 갭하락이 있다. 2번 봉의 저가 바로 위까지 내려간다. 그리고 계속 주가를 끌어올린 것이 3번 봉이므로 1~3번 봉의 움직임은 [자비스] 때와 똑같아진다.

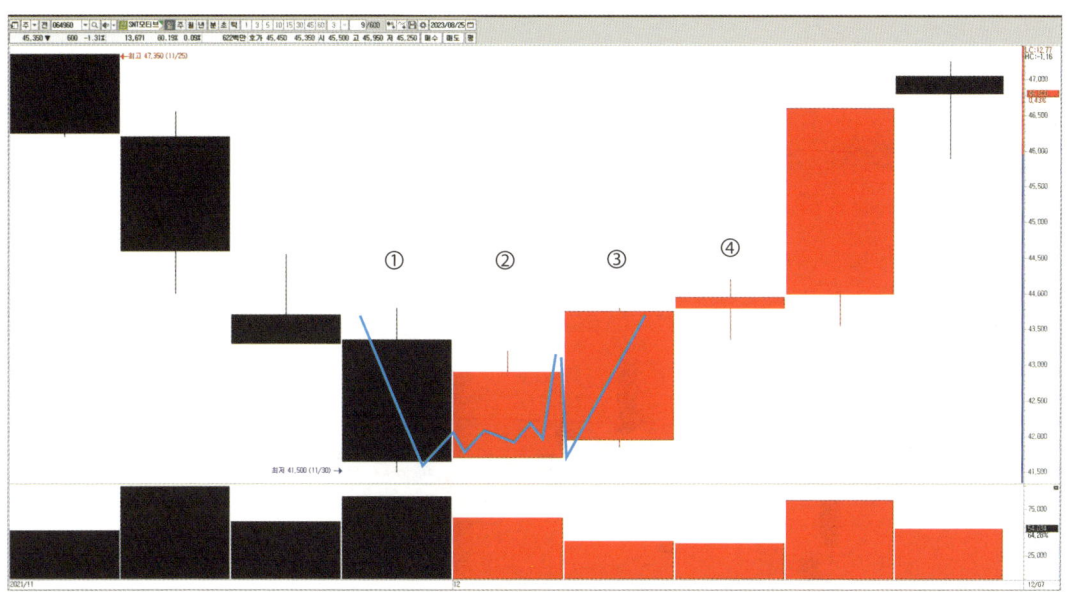

[차트3-22] [자비스]에서 W 자로 물량을 흡수한 것처럼 [SNT모티브]에서도 변형된 형태지만 W 형태로 움직이며 물량을 모아간다.

흐름을 보면 비석형 캔들 못지않은 강한 매집으로 판단된다. 3번 일봉이 뜨던 날, 주가는 갭 하락을 하며(시가를 뚝 떨어뜨려서) 시작했다. 갑작스런 급락에 놀란 개미들 중에는 손절(혹은 본절)한 사람이 많았을 것 같다. 급락 후 급등을 시키는 것도 상당히 강한 매집 방법이다. 형태가 다를 뿐 동일한 흐름이라고 본다면 둘 중 무엇이 더 좋다고 판단하기는 힘들다. 아무튼 2번과 3번 캔들에서 우리가 확인할 것은 1번의 음봉에서 도망치지 못하고 물려 있는 사람들의 물량을 흡수하려는 노력이 있었는가 없었는가 하는 점이다. 만일 있었다고 판단한다면 이 캔들 조합은 음양양이 맞을 가능성이 커진다.

한편 [SNT모티브]는 이후 조정 구간을 거치는데 3주 정도 후에 다시 음양양을 딛고 반등을 한다. 음양양 자리가 매집이기 때문에 강한 지지 자리가 된 것으로 보인다.

음양양 패턴은 상당히 강한 바닥 매집형이라고 개인적으로 판단한다. 얼마든지 다양한 형태로 변형되어 나타날 수 있지만 원리는 동일하다. 하나 더 소개한다.

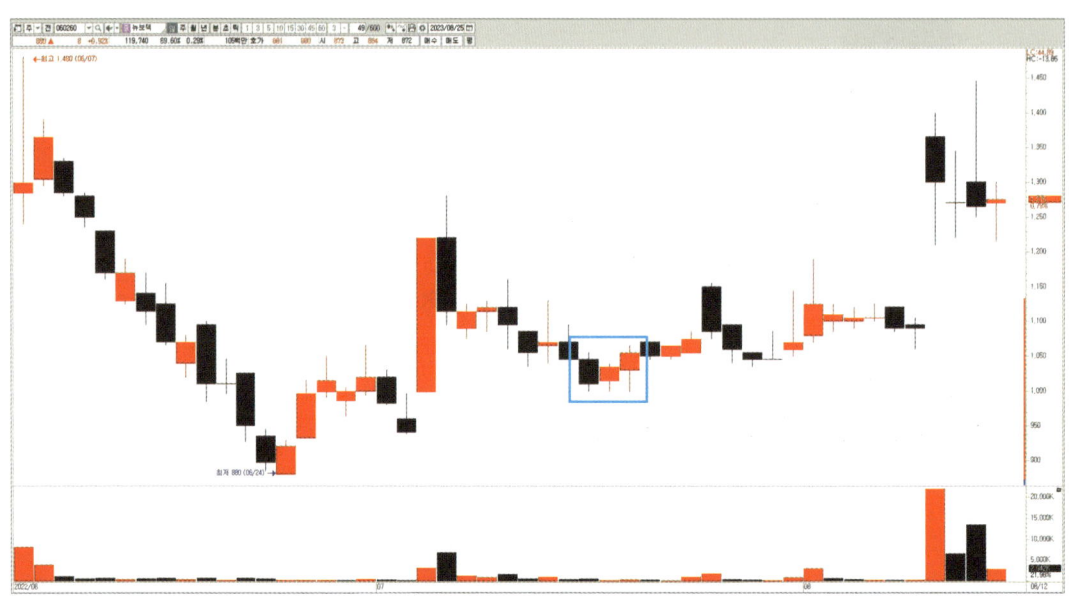

[차트3-23] 종목 [뉴보텍]의 2022년 6~8월 일봉 차트

차트를 보면 음양양이 왜 강한 캔들인지 알 수 있을 것 같다. 선은 긋지 않았지만 이후의 흐름을 보면 음양양을 깨뜨리지 않고 그 위에서 저점이 형성되는 모습을 볼 수 있다. 그럼에도 손절라인을 정하는 게 기본인데 당연히 음양양의 저점이 기준점이 된다. 기대 수익에 비해 손절 폭이 작아서 부담 없는 매수 자리다.

한편 음양양 캔들이 쌍바닥 자리(혹은 짝궁둥이 자리)에서 생긴다면 더 강력한 힘을 갖게 된다. 의미 있는 캔들이 의미 있는 흐름과 겹칠 때 가능성은 더욱 높아지는 것이다.

역시나 위치는 중요하다

다시 반복하지만 아무리 좋은 캔들도 위치가 나쁘면 무의미하다. 예시는 종목 [삼성전자]다.

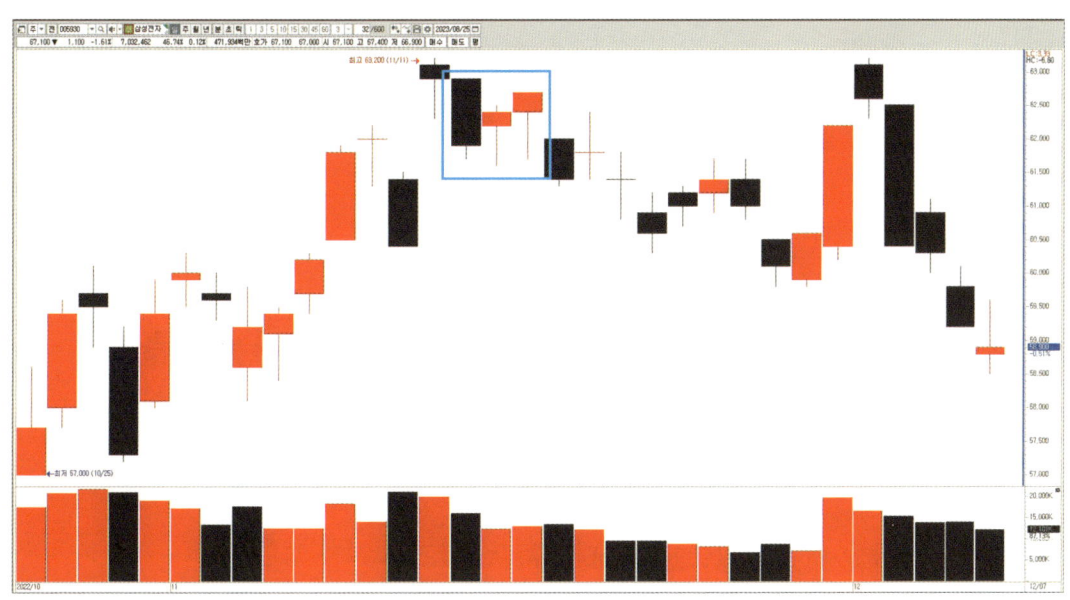

[차트3-24] 단기 고점에서 나타난 음양양. 종목 [삼성전자]의 2022년 10~12월 일봉 차트

박스 친 구간이 음양양이 나온 곳이고, 이곳을 비롯해 인근 흐름을 보면 온통 아랫꼬리투성이다. 더구나 마지막 양봉 2개는 망치형이다. 망치형은 윗꼬리가 없거나 아주 짧은 캔들이라서 이 자리에서 팔아먹기는 힘들겠다는 생각이 든다. 그래서 마지막 양봉 2개는 누군가의 강한 매수라고 해석하는 게 자연스럽다. 그런데도 다음날부터 주가는 하락했다.

위치가 높으면 이렇게 신뢰성이 뚝 떨어진다. 제법 많이 오른 다음에 이렇게 불쑥 매집형 캔들이 나오면 무시하는 게 안전하다. 물론 긴 관점에서 보면 해석이 달라지는데 아마도 세력은 이때 매집을 하고 있었던 걸로 보인다. 그 후의 차트를 보면 그런 의심이 든다.

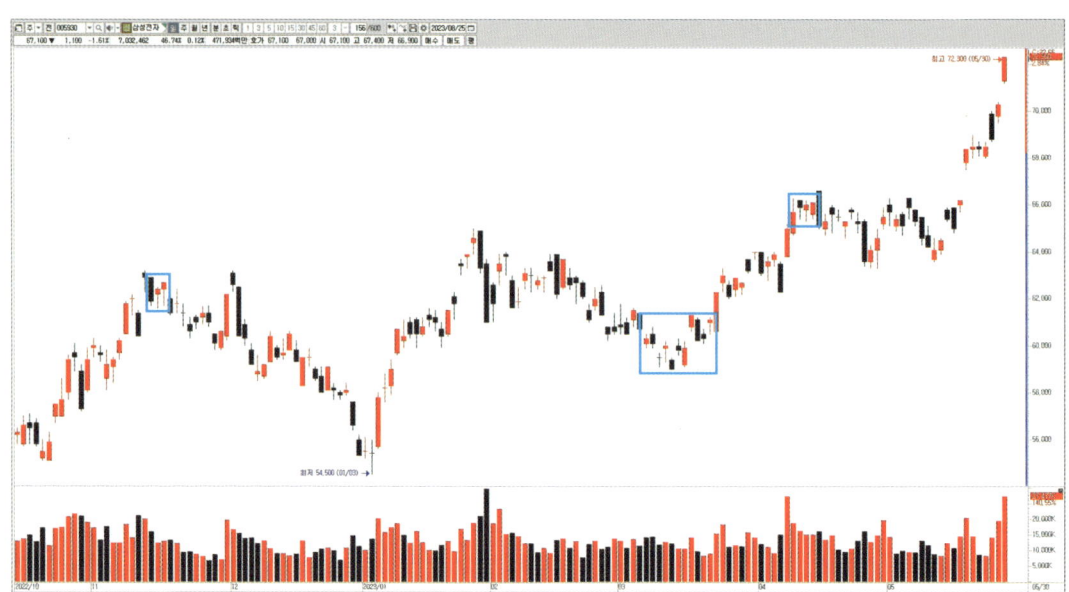

[차트3-25] [삼성전자]의 이후 흐름. 박스 친 곳들이 모두 매집형 캔들 조합이다.

고점에서도 종종 매집형 캔들이 나온다. 그러나 단기 고점인 경우가 많다. 반면 조정 과정에서 나온 매집형 캔들이 단기적으로도 상승으로 이어진다는 점에서 손절 부담 없는 좋은 매수 타점으로 보인다.

그래서 우리의 관심사는
기본적으로 바닥 신호여야 한다.
상대적 저점 위치에서 나타나는
특정 현상이 상승을 예고할 때,
이 현상을 '바닥 신호'라고 할 수 있다.
그래서
고점을 아는 것보다
저점을 아는 것이 먼저요,
파는 것보다 사는 것을 아는 게 우선이다.
좋은 자리에서 샀다면 설령 큰 수익은
못 내도 물리더라도 덜 물리고,
손절을 치더라도 작게 친다.

수십 개의 1분봉이 모여서
추세를 만들 때

수십 개의 봉이 질서정연하게 만들어가는 특이한 형태의 패턴이 있다. 일봉 차트에서도 나타나지만 보통은 분봉 차트에서 더 자주 목격되는 패턴이다. 수렴과 확산이라고 부르는 형태다.

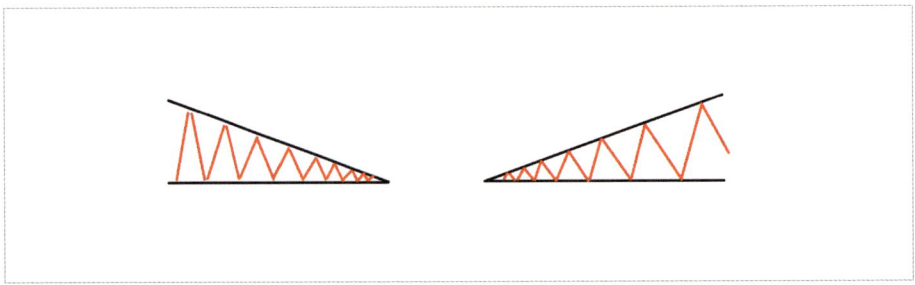

[그림3-19] 수렴과 확산

수렴이란 한 점으로 모이는 현상이다. 확산은 한 점에서 출발하여 퍼져나가는 현상이다. 참고로, 확산과 수렴을 명확히 표현하기 위해 그림3-19에서는 검정선을 그었지만 차트에는 따로 표시되지 않는다. 추세선으로 직접 그려야 한다. 이 가운데 우리가 먼저 살펴볼 것은 '수렴' 현상이다. 바로 사례를 보자. 종목 [KBG]다.

[차트3-26] [KBG]의 일봉 차트

차트에 표시한 'D-day'가 우리가 살펴볼 날이다. 일봉 차트를 통해 이전 흐름을 읽어보자면 1) 수급이 들어오며 돌파가 나온 뒤 2) 눌림목에 진입했다가 3) 재차 거래량이 들어오며 윗꼬리가 긴 양봉이 만들어지며 반등에 성공한 다음 날이 'D-day'다. 강한 반등 구간에서 나타난 눌림목 구간이다.

D-day의 1분봉 차트는 어떤 형태일까?

[차트3-27] 종목 [KBG]의 2023년 5월 4일 1분봉 차트

흐름을 보면 힘없이 그냥 흘러내리는 형태다. 좋을 게 하나도 없어 보인다. 그런데 여기에 선을 그으면 그림이 달라진다.

[차트3-28] 추세선을 긋자 뭔가 이상한 현상이 발견된다.

추세선을 어떻게 그어야 하는지 딱 정해진 방법은 없다. 다만 하락 추세 가운데 나타나는 고점을 고점끼리, 저점을 저점끼리 연결하면서 찾아가게 되는데 이 가운데 유력하다고 판단되는 선을 추세선으로 삼을 수 있겠다. 추세선을 살짝 이탈하는 움직임도 일부 있지만 대체로 추세선을 벗어나지 않으면서 움직인다면 제대로 추세선을 그은 것이라고 볼 수 있다.

추세선을 그었을 때 [KBG]처럼 한 점으로 모일 때 이를 '수렴'이라고 부르는데 개인적으로는 '수렴'보다는 '쐐기형'이라는 표현을 선호한다. '쐐기를 박다'의 그 쐐기처럼 생겼다는 말이다. 쐐기형은 강한 반등을 만드는 형태로 알려져 있는데 아무 쐐기형이나 그런 건 아니다. [KBG]의 차트처럼 저점이 계속 내려가는 형태가 좋다. 저점이 만일 내려가지 않는다면 그건 설령 '수렴'은 될 수 있어도 강한 반등이 기대되는 쐐기형은 아니다. 고점과 저점이 둘 다 내려가면서 어떤 특정 지점에서 모이고 있을 때만 쐐기형이 된다.

쐐기형이 나타나면 어떻게 대응해야 할까?

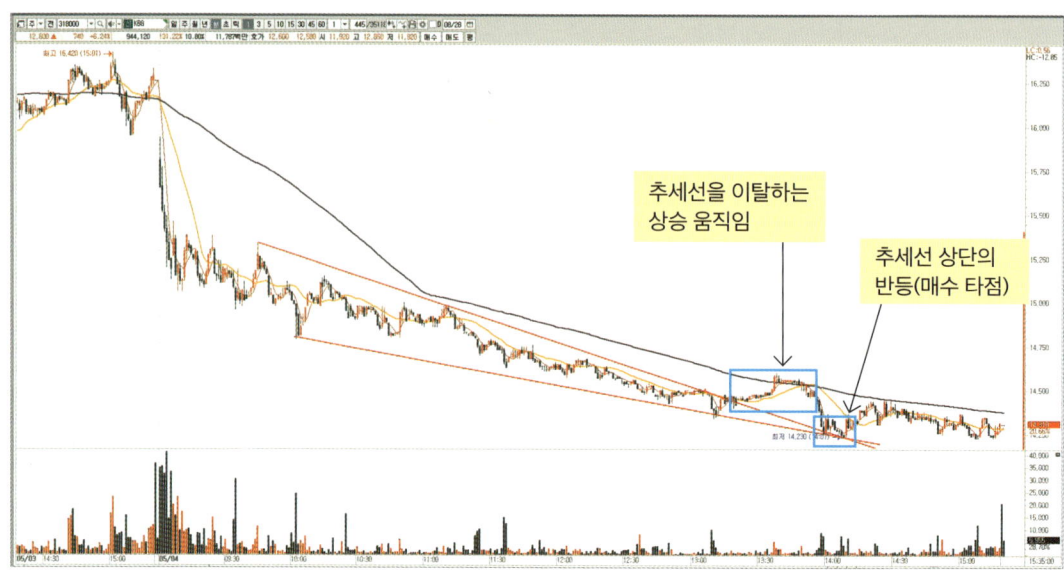

[차트3-29] 수렴이 지루하게 이어지다가 드디어 신호가 나타났다.

이 형태를 다루는 기본적인 방법이 있다.

❶ 분봉(1분봉, 3분봉 상관은 없다. 경우에 따라 일봉도 된다.)에서 쐐기형이 나오면 추세선을 긋고, 집중 모니터링한다.
❷ 추세선을 이탈하여 상승하는 움직임을 기다린다(차트3-29의 첫 번째 박스).
❸ 추세 이탈 후 추세선까지 내려올 때(추세선 터치)를 기다려서 매수한다(차트 3-29의 두 번째 박스).

물론 매번 이렇게 움직이는 건 아니다.

- 추가 하락 : 경우에 따라 추세선을 뚫고 더 내려갔다가 상승하는 경우도 있는데 더 힘이 좋다고 판단한다. 다만 더 내려가는 게 핵심이 아니고, 뚫고 내려갔다가 다시 회복하는 형태여야 한다.

- 하락 생략 : 경우에 따라 추세선까지 하락하지 않고 그대로 상승하는 경우도 있다. 혹시 그게 걱정된다면 추세선을 처음 상승 이탈할 때 1차 매수를 한다. 물론 추세선 터치를 위한 하락이 나타날 수 있으므로 반절은 남겨 두었다가 이때 매수한다.(만일 추세선 터치가 없다면 반절 매수로 승부를 보거나 이후 적당한 타이밍에 남은 물량을 담는다.)

쐐기형은 신뢰성이 상당히 높은 패턴이다. 실수를 줄이고 수익률을 높이려면 정석적인 매수 자리까지 기다리는 게 좋다.

결과는 어땠을까?

당일 상승이 나오면 가장 좋은 그림이겠지만 [KBG]는 다음날을 노린 것 같다. 하루 뒤, [KBG]는 시가부터 큰 갭상승을 만들며 점프했고, 일시적으로 상한가까지 오른다. 다만 상한가를 유지하지는 못하고 흘러내렸지만 이 정도 급등은 충분히 만족스러운 결과다.

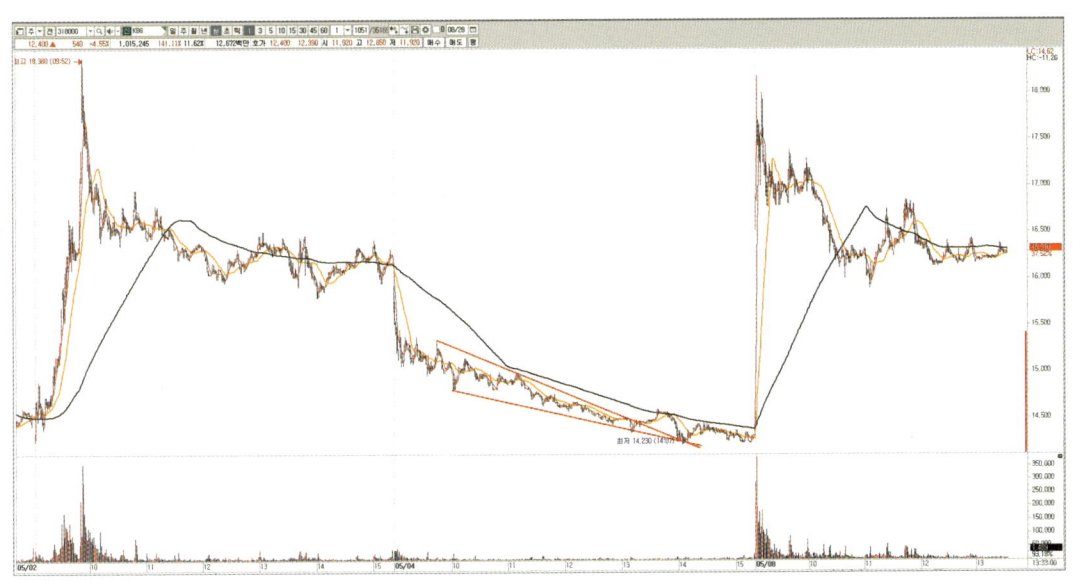

[차트3-30] D-day를 기준으로 하루 전과 하루 후의 1분봉 차트

[KBG] 스타일의 쐐기형 종목은 주로 장이 끝날 무렵에 뚜렷한 의미를 만든다. 장이 끝나기 전 30분 동안 차트를 돌려보면서 쐐기형 수렴 현상을 찾아보자. 경우에 따라서는 오전에 하락 쐐기형을 만들고 오후 2시경에 급등하는 경우도 찾아볼 수 있다.

같은 쐐기형이라도 안 되는 경우

같은 쐐기형이라도 하락으로 이어지는 경우가 있다. 어떤 경우일까? 저점이 일정하게 유지되는 경우다. 다음 형태를 보자.

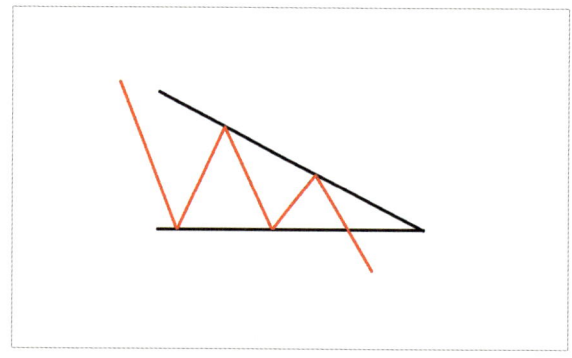

[그림3-20] 하락형 삼각 수렴

주가가 바닥을 다지듯이 일정 가격만 가면 반등이 나오면서 저점을 탄탄하게 형성한다. 반대로 고점은 점차 낮아지면서 한 점으로 수렴한다. 얼핏 보면 쐐기형과 흡사해 보이지만 '저점이 일정하다'는 특징이 다르며, 결과도 다르다. 대개 일정한 저점 + 낮아지는 고점 형태의 수렴 현상은 큰 하락으로 이어질 때가 많다 (개인적으로는 상승을 만드는 수렴을 '쐐기형', 하락으로 이어지는 수렴을 '수렴형'으로 구분하는데 그건 개인적 편의를 위한 것이지 별 의미는 없다.). 같은 수렴이라도 저점이 일정하다면 주의해야 한다.

한편 반대의 경우도 생각해 볼 수 있다. 고점이 일정한데 저점이 올라가는 경우다.

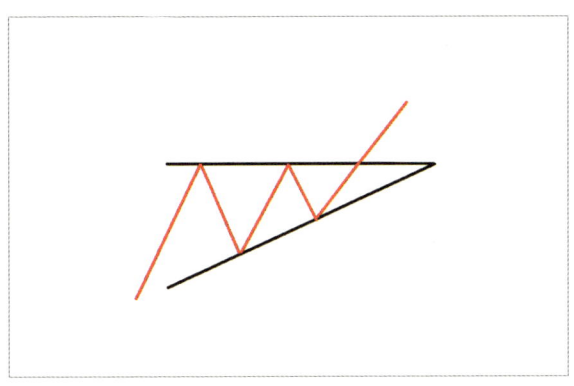

[그림3-21] 상승형 삼각 수렴

생긴 모양을 보면 하락형 삼각 수렴과 반대다. 결과도 반대다. 이 형태에서는 상대적으로 상승이 잘 나온다. 자꾸만 일정 고점을 두드리니까 자칫 고점에 물리는 경우가 생길 수도 있기 때문에 돌파 타이밍을 잡기 위한 훈련이 필요하다.

그러나 기왕이면 쐐기형 공략을 추천한다. 경험적으로 봐도 힘이 더 좋다.

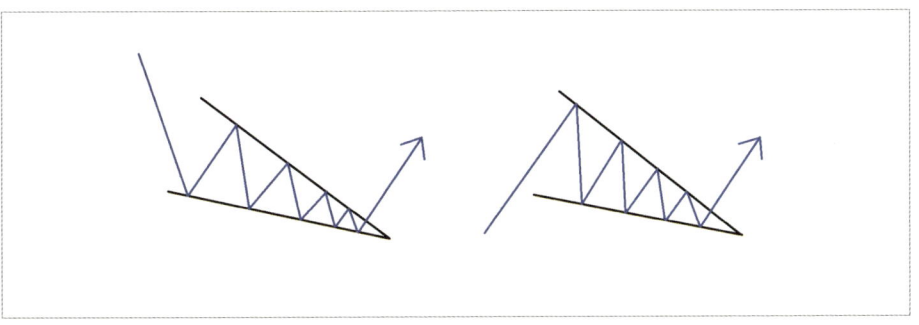

[그림3-22] 두 종류의 하락 쐐기형

위 2개는 상승을 잉태하고 있는 하락 형태의 쐐기다. '하락 쐐기형'이라고 불러보자. 두 형태는 수렴으로 진입하기 전의 상황이 정반대다. 왼쪽은 하락 이후에 수렴으로 진입하고 오른쪽은 상승 이후에 수렴으로 진입한다. 그러나 저점과 고점이 수렴선 안에서 일정하게 낮아진다는 공통점은 그대로 갖고 있다. 이런 형태에서 반등이 나올 가능성이 크고, 반등하는 힘도 강하다. 발견했다면 계속 주시해야 한다.

중간 수렴

이밖에도 여러 패턴이 있다. 하락 쐐기형에 비하면 다소 가능성이 떨어지는 것은 사실이지만 나름 신뢰성이 높다고 알려진 패턴들이다.

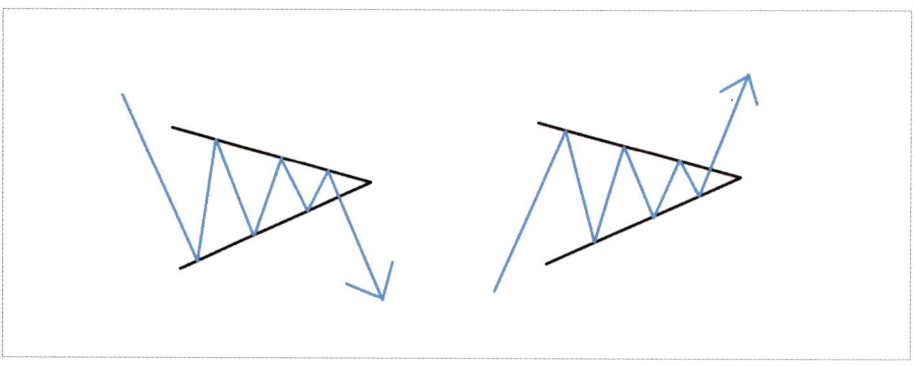

[그림3-23] 중간으로 수렴하는 패턴

이 패턴은 비슷한 형태인데 결과가 다르다. 둘 다 고점이 낮아지고 있고, 저점이 높아진다. 특히 그 낮아지고 높아지는 각도가 마치 데칼코마니처럼 비슷하다는 게 이 패턴의 주요 특징이다. 각도가 비슷하다 보니 수렴의 끝은 가격 중간 부근으로 형성된다. 이런 경우는 누르는 힘과 버티는 힘이 중립이라고 생각되며 그래서 수렴 자체보다는 수렴 구간으로 들어오기 전의 추세가 더욱 중요해 보인다. 따라서 결과 역시 수렴 구간에 들어오기 전의 형태를 따르는 경향이 크다. 즉 하락 중에 이 패턴의 수렴으로 진입하면 그 끝에서 다시 하락이, 상승 중에 이 패턴의 수렴으로 진입하면 그 끝에서 다시 상승이 나올 가능성이 높다.

고점과 저점이 높아지는 수렴

아래 그림을 보면 수렴이 끝에 이르기 전에 추세 이탈이 나와서 마치 수렴이 아닌 것처럼 보이지만 두 개의 추세선이 각도가 다르기 때문에 추세선이 계속 이어지면 어느 한 점에서 만난다는 점에서는 동일한 수렴이다. 수렴 중에 이탈하는 현상은 흔히 나온다. 혼동이 없기 바란다. 그런데 이 수렴은 앞에서 다룬 쐐기형과 많이 달라 보인다. 고점과 저점이 같이 높아진다. 수렴 구간의 움직임은 일반적으로 우리가 '좋다'고 여기는 현상이다. 저점이 높아진다? 고점이 높아진다? 당연히 좋은 흐름 아닌가? 그런데 결과는 둘 다 좋지 못할 수 있다. 이런 수렴은 수렴 전의 움직임과 상관없이 하락일 가능성이 크게 점쳐진다. 고점과 저점을 높여가는 과정 자체가 속임수가 되는 셈이다.

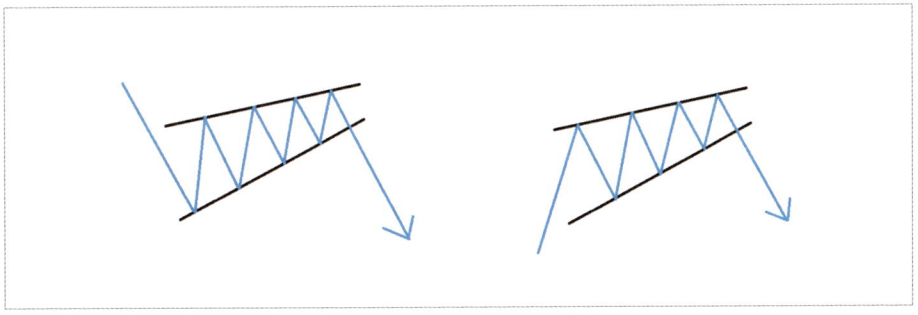

[그림3-24] 고점/저점이 높아지는 수렴

2개 추세선의 각도가 같은 경우 : 평행선을 그리는 깃발형

추세선이 수렴이 되는 이유는 각도가 다르거나 반대이기 때문인데 방향도 같고(같이 내려가거나 같이 올라가거나) 각도도 같은 경우가 있다. 이럴 때 평행선이 그어지는데 이를 '깃발형'이라고 부른다.

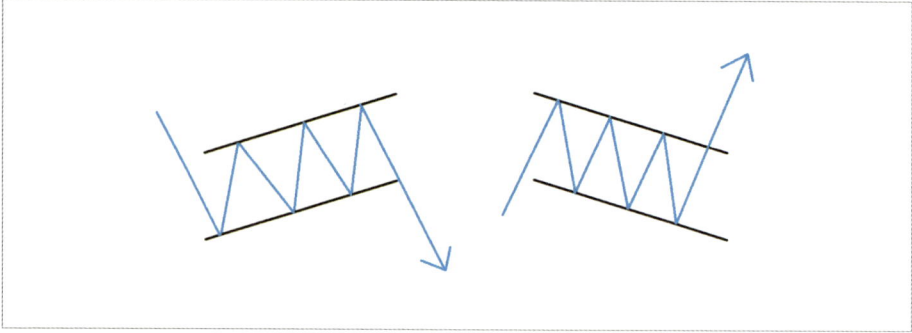

[그림3-25] 평행선을 그리는 깃발형 패턴

왼쪽 그림은 고점과 저점이 같이 높아지는 형태다. 추세선 패턴에서는 별로 좋은 징후가 아니다. 하락 가능성이 크다. 그럼에도 이런 종류의 패턴을 '상승 깃발형'이라고 부르는데 고점/저점이 높아진다는 의미이지 결과적으로 상승을 만드는 건 아니다.

오른쪽 그림은 고점과 저점이 같이 낮아지는 형태다. 낮아진다는 것 자체가 이 패턴에서는 중요한 포인트가 된다. 이름 역시 '하락 깃발형'이라고 부르지만 상승을 내포하고 있으므로 이런 종목에 주목해야 한다.

저점과 고점이 낮아지는데 상승이 예고되어 있다고? 아마 그런 패턴이 있는 게 의아할지 모른다. 물론 발길에 채일 만큼 자주 만날 수 있는 건 아니지만 그렇다고 드문 것도 아니다. 다음은 종목 [레이크머티리얼즈]다.

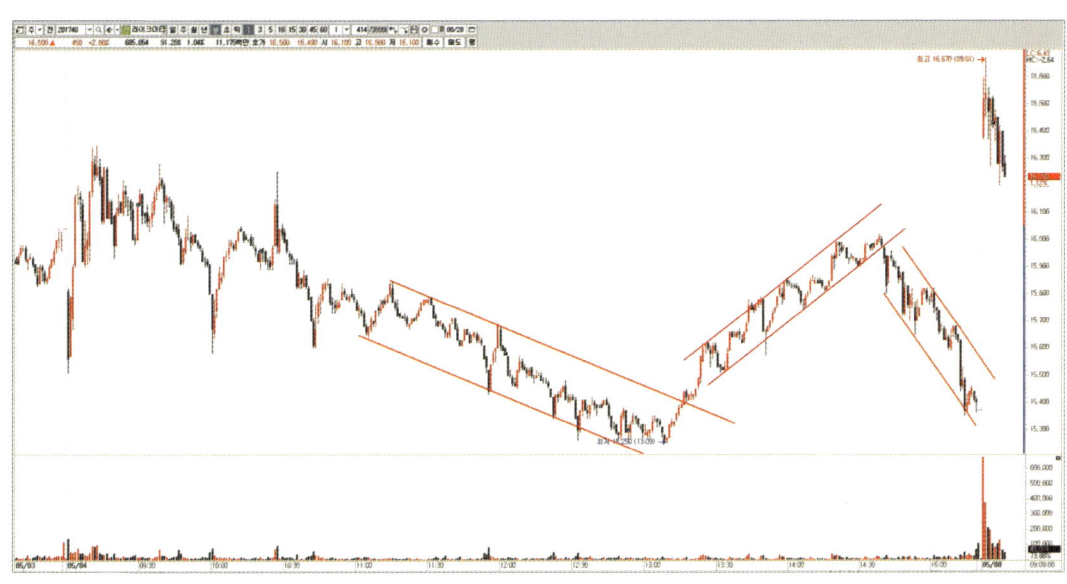

[차트3-31] 종목 [레이크머티리얼즈]의 2023년 5월 4일 1분봉 차트

[레이크머티리얼즈]는 하락 깃발형이 먼저 등장하고 연달아 상승 깃발형과 하락 깃발형이 출현한다. 마지막 하락 깃발형은 진동 폭이 좁아져 완전한 형태라고 보기는 어렵지만 이 정도면 패턴을 이해하는 데는 충분하다고 본다. 하락 쐐기형만큼은 아니지만 하락 깃발형도 강한 반등형이다. 차트에서는 첫 번째 반등 과정에서 '상승 깃발형'이 나왔고, 다시 '하락 깃발형'에 이어 다음날 갭상승이 나오며 전일 고점을 돌파한다.

깃발형의 매수 자리는 추세를 벗어나는 움직임이 나올 때다. 추세선이 한없이 이어지는 것은 아니고 일정 지점에 도달하면 하단이든 상단이든 추세선을 뚫기 마련인데 우리가 바라는 건 상승 이탈이다. 상승 이탈과 동시에 매수를 하되 추세선으로 돌아오면 짧게 손절을 하는 식으로 매매가 가능하다.

하락 깃발형이 나오면 상승이 나온다는 건 어느 정도 예측할 수 있는데 실전 차트처럼 다시 상승 깃발형이 나온다는 건 사전에 알기 어렵다. 따라서 움직임을 보면서 팔지 말지 결정해야 한다. 참고로, 기술적 분석을 바탕으로 임하는 매매에서는 손절라인이 필수다. 손절라인은 저점 추세선(하단 추세선)이 된다.

[레이크머티리얼즈]의 이날 움직임, 즉 깃발형이 세 번 연속으로 등장하는 건 정말 보기 드문 모습이다. 깃발형이 연속되는 게 마치 오르고 내리는 매집이었던 것으로 파악되는데 이를 확정해주는 것은 다음날 전일 고점을 돌파하는 갭 상승이었다.

깃발형에서 나타난 트릭

[레이크머티리얼즈]의 다른 날 3분봉 차트를 보자.

[차트3-32] 종목 [레이크머티리얼즈]의 2023년 4월 4일 3분봉 차트

종일 하락 깃발형으로 흘러내린 모습이다. 노란 박스 구간이 우리가 주목할 지점이다. 장 끝나기 전에 추세선을 하단 이탈했다가 다시 돌아가는 현상이 나타났다. 하단에서 매수 대기 중이거나 혹은 매수한 사람들을 놀래려고 만든 속임수 하락이다. 떨어뜨리기만 하면 문제가 될 수 있지만 즉시 본래 자리로 돌아

갔다는 게 핵심이다. 다음날 주가를 보자. 장 시작 후 추가적인 속임수 움직임이 나오지만 상승 반전한다.

속임수는 언제 어떤 자리든 등장할 수 있다. 그러나 속임수를 확인했으니 매수하라는 게 아니다. 이보다는 전날 만들어진 깃발형 패턴이 훨씬 중요하다. 패턴은 깔끔한 정석 스타일로 만들어지는 법이 드물다. 언제든 노이즈가 낄 수 있다. 경우에 따라 노이즈가 있는 모습을 더 좋아하는 투자자들도 있다.

한편, 매수를 언제 할 것인지 정석대로 접근하자면 전일은 매수 타이밍이 없었다. 추세를 상승 돌파하는 움직임이 없었기 때문이다. 다음날 오전 한 차례의 추가 속임수 이후 상승-조정 구간이 추세선 상단을 건드리는 과정이 되므로 그때가 매수하기 적당한 지점으로 보인다.

유사한 움직임 하나를 더 보자. [윤성에프앤씨]다. 추세 상승 이탈 후 다시 추세 상단을 건드릴 때가 적당한 매수 자리로 보인다. 손절라인은 저점 추세선이 되겠다.

[차트3-33] 종목 [윤성에프앤씨]의 2023년 4월 4일 3분봉 차트

수렴이 아니라 확산하는 경우

마지막으로 살펴볼 것은 수렴이 아닌 확산(확장)이다. 한 점으로 모이는 게 아니고 가상의 한 점에서 멀리 퍼져가는 패턴이다. 상승 중에 확산이 나오려면 고점 추세선의 각도가 더 가팔라야 한다. 반대로 하락 중에 확산이 나오려면 저점 추세선의 각도가 더 가팔라야 한다.

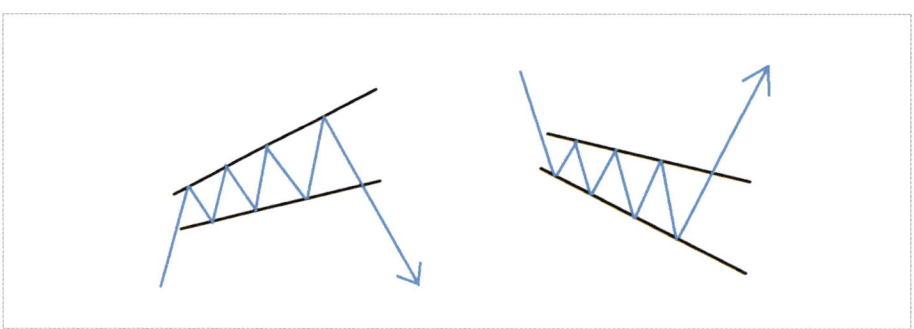

[그림3-26] 상승 확장형(확산형)과 하락 확장형(확산형)

실전 차트를 보자. [지엔씨에너지]다.

[차트3-34] 종목 [지엔씨에너지]의 2023년 5월 4일 1분봉 차트

장 마감 1시간 전부터 깃발형처럼 보이는 움직임이 등장한다. 그런데 저점의 움직임이 조금 다르다. 팔이 아래로 조금 쳐졌다. 결과적으로 평행성이 아니라 확산하는 형태를 만들었다. 이를 상승 확산형(확장형) 패턴이라고 하는데 급락 가능성이 높다. 장 마감 때는 추세선 상단까지 가격을 올리며 열심히 연기를 하는 것 같다. 흐름은 좋아 보이지만 결과는 어떨까? 다음날, 갭하락으로 출발한다. 이미 추세선 하단까지 깼으므로 적절한 손절도 못 친다.

다음은 [알톤스포츠]다. [지엔씨에너지]와 달리 하락 확산형 패턴인데 다음날 상승을 예고하고 있다. 다만 차트는 예시를 위한 것일 뿐 기대한 만큼의 충분한 상승을 만들지는 못했다.

[차트3-35] 하락 확산형 패턴의 예시

마지막으로, 이틀 걸러 하락 확장형과 하락 깃발형이 연속으로 등장한 차트가 있어서 소개한다. 종목은 [비에이치아이]다. 하락 확장형과 하락 깃발형이 나왔고, 모두 다음날 반등했다.

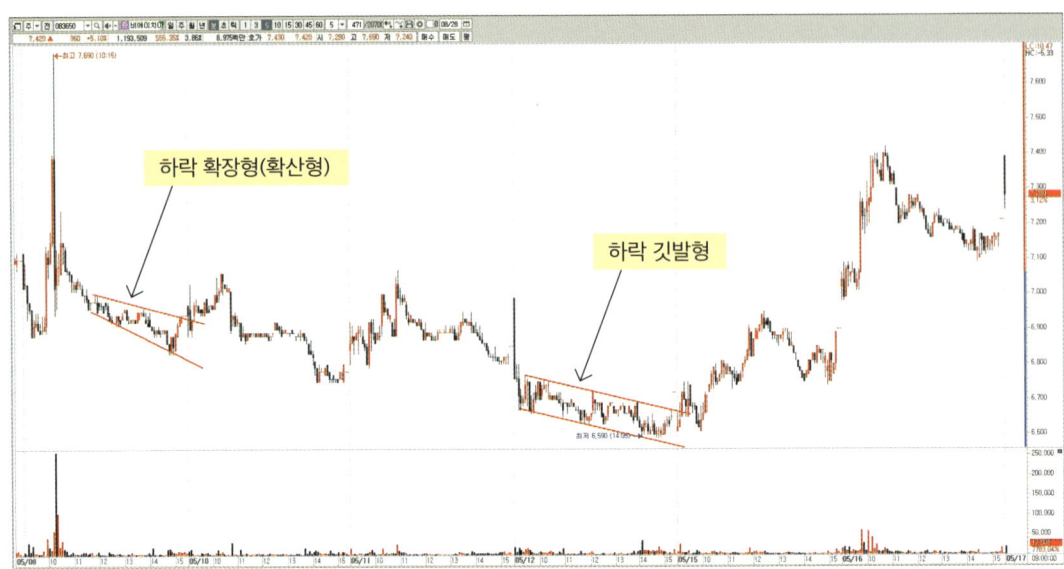

[차트3-36] 종목 [비에이치아이]의 2023년 5월 8일에서 16일까지의 5분봉 차트

일문일답
개별주 매매할 때 시장은 어느 정도 고려해야 할까?

어려운 질문이다. 시장의 추세에 따라서 개별주는 요동을 칠 수 있기 때문에 일괄적으로 어떻게 하는 게 좋겠다는 말씀을 드리기 힘들다.

시장을 예측하는 건 굉장히 어려운 일이다. 전문가들의 예측이 거의 안 맞는 것만 봐도 알 수 있다. 시장은 시장 참여자들의 기대와는 반대로 가는 성향이 있기 때문에 이런 현상이 생긴다. 대부분의 사람이 시장이 좋아질 거라 예상한다면, 그 시장은 하락할 가능성이 높아진다. 반등도 기대하는 사람이 거의 없어야 도리어 반등한다. 시장에 이런 악재 저런 악재가 도사리고 있으니 절대 기대하지 마라는 전문가들이 속출하고 그게 시장의 주류가 될 때, 그때 장은 반등한다. 이게 시장의 생리다.

그럼, 어떻게 할까? 몇 가지 가이드를 제시해 보자.

1. 지수 역배열 구간에서는 매매 최소화

지수가 역배열로 하락 중일 때는 매매를 쉬는 게 좋다. 쉬되 자금의 5~10% 정도만 가지고 단타 기회를 노리는 정도의 매매만 하면서 감각을 유지하는 게 좋다고 생각한다.

[차트3-37] 코스닥 지수의 2021년 11월부터 2023년 3월까지의 일봉 차트

　나는 20일(파란색), 60일(빨간색), 120일(검정색) 이동평균선을 기준으로 차트를 본다. 필요한 경우에만 240일, 480일 등의 이평선을 쓴다. 그보다 작은 이동평균선은 꼭 필요한 경우가 아니면 거의 사용하지 않는다.

　차트3-37은 20일, 60일, 120일선 차트다. 노란 박스 친 구간은 이동평균선이 역배열인 곳이다. 즉 120일선이 제일 위에 있고, 그 아래에 60일선, 그리고 20일선이 가장 밑에 깔린 차트다.

　이때는 매매를 쉬어야 한다. 웬만한 전문가라도 수익 내기 힘든 장이다. 모든 주식이 하락하는데, 간혹 나오는 급반등 주 몇 개를 바라보고 매매하는 건 위험하다.

2. 역배열 예외, 20일선

　역배열 상태에서 기준이 될 수 있는 게 20일선이다. 20일선 위로 지수가 오르면 매매를 해도 된다. 그러다 20일선 아래로 다시 하락하면 재차 20일선 위로 올라설 때까지 매매를 쉬는 게 좋다. 이게 사실 가장 좋은 매매 기준인데, 이 기준으로 매매하기가 무척 힘들다. 20일선 위에 있다고 해서 계좌의 주식이 다 수익이 나는 것도 아니고, 20일선 밑이라고 해서 다 손실이 나는 것도 아닐뿐더러, 20일선 위에서 매수했다가 손실이 난 상태에서 지수가 20일선 밑으로 빠지는 경우 손절할 용기가 안 나기도 하기 때문이다. 그럼에도 20일선은 역배열 구간에서 언제 매수를 해야 하는지 알려주는 지표로 삼을 수 있다.

3. 지수 정배열 구간에서는 적극 매매

지수가 정배열일 때는 너무 겁먹을 필요 없다. 지수가 하락하더라도 다시 반등할 개연성이 높기 때문이다.

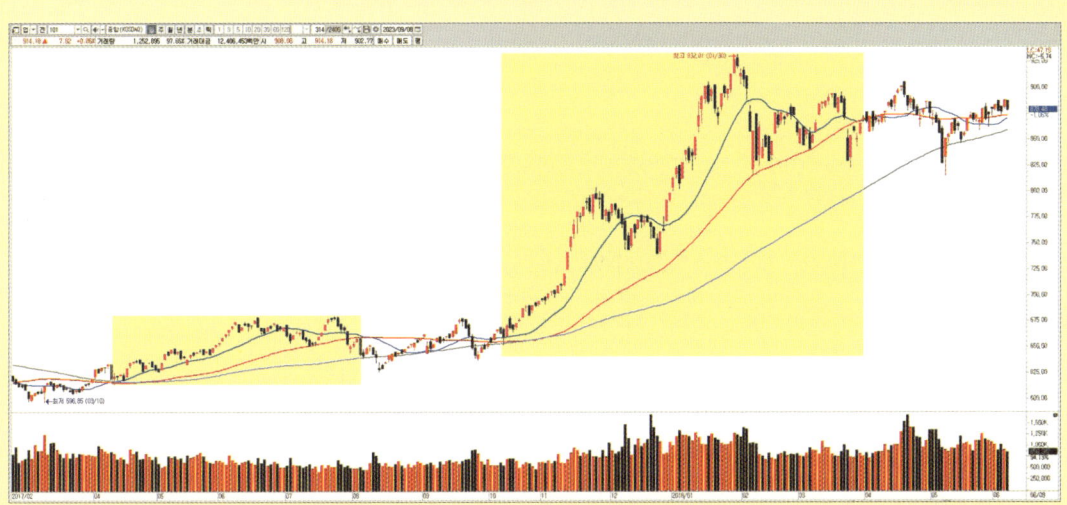

[차트3-38] 코스닥 지수의 2017년 2월부터 2018년 6월까지의 일봉 차트

지수가 정배열인 구간을 박스로 표시했다. 저런 구간은 장이 하락해도 다시 반등할 개연성이 높기 때문에 너무 겁먹지 않아도 된다. 정배열 구간에서는 투자금의 70~80% 정도 매수를 해도 된다.

4. 지수 정배열 횡보 + 다이버전스는 주의

그런데 정배열이라 해도 하나 주의해야 할 점이 있다. 정배열 횡보 구간에서 다이버전스가 날 때다.

[차트3-39] 코스닥 지수의 2018년 1월부터 2020년 1월까지의 일봉 차트

정배열이라도 지수가 장시간 오르지 않으면서 비슷한 곳까지만 오르다 하락하는 기간이 길어질 때가 있다. 이런 기간은 대개 몇 달에 걸쳐 일어난다. 이럴 때 MACD가 다이버전스 나는 경우가 있다. 위 차트의 아래 박스가 다이버전스다.

일봉 차트에서는 박스의 왼쪽 고점보다 오른쪽 고점이 높은데, MACD는 반대로 오른쪽이 더 낮다. 이를 다이버전스라고 하는데 이건 세력이 물량을 털고 있다는 신호로 보는 게 좋다. 이럴 때는 계좌에 현금을 최대한 채워가야 한다. 80~90% 이상 채우는 게 좋다.

해보면 쉽지는 않겠다. 손실 나 있는 종목을 팔기가 괴롭기 때문이다. 하지만 지수가 빠지면, 물려 있던 주식의 손실이 더 커질 가능성이 높다. 시간이 지나보면, 그때의 손실은 새 발의 피였다는 생각이 들 가능성이 높다. 못 팔고 버텼더라도 지수가 60일선 밑으로 하락할 때는 최대한 정리하는 게 좋다. 지수가

60일선 아래로 빠지면 급락할 수도 있다.

5. 다이버전스 + 데드크로스

다이버전스가 났는데, 연이어 20-60 데드크로스까지 일어나면 위기 상황이라고 보고 대응하는 게 좋다. 20일선이 60일선 밑으로 뚫고 내릴 때는 폭락이 이어질 수도 있다.

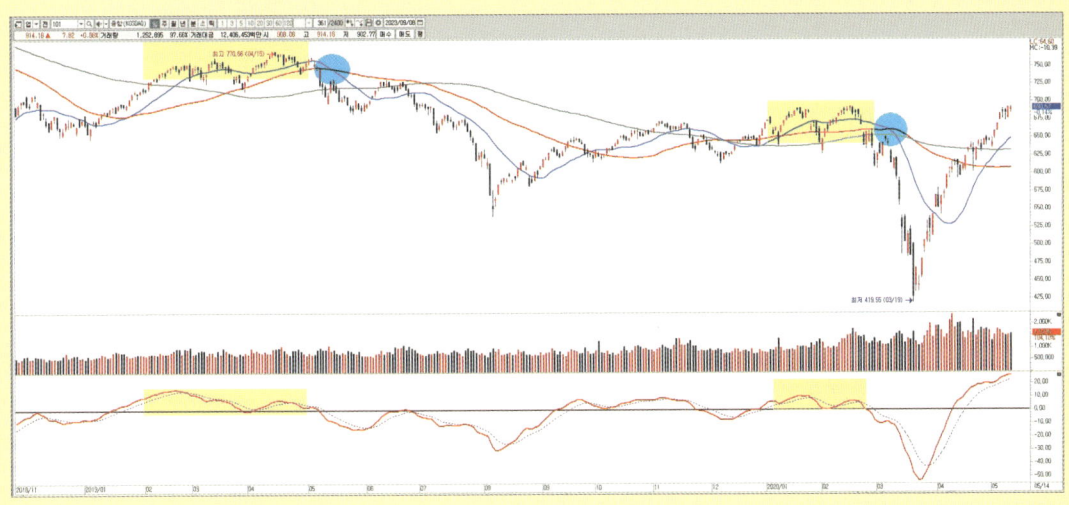

[차트3-40] 코스닥 지수의 2018년 11월부터 2020년 5월까지의 일봉 차트

2020년의 동그라미 친 부분이 다이버전스 상태에서 20-60 역배열이 됐을 때다. 이럴 때는 최대한 현금화해야 한다. 지금 손실이 얼마인데… 하며 눈물 흘리고 있을 틈이 없다.

이때 과감하게 현금화해야 나중에 헐값에 줍줍하는 기회도 잡는다. 막상 팔았는데 주가가 올랐다고 화를 낸다면 이런 사람은 주식 매매를 하면 안 된다. 그런 건 초월해야 주식에 성공할 수 있다. 대신 손실 리스크를 최소화했다는 데 만족해야 한다.

6. 기타 장은 비중 조절

정배열과 역배열 이외의 장은 대체적으로 자금의 50% 정도만 가지고 매매하면 된다. 아마 이게 힘들게 느껴질 수 있다. '왜 50%냐? 더 많이 사면 수익이 더 커지는데…' 물론 자신 있으면 더 사도 된다. 하지만 그게 아니라면 50~60%만 투자하는 게 좋다.

그러다가 가끔 아주 좋은 종목이 보일 때가 있다. 그럴 때 20~30% 과감하게 투자해보고 아니다 싶으면 다시 현금화해서 현금을 보유한다. 현금이 계좌의 한 종목이라는 생각이 안 드는 분은 항상 폭탄을 안고 매매하는 거다.

내가 너무 확신에 차서 여기저기 알려준 종목이 있다. 그 중 한 종목은 아직도 팔지 못하고 진행 중에 있다. 이제 거의 1년이 다 되어 가는 것 같다. 오늘 확인해보니 한 분은 추매를 해서 50% 수익, 우리 애는 30% 수익이다. 이제야 시작이라고 보기 때문에 당분간 쳐다보지 말라고 당부했다. 이 수익이 나기 시작한 것도 얼마 안 됐다. 계속 손실 상태였다.

이 얘기를 하는 이유는, 매수할 때는 확신에 차고 어떤 일이 터져도 겁 안 난다고, 그리고 이제는 달릴 때가 되지 않았냐는 확신에 확신을 가지고 매수하는 종목도 이렇게 예상치 않은 결과로 가는 경우도 있기 때문이다. 그래서 아무리 확신에 차더라도 투자금의 적정 부분만 하는 걸 권한다. 결국은 좋은 수익을 거두리라 생각하지만 비중만 조절했다면 또 다른 좋은 종목을 놓치지 않았을 것이다.

상승장이라고 해서 수익 나는 것도 아니고, 하락장이라고 해서 손실만 나는 것도 아니다. 개별주 매매를 언제 얼마나 해야 하는지 고민하는 건 큰 의미가 없어 보인다. 그보다는 '손실이 났을 때 내가 받을 타격이 얼마나 되는가'가 중요하다고 본다. 극단적인 장이 아니라면 투자금의 50% 정도는 매매해도 된다고 생각한다. 극단적 상황으로 가면 손실을 확정시키고 현금화 시키면 된다. 정배열 상태에서는 70~80% 정도, 역배열 상태에서는 10~20% 이내에서만 매매하는 게 좋을 것 같다. 또한 명확하게 이제 장이 하락장으로 돌아선다는 신호가 있을 때는 정배열이라도 매매 자금을 20% 이내로 확 줄여야 한다.

7. 분할 매수에 대한 오해

평단가 관리 방법을 조금 덧붙이자. 분할 매수라는 개념을 많이들 오해한다. 지금 10,000원인데 일단 조금 사고, 9950원 되면 더 사고, 9900원 되면 또 사고… 이런 건 분할 매수가 아니다. 이런 건 단타를 할 때 쓰는 방법이다.

일단 계획이 필요하다. 오늘 매수를 얼마치 하겠다고 금액을 결정하고 손절라인도 정해둔 상태에서 1차 매매부터 손절라인 직전까지 3차례 정도 나눠서 매수를 하는 게 진짜 분할 매수다. 그렇게 매수하고 손절라인이 깨지면 손절을 치는 게 분할 매수다. 단타성 분할 매수와 매집주를 대상으로 한 분할 매수는 이처럼 전혀 다르다.

분할 매수는 먼저 기준을 정해야 한다. 확신을 가지고 매집주를 매수한 경우라면 그리고 그 매집이 계속 유지되는 상태라면, 15~25% 정도는 빠졌을 때 2차 매수를 한다. 최악의 경우에는 3차 매수도 생각해야 한다. 확신이 있을 때 할 수 있는 매매이고, 이게 분할 매수의 개념이다.

워렌 버핏은 한 번 정한 종목은 매일 샀다. 하락하든 상승하든. 몇십 프로 하락했다고 해서 손절하는 게 아니고, 도리어 더 샀을 것이다. 한 방에 전량 다 매수하는 게 아니다.

확신이 서서 샀다면 손절하는 게 아니다. 확신을 완전히 깨는 상황이 벌어지면 실패를 인정할 수밖에 없다. 항상 성공할 수만은 없다. 하지만 노력하면 하락 때도 확신이 서는 종목을 고를 수 있게 된다고 믿는다.

필독 부록

귀로 들리는
모든 것을 의심하라

- 사적인 추천과 공시, 위험성을 내포한 주식 정보들

시작하며

당신이 덥석 물기만을 기다리는 누군가가 있다

주식이란 공정한 게임이 아니다. 정보의 비대칭성이나 실력은 둘째 치더라도 자금력에서부터 극심한 빈부차가 있다. 자금력은 그 자체로 실력이다. 물론 단순히 자신의 자금력이면 주가에 영향을 끼칠 수 있겠다는 자각 정도만 갖고 매매에 참여하는 투자자도 있겠지만 풍족한 예수금을 바탕으로 주가의 흐름을 장악하려는 투자자도 있기 마련이다. '영향' 수준에서 벗어나 '장악'을 계획하고 실행하는 경우, 이를 '세력', 혹은 '주포'라고 부른다. '장악'을 하려는 이유는 당연히 '영향' 수준일 때보다 수익이 더 커지기 때문이겠다.

모든 세력들이 원하는 대로 그림을 그려가는 건 아닐 테다. 그러나 앞서 소개한 종목 [삼성엔지니어링]의 사례는, 세력이 자금뿐 아니라 실력까지 갖추었을 때 차트를 얼마나 디테일하게 만들어갈 수 있는지 잘 보여준다.

삼성그룹을 대표하는 종목 가운데 하나인 [삼성엔지니어링]은 2023년 8월 기준, 시가 총액은 6조이고, 코스피 시총 순위는 50위권이다. 거래대금도 크고, 참여자의 종류도 다양한 종목이 숙련된 조각가가 만지듯 예쁜 형태의 차트를 그려간다. 누군가 적극 개입하고 있다는 간접 증거다. 필자가 이 종목을 소개한 이유는 그 당시의 움직임만큼 지지와 저항을 잘 보여주는 차트가 없었기 때문이다. 교과서도 이런 교과서가 없었다.

아마도 이런 설명이 말도 안 된다고 느끼는 분이 있을지 모른다. 단일 의지를 가진 특정 세력이 이처럼 큰 종목을 좌지우지한다는 게 이상하게 느껴질 수도 있다. 만일 그렇다면 한 번쯤 의문을 가져봐야 한다. 왜 자꾸 동일 고점에서 상승이 멈출까? 해당 고점 혹은 특정 저점에 박혀 있는 막대한 물량이나 매수금은 누구의 것일까? 서로 얼굴도 모르는 개미들이 텔레파시가 통해서 갑자기 그 가격대에 몰린 것이라고 보는 게 합리적 판단일까? 날짜도 다른 여러 날에 걸쳐 매번 같은 가격에 개미들이 몰린다고 이해하는 게 옳은 접근일까?

예전에 코스닥 시총 10위권의 종목을 분석하여 글을 올린 적이 있다. 어떤 분이 비아냥거렸다. '이렇게 큰 종목도 세력이라는 전제를 깔고 분석하나요?' 생각이 나와 다를 수는 있다. 필자가 한심해 보였을 수도 있다. 그러나 그 생각 때문에 주식판에서 일상처럼 벌어지는 현상들을 놓치게 되면 본인 손해다. 주식을 분석할 때는 설령 확인이 불가능한 경우라도 세력의 존재를 가정하고 접근하는 게 득이다.

세력의 존재를 가정하지 않을 때 벌어지는 가장 최악의 상황이 있다. 돈 많은 참여자를 그저 자신과 같은 선의의 참여자로 받아들인다는 점이다. 이 게임에 참여하고 있는 사람들은, 그저 나와 다를 바 없는 평범한 사람들이어서 올라가면 같이 사고, 내려가면 같이 파는 정도라고 믿게 된다는 점이다. 아마도 이 지점이 갈림길이 되겠다.

세력의 존재를 인정한다는 말은, 그저 차트를 만들어가는 누군가가 있다는 정도로 생각한다는 뜻이 아니다. 차트를 근사하게 만들어서 개미들이 꼬이기만을 기다리는 누군가가 있다는 뜻이 보다 정확한 의미다. 세력은 끝까지 자신들의 정체를 숨기고 있다가 막판에 이르면 자신들이 사 모은 물량을 팔아넘기기 위해 유혹의 손짓을 보내기 시작한다. 세력이 계속 수익을 거두며 주식판에서 군림하는 이유는 그들이 보유한 마지막 기술 때문인데 그 마지막 기술이란 개미들을 유혹하고, 그렇게 모인 개미들에게 물량을 떠넘기는 것이다. 그것도 고점에서.

고래는 아무런 위협 없이 유유히 헤엄치고 있는 것처럼 보이지만 실은 새우가 더 많이 모이기만을 기다리고 있다. 세력은 조용히 숨어 있는 것처럼 보이지만 자신이 사 모은 물량을 누군가에게 팔아치우기 위해 얌전을 가장하고 있을 뿐이다. 어장에 충분히 새우가 모인다. 파도는 잠잠하고, 햇볕은 좋다. 새우들은 좋은 시절 만났다며 플랑크톤 먹기에 급급하다. 그렇게 새우들이 방심한 틈을 타서 기어이 고래가 입을 쩍 벌린다.

세력은 단지 돈 많고 실력 좋은 투자자가 아니다. 입맛을 다시면서 자기 물량을 사줄 누군가, 아마도 우리를 기다리고 있는 중이다. 주식은 불공평한 게임이다. 그건 시장이 원래 그렇게 생겨 먹어서 그런 것일 수도 있고, 고래의 존재를 애써 부정하는 누군가의 착각 때문에 생긴 것일 수도 있다. 고래는 의도를 갖고 게임에 임하는데 우리는 너무 순진하게 그들의 손짓을 따라 다닌다.

따로 마련한 이 부록은, 우리를 흔적도 없이 사라지게 만드는 기술, 세력들의 '유혹'에 대한 이야기다.

1.
"아무나 받아주는 데가 아니에요."

- 초대형 주가조작 사태와 세력의 작전 방법

최근 유명 연예인과 의사들, 정치인, 기업 대표들이 연루돼서 일명 조조파티까지 벌인 초대형 주가조작 사건이 터졌다. 외국계 증권사인 'SG'를 통해 대량 매도매수가 발생하여 'SG증권발 사태'라고 알려진 사건이다. 피해자들이 1,500명에 육박한다고 하는데, 집계되지 않은 사람까지 합하면 아마도 수천 명에 이르지 않을까 싶다.

어떤 일이 있었던 걸까?

유튜브를 검색해보았다. 아직은 주가가 급락하기 직전의 영상들을 살폈다. 장밋빛 전망으로 추천하는 내용이 대부분이었다. 부정적 전망은 찾아보기 힘들었다. 이제부터 10배 더 오른다거나 지금이 마지막 매수 기회라는 등 별별 호재와 기업 잠재 가치 등을 근거로 대며 폭등을 부르짖는 유튜브가 압도적으로 많았다.

최초의 급락 직후에도 사정은 다르지 않았다. 급락 후 반대 매매가 터졌는데도 불구하고 '다른 세력이 들어 왔다'는 등 신뢰하기 어려운 말로 '여전히 매수 기회'를 주장하는 유튜버가 대부분이었다. 그들이 진짜 그렇게 믿는 건지 아니면 누군가의 사주를 받은 건지는 모른다. 그들의 외침과 다르게 누군가는 계속 팔아치우고 있는 중이었고, 그게 만일 세력이라면 그들이 물량을 다 털어내는 순간 주가는 나락으로 떨어질 것 같았다.

그 무렵, 필자는 잘못된 정보에 속는 새로운 피해자가 없기를 바라는 마음에 '삼천리 세력 이탈했나?'를 주제로 유튜브에 영상을 올렸다. 유튜브 내용을 간략히 요약하면 이렇다.

'거래량이 많이 터지고 있는 현재의 가격은 세력의 매집가보다 높다. 세력은 아직 털지 못한 보유 물량이 있다. 그 물량을 털기 위해서 더 이상의 하락을 막고 있다. 새로 매수한 물량과 보유 물량을 섞어서, 보유 물량을 줄여가고 있다. 세력이 보유 물량을 다 털 걸로 예상한다. 다 털고 나면 노란 박스까지 가격이 하락할 것이다. 하락의 끝이 어디가 될지는 모르지만 노란 박스보다 더 내려갈 가능성도 있다. 그러니 이러다가 혹시 반등하더라도 반짝 반등이며, 세력이 물량을 털기 위한 것이니 속으면 안 된다.'

이 책을 쓰고 있는 중에 발생한 사건이었고, 당시는 현재 진행형이어서 생각대로 흘러갈지 알 수 없었다. 그런데 2023년 5월부터 8월까지의 움직임을 보면 박스권 부근까지 하락 후 좋지 않은 흐름을 보이고 있었다. 유튜버들의 외침과 달리 주가는 원래대로 돌아갔다. 작전은 끝났다.

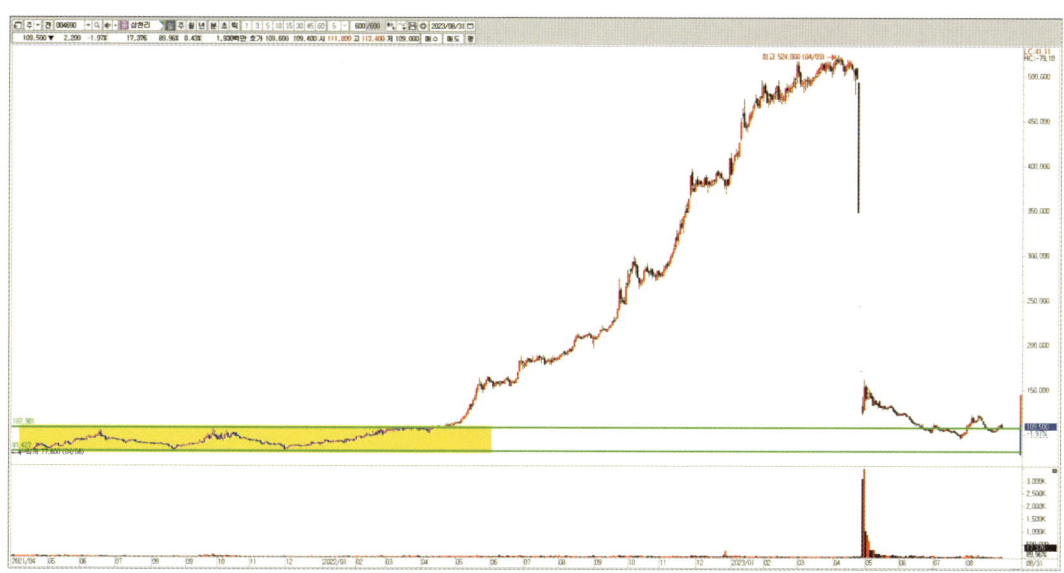

[차트4-1] 종목 [삼천리]의 2021년 4월부터 2023년 8월 31일까지의 모습. 50만 원대에서 움직이던 주가가 박스권 가격인 10만 원대로 내려앉았다. 노란색 박스는 세력이 매집한 구간으로 판단된다.

작전 1단계

SG사태가 진행되는 과정을 보면 개인투자자들이 어떻게 작전에 말려드는지 적나라하게 볼 수 있다.

최초의 등장인물은 둘이다. 작전을 설계하고 진두지휘하는 감독이 있고, 자기들도 세력의 일원이 된다는 달콤한 유혹에 빠진 돈 많은 투자자들이 있다. 자금력이 웬만큼 빵빵하지 않으면 받아주지 않는 투자 모임이므로 참여한다는 것 자체가 뭔가 선택받았다는 느낌을 준다. 고급 진 세미나 자리가 열린다. 절대 손실이 날 수 없으며 큰 수익이 보장된다는 감독의 설명과 함께 가격을 올리는 '합법적인 방법'이 소개된다. 참석자들은 감독의 말을 들으며 의심의 시선을 거두지 못하는 한편 흥분된 가슴을 감추느라 힘들었을 것 같다.

참석자들 중에는 물론 의구심을 끝까지 버리지 않은 사람도 있을 것 같다. 100% 다 설득한다는 건 불가능한 일일 테니까. 그럼에도 절대 다수의 불안감과 의심을 잠재우며 모임을 이끌었을 때는 감독이 얼마나 뛰어난 재능의 소유자인지 이해해야 한다. 속은 사람들은 우리보다 부의 수준이 높고 사회적 지위도 충분히 갖춘 사람들이었다. 이 정도 생활수준을 유지하려면 돈에 대한 감각이 평균 이상이어야 한다. 그런 그들을 요리하는 실력이라면 도대체 얼마나 대단한 사람이란 말일까? 그들의 불법성 여부는 지금 우리의 주제가 아니다. 그들의 재주가 얼마나 뛰어난지 일단 추론해서라도 느껴보자는 얘기다. 왜냐하면 그 정도의 실력을 가진 자들이 합법적인 선에서 지금도 주가를 움직이고 있기 때문이다.

아무튼 이렇게 해서 그들의 작전은 1단계가 완료된다. 그들의 뜻대로 주가는 아름다운 상승 곡선을 그리고 있고, 참여자들은 감독을 믿기 시작했다.

노란 박스의 의미

나의 관심사는 거액을 투자한 의사나 기업 대표 등 자본가가 아니다. 병원 청소부나 직원 등 힘들게 직장 생활을 하던 사람들이다. 이들은 어떡하다가 작전에 휘말리게 되었을까? 과연 이들 소액 투자자들 중에 수익을 낸 사람들이 있기는 할까?

거액 투자자들은 개미의 참여를 원치 않았을 것이다. 개미들에게 알려지는 것도 꺼렸을 것이다. 맛있는 음식을 굳이 나눠 먹을 이유가 없다. 그런데 어떤 이유인지 소액 투자자들에게도 기회가 갔고, 뜻하지 않은 대박 기회를 얻은 그들은 빚을 내거나 혹은 주변인들을 끌어들여 공동 투자를 했다. 그런 무모한 투자를 하면서도 불안감보다는 대박 행렬에 끼어들어 다행이라며 안도의 한숨을 내쉬었다.

작전의 대상이 되었던 8개 종목을 보지 않을 수 없다. 이들 차트에는 그들이 어떤 식으로 작전을 펼쳤는지 짐작케 하는 움직임들이 포착된다.

차트에 표시한 노란색 박스는 '매집' 과정으로 파악되는 구간이다. 그 구간에서 원하는 만큼의 물량을 모으고 이후 상승 추세를 만든다. 이 과정은 8개 종목이 모두 동일하다. 차트는 2개씩 수록했는데 하나는 매집 구간을 확대한 것이고, 다른 하나는 이후 진행 과정이다.

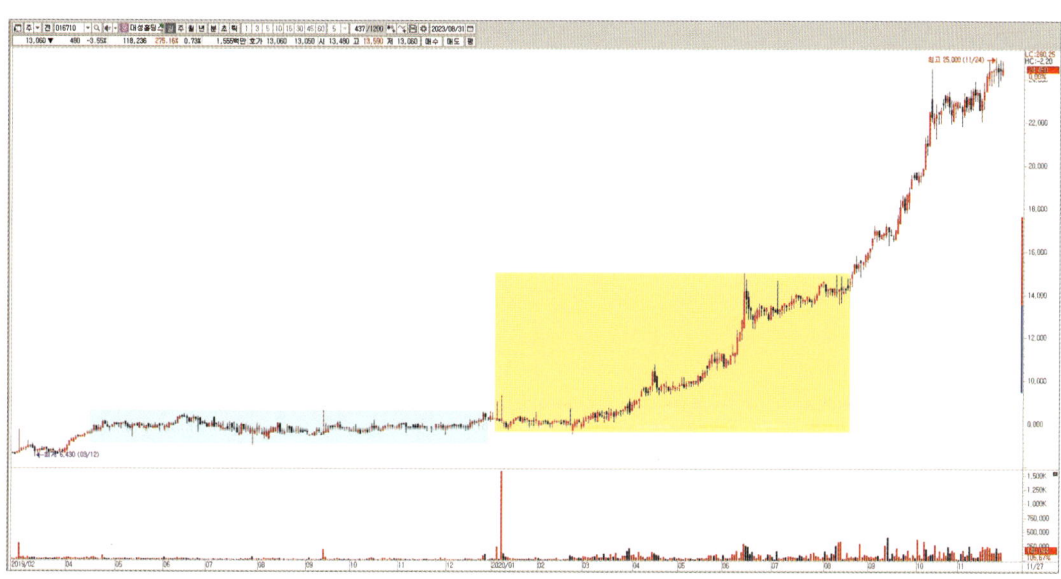

[차트4-2] 종목 [대성홀딩스]의 2019년 3월부터 2020년 10월까지 일봉 차트. 매집 구간으로 보이는 곳에 파란 박스와 노란 박스를 쳤다. 그러나 파란 박스 구간은 거래량이 너무 적다. 본격적 매집은 거래량이 터지면서 시작된 노란 박스 구간에서 이루어진 것으로 보인다. 종목 [대성홀딩스]는 8개 종목 중 가장 먼저 매집을 시작한 것으로 보인다. 어쩌면 이때만 해도 작전 세력의 대상은 [대성홀딩스] 한 종목이었을지 모른다. 그러다 투자자들이 늘어나면서 [삼천리], [서울가스], [선광] 등 여러 종목으로 눈을 돌렸을 가능성이 있다.

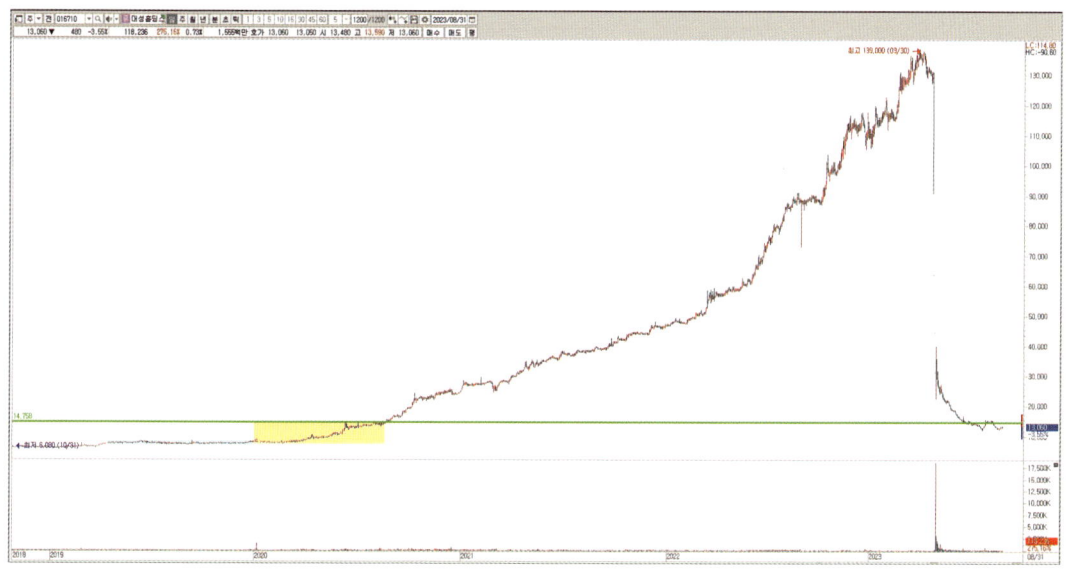

[차트4-3] [대성홀딩스]의 이후 진행 과정(2023년 8월 31일 기준).

[차트4-4] 종목 [다우데이타]의 매집 구간. 이 종목은 매집 형태가 다르다. 바닥에서 급등시킨 뒤 윗고리를 만들며 물량을 늘린 뒤, 장기간 횡보를 거치며 개미를 털어내고 본격 상승한다. 8개 종목 가운데 가장 전형적인 매집 과정을 따르고 있다.

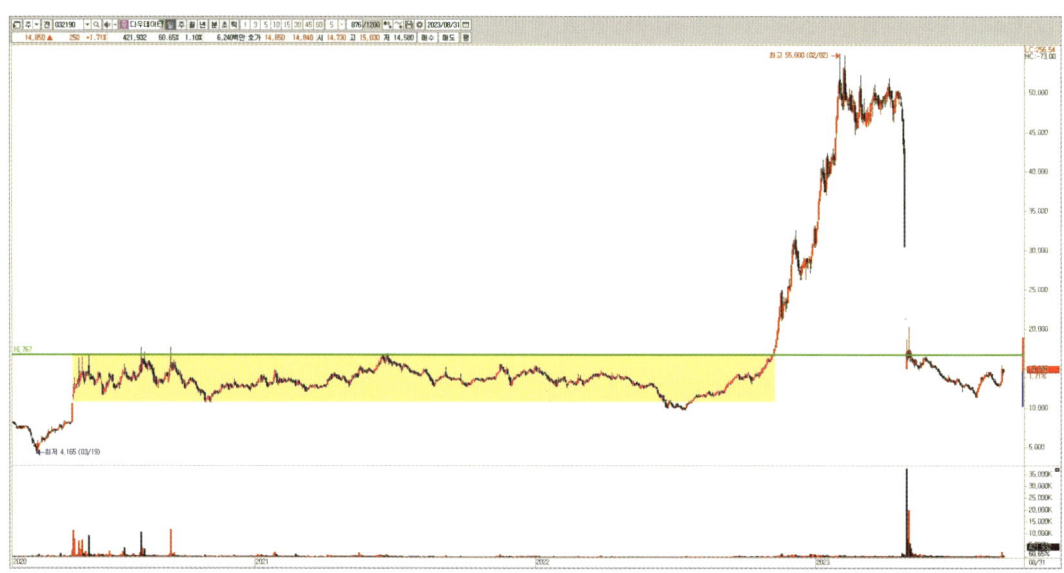

[차트4-5] 종목 [다우데이타]의 이후 과정

[차트4-6] 종목 [선광]의 매집 구간

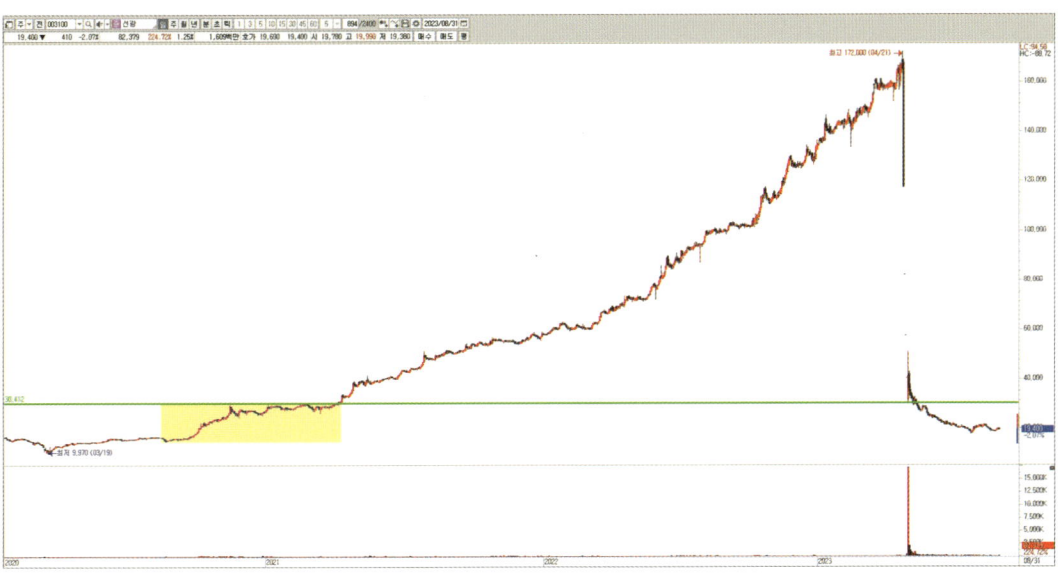

[차트4-7] 종목 [선광]의 이후 과정

[차트4-8] 종목 [서울가스]의 매집 구간

[차트4-9] 종목 [서울가스]의 이후 과정

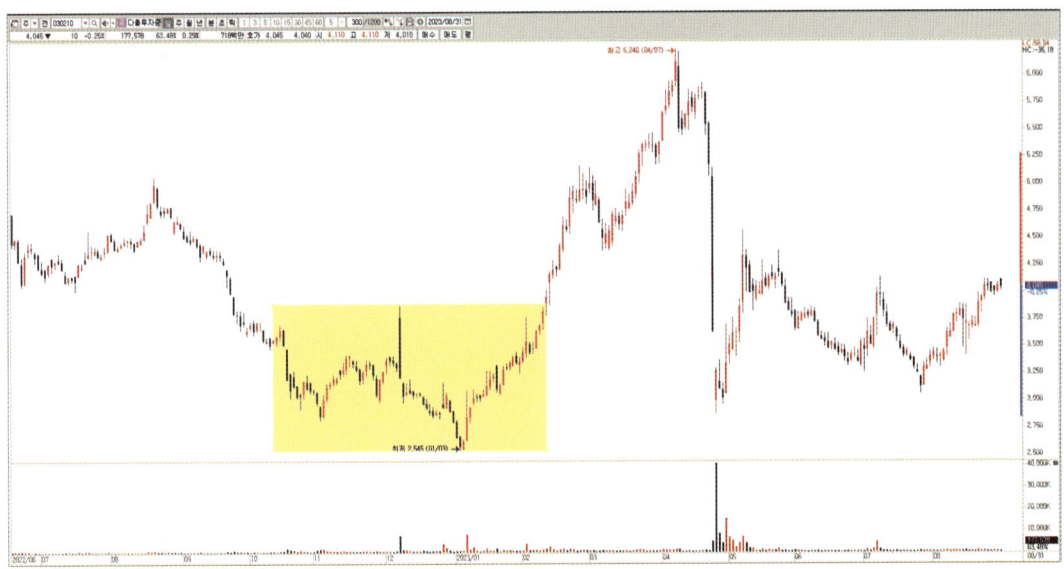

[차트4-10] 종목 [다올투자증권]의 매집 구간과 이후 과정

[차트4-11] 종목 [삼천리]의 매집 구간

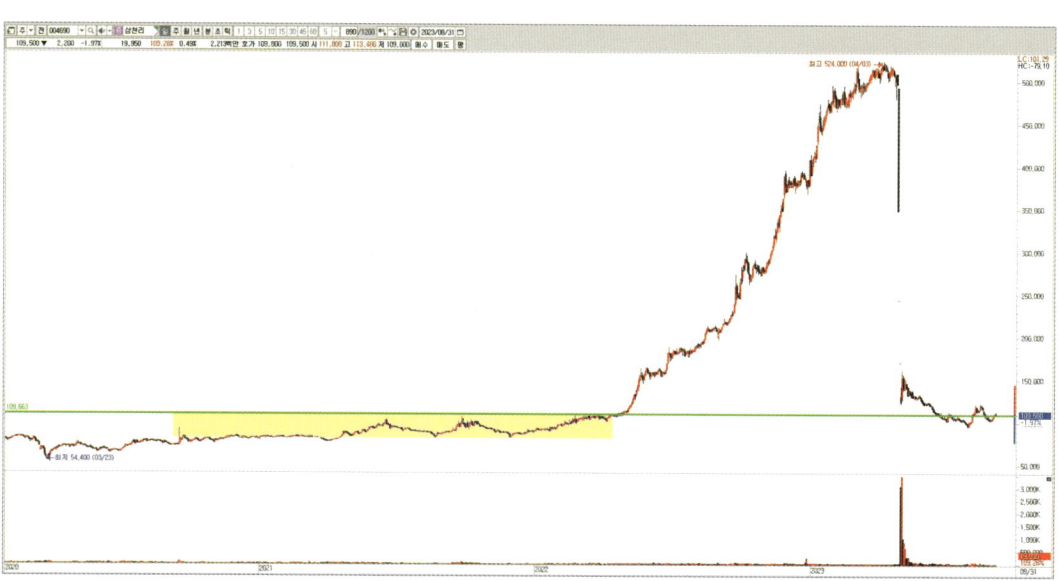

[차트4-12] 종목 [삼천리]의 이후 과정

[차트4-13] 종목 [하림지주]의 매집 구간

[차트4-14] 종목 [하림지주]의 이후 과정

[차트4-15] 종목 [세방]의 매집 구간

[차트4-16] 종목 [세방]의 이후 과정

'매집 구간'으로 보이는 노란 박스 구간을 지날 때는 비밀 작전이 진행된 것으로 추측된다. 즉 핵심 세력끼리만 조용히 매집에 나선 것 같다. 매집이 마무리될 때쯤 비로소 투자자들의 자금이 투입되며 박스 상단을 뚫고 상승하기 시작했다고 보는 게 가능성이 높은 해석이다.

박스를 돌파하고 오르기 시작한 다음부터는 가파른 상승세를 유지하기 때문에 투자자들에게 수익을 안겨주기가 수월했을 것이다. 초기 투자자들은 아마도 세력과 가까운 사람들이었을 것 같다. 이들 초기 투자자들을 A그룹이라고 해보자. A그룹의 단기간 고수익은 추가 투자자를 유치하는 데 초석이 된다.

A그룹의 성공 투자 스토리는 A그룹의 지인이자 재력을 가진 이들에게 전달된다. 이미 큰 수익을 거두고 있다는 것 자체가 투자 유치에 큰 힘이 된다. A그룹의 지인들은, A그룹 투자자가 고수익을 거두고 있다는 얘기를 듣고 참가를 결정한다. 이렇게 모인 두 번째 그룹이 B그룹이 된다.

A그룹과 B그룹은 자본력으로 무장한 소수 특권층으로 구성되었고, 그들만의 축제를 이어갔다. 이때까지만 해도 불평하는 목소리는 들리지 않았다. 수익률을 들여다보는 동안에는 모두 행복감에 젖었으리라.

이런 형태의 투자자 모집은 '사기'라고 이름 붙는 사건에서 흔히 나타나는 모습이다. '폰지사기'란 신규 투자자의 돈으로 기존 투자자의 수익을 챙겨주는 금융사기를 말하는데 이 경우는 수익을 실현해주는 과정은 없지만 신규 투자자의 돈으로 주가를 더 끌어올리므로 기존 투자자의 수익률이 높아지게 된다. 그러나 기존 투자자 A그룹이든 신규 투자자 B그룹이든 지금은 모두 실현 전의 수익을 즐기며 순항 중이다.

만일 이 지점에서 세력이 작전을 끝맺었다면 어떻게 되었을까? 지금까지 투자한 사람들은 나름 재력가들이고, 모두 행복한 결말을 맺으며 아쉽지만 발길을 돌렸을지 모른다. 그렇다면 이들의 작전은 세상에 모습을 드러내지 않았을

지도 모른다. 그렇게 끝났다면 병원 청소부나 직원 등등 소액 투자 피해자들인 C그룹은 탄생하지 않았을 것이다.

C그룹, 즉 자산가가 아닌 평범한 일반인들이 어떻게 이 게임에 참여하게 된 것일까? 작전 세력의 부득이한 사정으로 울며 겨자 먹기로 한 자리 얻게 된 것일까? 아니다. C그룹은 이 작전의 대미를 장식할 마지막 퍼즐이었다.

이 작전은 처음 기획 단계에서부터 개미, 즉 소액 투자자를 기다리고 있었다. 어쩌면 나나 독자가 되었을지도 모르는 그 소액 투자자 무리가 바로 작전의 핵심이었다는 얘기다.

작전은 당신 없이 성공할 수 없다

이제 준비된 절차에 따라 개미들이 무대에 등장할 차례다. 물론 이건 철저히 필자의 생각이다. 검찰의 수사 결과와 얼마든지 다를 수 있다. 그러나 내게는 지금 검찰의 수사 결과가 중요하지 않다. 이보다는 세력이 어떻게 작전을 펼치는지, 그리고 왜 내가 그들의 희생양이 되었는지가 더욱 알고 싶은 내용이다. 그래야 피 같은 재산을 지킬 수 있다.

SG사태는 실패한 작전이라는 게 중론이다. 매스컴에서도 그렇게 말하고, 사람들도 그렇게 믿는다. A, B그룹 중에도 '작전 실패'라고 믿는 사람들이 많을 것 같다. 어쩌면 진짜 실패일 수도 있다. 그러나 작전 세력의 생리대로라면 이런 대폭락 엔딩은 사전에 준비되어 있을 가능성이 크다.

생각해 보자. 결말에 대한 고민은 당연히 세력들도 하고 있었을 것 같다. 가장 이상적인 시나리오는 주가를 높여서 시장의 주요 종목으로 만든 뒤 기관, 펀드, 연기금 등등 주요 투자 세력들에게 파는 것일 수도 있다. 세력과 A, B, C그룹이 모두 주식을 팔고 떠난 뒤에도, 그 주식이 가치를 인정받으며 고점에 형성된 가격을 유지하는 것이야말로 가장 이상적으로 작전이다.

하지만 그런 해피엔딩은 존재하지 않는다. 왜냐하면 애초에 세력이 매집해서 주가를 올린 것이지 시장이 가치를 인정해서 주가가 올라간 게 아니기 때문이다.

온갖 회유와 유혹으로 끌어올린 주가는 어느 시점에 이르면 동력을 잃기 마련이다. 자금이 화수분처럼 쏟아지는 게 아닌 이상, 또한 투자자 모집이 영원하지 않는 이상 결국은 끝이 있기 마련이다. 주가를 더 이상 올리기 힘든 시기까지 도달하면 이제부터는 어떻게 해야 할까? 고수익에 익숙해진 투자자들을 만족시킬 방법도 없다. 투자자들이 실망해서 투자금과 수익을 돌려 달라고 요구하면 어떻게 할 것인가? 투자금을 돌려주려면 주식을 팔아야 하는데 주가 하락을 피할 수 없다. 혹시 다른 방법이 있을까?

새로운 종목을 발굴하는 방법이 있다. 투자자들의 자금을 새 종목으로 조금씩 옮겨서 수익을 내주며 달래는 방법도 고민할 수는 있다. 그러나 임시방편이다. 일단 기존 종목의 주가가 내려가는 문제가 있으며, 새 종목도 더 이상 주가를 올리기 힘든 순간이 온다는 점이다. 그러면 다시 새 종목을 찾을 건가? 이게 한없이 계속될 수 있을까?

이제 막바지에 몰린다. 아니, 몰렸다기보다는 계획표의 마지막 장에 이른다. 주식을 팔아서 투자자들에게 투자금을 돌려줄 시기가 임박한다. 그리고 마지막 퍼즐이 등장한다. 우리가 파는 걸 받아주는 누군가가 있어야 한다! 여러분 혹은 내가 필요한 시점이 된다. 개미들을 끌어들여야 한다.

세력은 주식을 떠넘길 대상을 물색한다. A, B그룹에 새로운 오더를 내린다. A, B그룹을 부러워하던 사람들이 있을 것이다. 그들을 추천하라고 하자! 그들은 쌍수를 들며 찾아올 것이다. 끼고 싶었던 투자 모임인데 마침 받아준다고 하면 있는 돈 없는 돈 다 끌어 모으지 않겠는가. 예측은 정확하다. 새로운 투자자들이 몰려든다. 지인들 도움까지 받아가며 투자금을 마련한다. 그렇게 병원 직원 등으로 구성된 소액 투자자 그룹 C가 탄생한다. 이들은 '이처럼 확실한 투자가 없다'는 생각에 투자금을 늘릴 목적으로 지인들에게 공동 자금을 마련하자고 권한다. 이들도 C그룹이 된다.

충분할 리는 없겠지만 C그룹이 늘어나면서 작업이 시작된다. 늘어나는 C그룹에 세력은 주식을 팔아넘기기 시작한다. 주가가 내려간다. 그러나 감히 한마디 투정도 못 부린다. 어렵게 마련된 투자 기회다, 약간의 손실은 어쩔 수 없으니 기다려보라는 말에 C그룹은 끽 소리도 못한다. 불안하지만 기다리는 수밖에 없다. '곧 대박이 터질 것이다. A, B그룹이 대박 나는 걸 보지 않았는가!'

아마도 정상적인 작전이었다면 C그룹 이후 몰려드는 개미들에게 주식을 팔아넘기고 작전을 끝내면 된다. 설령 앞선 투자자들의 볼멘소리를 들을 수는 있겠지만 변명 거리 하나 만드는 게 힘든 일은 아니었을 것이다.

하지만 SG사태는 태생부터가 파국적 결말을 예고하고 있었다. '조조파티'라는 말처럼 투자 규모가 가래로 막을 수준이 아니었다. 과연 C그룹에서 이 정도 자금이 나올 수 있을까? 작전 세력의 타깃은 처음부터 A나 B그룹까지 감안하고 있었을지 모른다. 다만 누구까지 지켜줄 것인지가 알기 어려운 지점이겠다.

내가 틀릴 수도 있다. C그룹 수준에서 작전을 마무리하려던 계획이 예상치 못한 누군가의 배신으로 초기 투자자까지 피해를 입는 상황으로 번진 것일 수도 있다. 그러나 여기서부터는 작전이 성공인지 실패인지 가리는 게 무의미하다. 어떤 경우든 피해자가 없기를 바랄 수는 없었으니까.

정보는 누가 퍼트리는가?

사냥 중에 가장 쉬운 게 '나이 어린 동물'이다. 나이가 들면 짐승조차 꾀가 늘어 웬만한 유혹에는 눈길도 주지 않는다. 늙은 여우는 의심이 많다.

나이가 들면 사람들은 행운이 제 발로 찾아오리라고 생각지 않게 된다. 은

밀하고 좋은 정보가 우리에게 올 일이 없다고 생각한다. 그런데 이 은밀한 정보가 나에게 왔다. 행운처럼 보이는 모든 정보는 가짜라고 여기는 게 상책이라며 지금까지 살아왔는데 이번에는 다르다. 이 정보를 실어 나른 메신저가 전과 다르다!

C그룹에게 정보를 나눠준 사람이 누굴까? 그들이 장시간 함께 시간을 보냈던 사람들이다. 사회에서 만나 의지가지 했던 동료일 수도 있고, 인생의 중대사를 함께했던 가족일 수도 있다. 어렸을 적부터 쿵짝이 맞아 가까이 두고 오래 사귄 친구일 수도 있으며, 미래를 약속한 연인일 수도 있다. 이들이 메신저가 된다. 믿기 어려웠던 정보가 갑자기 다르게 보인다. 길거리에서 마주쳤다면 눈길 한 번 안 주고 지나쳤을 얘기가 선의의 얼굴로 내 앞에 나타난다.

C그룹에게 정보를 퍼뜨린 사람들도 악의는 없었을 것이다. 좋은 음식이 있으니 나눠 먹고 싶은 마음이었을 것이다. 마침 작전 감독이 '작전 성공이 임박했는데 자금이 약간 부족하다'며 추가 자금 모집을 격려한다. 내가 아끼는 그들에게 이 좋은 소식을 알리지 않을 까닭이 없다.

그렇게 정보가 나에게 온다. 내가 아끼는 지인으로부터 정보가 온다. 그래서 이 정보가 신뢰성을 갖게 된다.

SG사태처럼 피해가 확산될 때는 이처럼 말도 안 되는 정보가 말이 되는 과정을 거치게 된다. 찌라시 수준에 불과하던 얘기들이 그럴싸한 고급 정보로 둔갑하는 데는 그 신뢰를 담보해줄 메신저가 등장하기 마련이다. 나는 그런 식으로 '좋은 정보'를 받게 된다.

똑똑하고 냉철한 사람들도 신뢰할 만한 메신저를 동반한 경우에는 눈이 흐려진다. 그렇게 당한 실패는 타격이 크다. 이렇게 투자가 결정된 주식일수록 이상하게 사람들은 평소보다 많은 금액을 넣는다. '나에게 그런 일이 벌어질 리가 없지.'라고 생각한 것에 대한 후회와 탄식만 남는다.

왜 자꾸 속는지 알아야 한다. 아무나 들어올 수 없는 투자 모임이라는데 내게 기회가 왔을 때는 뭔가 이상하다고 여겨야 한다. 정보를 실어다 나르는 메신저의 영향을 벗기고 정보를 날 것 자체로 들여다봐야 한다. 이를 망각하고 욕심을 내는 순간, 당신은 세력의 사냥감이 된다.

투자의 세계에서는 그 어떤 것도 '확실한 정보'가 될 수 없다. 미래 예측에 100%란 존재할 수 없으며 100보다 모자란 확률값으로만 존재한다. 확률을 높일 수 있는 근거가 모여서 최종 판단을 하는 것이고, 그래도 상대적으로 적은 확률이 실현될 수 있음을 감안하여 손절라인을 잡은 뒤에나 뛰어들 수 있는 것이다.

만일 토론방에 속해 있다면 이곳에서 유통되는 소위 '호재'에 대해 토론방이 얼마나 개방적인 시각으로 접근하는지도 따져야 한다. 비판적 시각에 대해 날선 비난 글이 등장하거나 대박만을 강조한 글이 도배된다면 분명 문제가 있다고 여겨야 한다. 회사 합병, 회사 간 주식 교환, 관리종목 탈출 호재 등등 눈 먼 심봉사를 속이기 위한 숱한 유혹들이 난무한 곳이라면 토론방이든 커뮤니티든 손을 떼는 게 어쩌면 나을 수도 있다.

주식은 실력을 키워야 그나마 생존 가능성이 높아지는 곳이다. 실력 대신 사적 친분을 틈타서 알게 된 정보나, '아무에게나 알려주지 않는 것'이라는 말로 다가오는 정보로 승부하려고 할 때 내게 보장된 것은 루저로 가는 길뿐이다.

'이상한 나라의 앨리스'에 초록색 모자를 쓴 모자 장수가 나오는 거 알지요?

18세기 프랑스에서는 독약인 비소로 'Paris' Green'색의 초록색 쥐약을 만들었어요

그런데 이 아름다운 녹색에 사람들은 유혹되고 열광했어요

부자들은 이 독약을 염색약으로 사용한 아름다운 Paris' Green 칼라의 옷과 모자를 입거나 쓰고 다녔어요

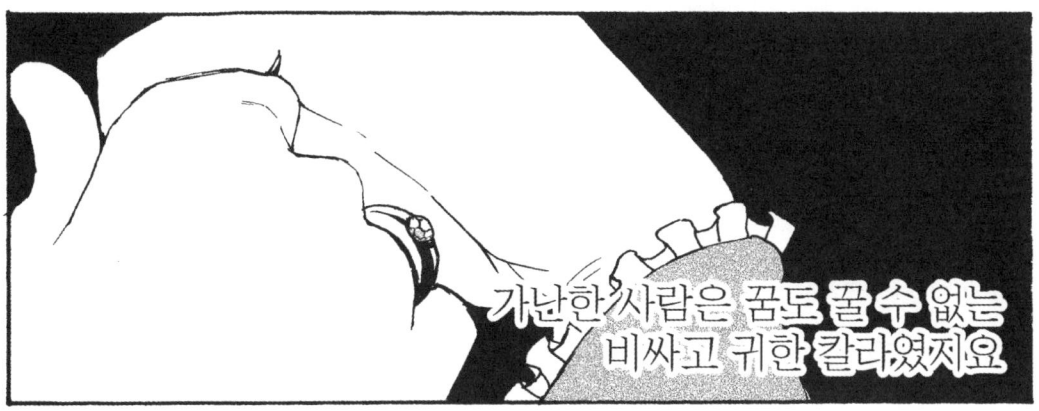

가난한 사람은 꿈도 꿀 수 없는 비싸고 귀한 칼라였지요

아름다운 Paris' Green 옷을 전시하고
사람들을 유혹하는 게
세력이예요

정훈씨가
들은 호재가
Paris' Green은
아닌지 항상
의심해야 해요

2.
급등 다음에 나타나는 호재 공시

- 개미가 매번 당하는 작전 유형, 공시

먼저 오해부터 풀자. '공시'를 '작전 유형'이라고 한 것은 회사가 작전을 펼친다는 뜻이 아니다. 개미가 공시 내용을 알게 되는 시점에 이미 누군가는 전략을 실행 중이며 계획은 제법 무르익었을 가능성이 크다는 의미다. 그들은 나보다 더 이른 시점에 공시에 대해서 알고 있는 셈이겠다. 심한 경우, 세력이 팔아치우는 것처럼 보이는 날에 딱 맞춰 공시가 뜨기도 하는데 이런 일은 주식판에 비일비재하다.

우리는 정보력의 불균형 속에서 싸움에 나설 수밖에 없다. 개미에게는 불리할 수밖에 없는 정보 중 하나인 공시를, 어떻게 해석하고 대처할지 고심하는 것도 주식 시장에서 살아남고 수익을 내기 위해 꼭 필요한 과정이다.

개미들이 세력에게 계속 당하는 패턴이 있다. 세월이 지나면서 많이 진화했지만 이 패턴의 원리는 여전히 같다. 이 패턴을 이해하지 않으면, 매번 반복해서 당하면서도 왜 손실을 입는지 모르게 된다. 알고도 당하는 사람이 있는데 아직 경험치가 충분하지 않아서 몸이 반응하지 못하는 경우다. 그래서 글이나 말을 통해 배우는 간접경험이라도 뇌리에 각인한다는 생각으로 접근하는 게 좋겠다.

급등 다음에 뜨는 호재 공시는 피한다

개인투자자가 가장 많이 당하는 패턴은 이렇다.

"호재 공시를 보고 매수한다."

이런 패턴에는 한 가지 특징이 있는데 급등이 먼저 나오고 후에 공시가 나온다는 점이다. 어제만 해도 안 보이던 종목이 당일등락률 상위에 이름을 올린다. 차트만 보고 있으면 왜 올랐는지 모르겠는데 잠시 뒤 '급등 이유는 이거야!' 하는 듯이 공시가 뜬다. 반대는 어떨까? 호재 공시가 나온 뒤 주가가 급등하는 경우인데 아주 없는 건 아니지만 그만큼 드물다. 아마도 '호재 공시를 보고 매수한다.'고 할 때의 정석적 매매가 여기에 속할 텐데 그런 경우는 100번 호재 공시 가운데 1번이나 될까? 대개는 '선급등 후공시'의 순서로 진행되며 공시 보고 막차 탄 개미들에게 손실을 안겨주며 일이 끝난다.

소문에 사고 뉴스에 팔라는 유명한 주식 격언이 있다. 누구나 한 번은 들어봤을 격언이고, 그게 얼마나 중요한지 아는 분도 많겠다. 그런데도 왜 반대로 매매하는 걸까? 왜 개미는 최면에 걸린 듯 같은 실수를 반복할까?

SG사태가 터진 지 얼마 되지 않아서 [이화전기] 회장이 횡령으로 구속되는 사건이 터졌다. 이 사건은 리튬 테마주 열풍의 단면을 엿볼 수 있는 동시에 우리의 관심사인 '선급등 후공시'의 문제점을 파악하는 데도 도움이 된다.

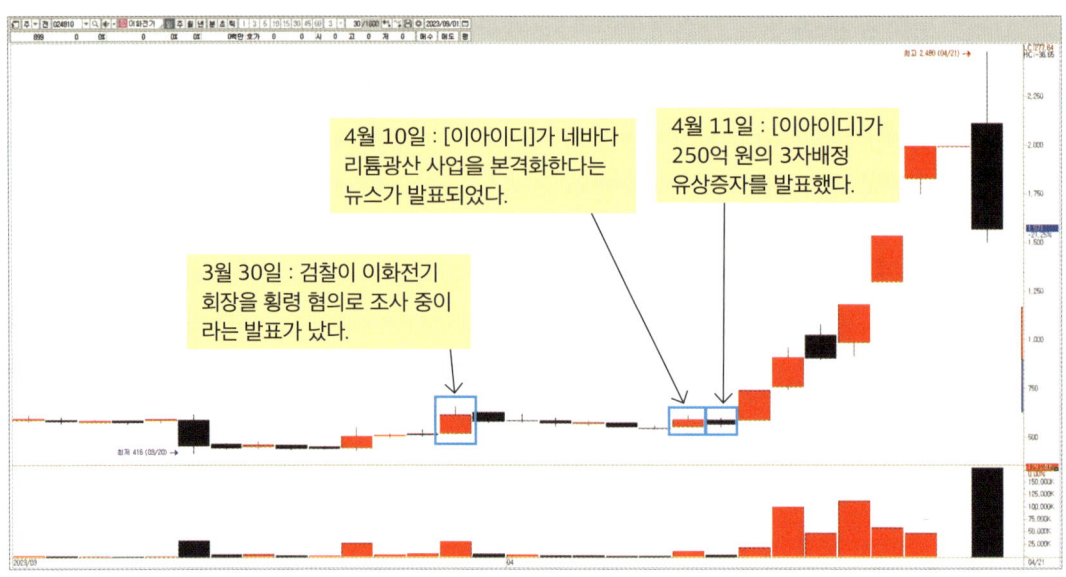

[차트4-17] 종목 [이화전기]의 2023년 3~4월 일봉 차트. 당시 뉴스와 공시 일정이다.

　이 사건을 다루는 건, 회사가 속임수를 써서 개미에게 피해를 입혔다고 말하고 싶은 게 아니다. 회사는 그저 자체의 사업 일정에 따라 운영된 것뿐이겠다.

　3월 30일 검찰은 [이화전기]의 횡령 의혹을 수사 중이라고 발표한다. 사주의 횡령 사건은 액수에 따라 상장폐지까지 당할 수 있는 큰 사건이지만, 주가는 도리어 거래량을 동반하며 상승이 나왔다. 오래 전에 터진 일이고 회사와는 상관없는 일이라는 [이화전기]의 해명이 효과를 본 것 같다.

　열흘 뒤인 4월 10일 [이화전기]와 지분으로 묶여 있는 형제 회사인 [이아이디]가 캐나다의 노람리튬사와 함께 네바다 리튬 광산 프로젝트를 추진한다고 발표했다. 이때는 많은 업체들이 리튬 사업을 선언하던 때였는데 증권가에는 리튬 냄새만 맡아도 주가가 폭등한다는 말이 떠돌았다.

　하지만 반응은 하루가 지연되었다. 그 다음날인 4월 11일, [이아이디]는 리튬 사업 자금 확보를 위해 3자배정 유상증자를 한다고 발표한다. 자금 250억을 납입하기로 한 업체는 형제 회사인 [이화전기]였다.

이아이디, 이화전기 대상 250억 원 유증 "네바다 리튬광산 사업 본격화"

제3자배정 대상자는 이화전기(899원 ▲129 +16.75%)공업으로 납입일은 오는 19일이다. 조달한 자금 중 200억 원을 타법인 증권취득으로, 50억 원은 운영자금으로 사용될 예정이다. 이아이디는 확보한 자금을 바탕으로 이차전지 사업 포트폴리오 확대에 나설 예정이다. 최근 캐나다 노람리튬(Noram Lithium Corp.)과 리튬 광산 프로젝트 관련 지분 투자를 위한 사전협의를 완료한 만큼 네바다 리튬 광산 신사업 추진에 속도를 낼 계획이다. (머니투데이 2023.4.11)

3자배정 유상증자는 타 회사가 투자하는 것이기 때문에 보통 호재로 받아들여진다. 주가는 실제로 전날이 아닌 이날 폭등하기 시작했다.

이날을 기점으로 [이화전기]와 형제주인 [이아이디], [이트론]은 연일 급등했다. [이화전기]는 이후 6거래일 가운데 4거래일에 걸쳐 상한가를 기록했으며, 이 기간 종가가 전일보다 낮아진 날은 하루도 없었다. 마지막 상한가가 뜬 날, [이화전기]는 단기간 급등을 이유로 '투자유의종목'으로 지정되며 다음날 1일간 거래중지가 예고되어 있었다.

그리고 다시 뉴스가 이어진다. 하루짜리 거래정지가 된 4월 20일이다. 이날 [이화전기]가 250억을 입금시켜서 이아이디의 유상증자가 성공했다는 뉴스였다.

그리고 이 종목의 하이라이트인 4월 21일이 된다. 이날은 실제적으로는 유상증자가 성공한 다음 첫 거래일인데 갭상승으로 시작한 주가가 순간적으로 +24%까지 급등하더니 미친 듯이 떨어지며 -24%까지 내려갔다. 무려 하루 사이에 50% 수준의 낙폭을 기록한 것이다. 당일 고점은 2,480원이었는데 한 달 전 3월 20일에 기록한 최저가 416원에 비하면 600% 가까운 폭등이었고, 3자배정 소식이 있던 날의 최저가인 590원에 비교해도 400% 높은 가격이었다. 이날 거래량은 1억 8천만 주에 육박했고, 총 거래 대금은 3,459억 원이 넘었다.

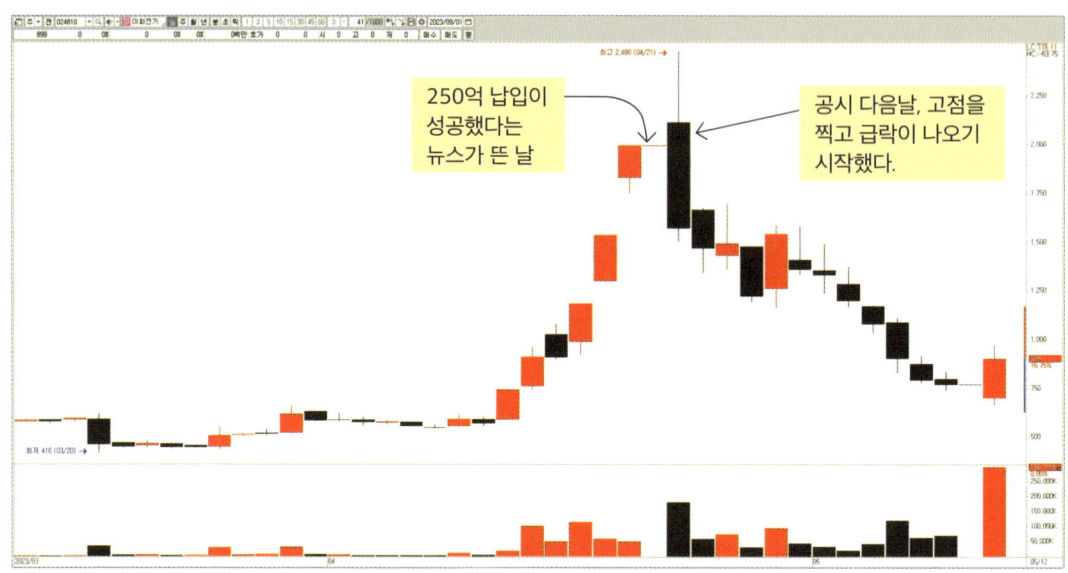

[차트4-18] 하루 거래정지가 되었다가 윗꼬리 긴 장대음봉을 만들며 하락하는 모습

소문에 사고 뉴스에 팔라는 격언은 수도 없이 들었을 것이다. 그런데도 이날 [이화전기]를 매수한 사람들이 엄청나게 많았다. 세력이 물량을 털기 위해 자전 거래를 하고 있을지 모른다는 생각은 하지 못한 채 막연히 거래량이 많으면 무조건 좋은 거라는 생각으로 매수에 나선 것 같다.

이게 개미가 항상 당하는 첫 번째 유형이다.

1) 뉴스가 뜨면 팔아야 하는데 거꾸로 사고…

2) 폭등 전에 매수하는 게 핵심인데 한참 폭등한 뒤 따라 사고…

3) 급락하면 빠르게 손절하는 게 답인데 평단가 낮추겠다고 추매하고…

4) 이러지도 저러지도 못한 채 끝없이 하락하는 주가를 공포 속에 지켜보고….

이 패턴을 경험했으면 뭔가 배우는 게 있어야 할 텐데 깡통 찬 계좌에 다시 예수금 넣고는 같은 실수를 되풀이한다면 어쩌면 주식을 접는 것도 고려해야겠다.

매수하면 안 되는 구간

소문에 못 샀다. 공시에는 사지 말라고 하니 참고 기다렸다. 떨어지고 난 뒤에 접근할 생각이다… 혹시 이렇게 생각하고 있지는 않는지?

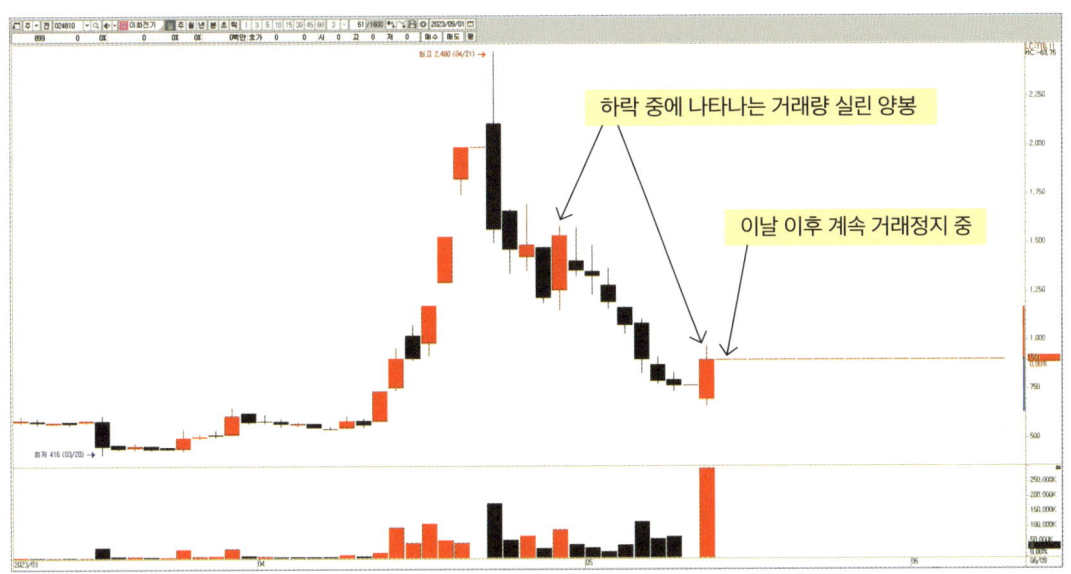

[차트4-19]

물론 불가능하지는 않다. 종목마다 상황마다 매수 기회가 없지는 않겠다. 그러나 단기간 급등폭을 고려하면 조정폭도 클 수 있다는 점을 잊으면 안 된다. 이런 종목은 차트4-19처럼 하락 중에 반등하는 듯이 보이는 움직임도 자주 등장한다. 그게 진짜 반등인지 아닌지는 그 누구도 장담하지 못한다. 돌다리도 두드려보고 건너야 하는 게 이 바닥이라면 조정처럼 보이더라도 하락 구간에서는 절대 쳐다보지 않는 게 내 계좌를 지키는 일이 된다. 우리는 '리튬'이나 '3자배정'과 같은 공시뿐 아니라 '횡령사건'이라는 뉴스도 잊으면 안 된다. 내막도 잘 모르면서 '악재가 아니다'라는 식으로 단정하고 기억에서 지우는 건 위험하다. 회사의 해명을 다 믿는 것도 순진한 태도다.

회사 대표의 횡령 사건은 그 자체로 위태로우며 횡령 액수에 따라서는 회사 존폐가 위협을 받는 대형 악재다. 검찰이 조사하고 있다는 뉴스가 뜰 때쯤에는, 관계인들은 이미 그 악재를 알고 주식을 팔았을 가능성이 높다. 그리고 그 악재가 소멸될 때까지 그들은 멀리 도망쳤을 것이다.

세력 입장에서 생각해 보면 횡령이라는 악재와 리튬, 3자배정이라는 호재 사이에서 어떤 결정을 내렸을까? 내 분석 관점에서 본다면, 횡령은 예측하지 못한 악재가 되었을 텐데 그래서 당황한 세력이 서둘러서 주가를 올려 보유 물량을 털어낸 뒤, 검찰 조사가 끝나 회사의 안전이 확인되기 전에는 돌아오지 않겠다고 판단한 것으로 보인다.

나중에 뉴스를 통해 알려진 바에 따르면 검찰은 3월 20일 [이화전기] 사무실 등을 압수 수색했다고 한다.

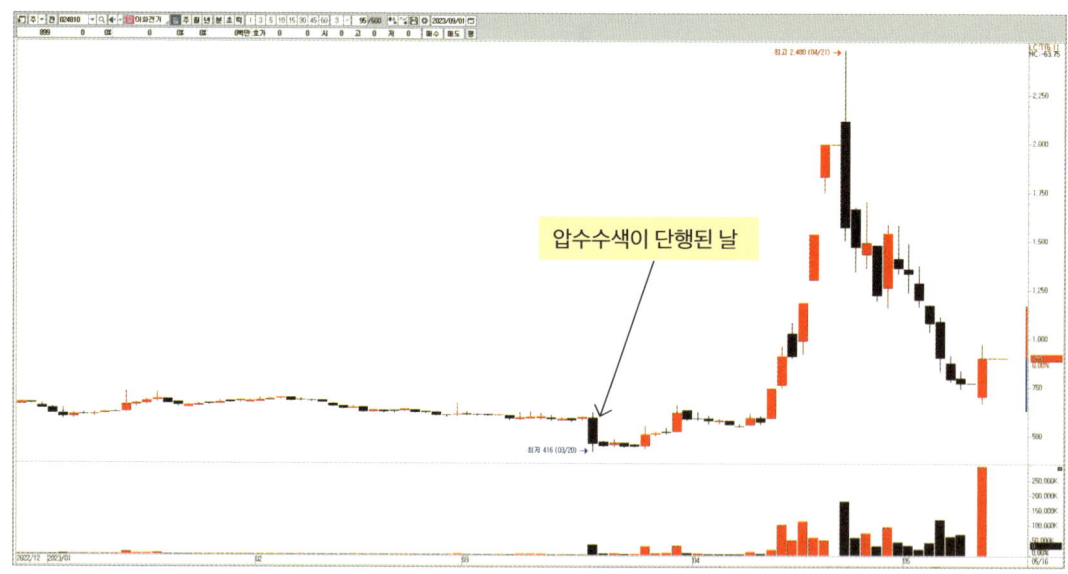

[차트4-20]

당일 하한가까지 내려갔다가 아래꼬리를 살짝 그리고 끝났다. 압수수색을 했다는 사실은 빠르게 퍼진 것으로 보이는데 그래야 이날의 하한가가 이해된다. 누구도 예측 못한 악재가 터진 것이다. 이런 돌발성 악재에도 불구하고 주가는 시간이 가며 회복됐다. 그리고는 누구도 예측 못한 리튬광산 투자라는 호재를 안고 주가가 급등했다. 250억 자금을 투자하는 계획이라면 오랫동안 준비한 사업일 테다. 그 계획을 사전에 알고 있던 사람들이 당연히 있을 것이다. 사업 준비 기간 중에 주식을 매수한 사람들이 있을 것이다. 그들에게 검찰 조사는 돌발 악재였다.

다행히 검찰 조사가 진행되는 동안에 리튬광산 투자 계획이 계속 진행될 거라는 것도 그들은 알았을 것이다. 악재와 호재 사이에서 고민이 깊었겠지만 세력은 일정을 당겨서라도 계획을 실행한 것으로 보인다. 리튬 사업이 본격화되는지 마는지는 지금 그들의 관심사가 아니다.

자주 보게 될 독약 공시

수많은 공시와 뉴스들이 말만 요란하고 결실이 없는 경우가 허다하다. 해외 금광 개발, 해외 업체와 M&A, 우량 회사와 통합 추진 중이라는 뉴스, 백신 개발 임박, 코로나 백신 임상 등등⋯ 그때 급등했던 주식들은 대부분 다 폭락했다. 엄청난 기술력이 있다는 회사들이 일시적으로 주가는 급등할지 모르지만 뉴스만 화려할 뿐 실체를 증명한 건 거의 없었다. 거짓이 아니었다고 해도 성과가 발표되는 날은 [이화전기]의 4월 21일처럼 하락 반전이 시작될 가능성이 높다(어닝 서프라이즈처럼 실적이 호전되었다는 등의 기사도 개미 투자자를 유혹하는 뉴스일 뿐이다.).

'알려진 악재는 더 이상 악재가 아니다'라는 격언도 들어봤을 것 같다. 실적 부진이나 계약 취소 등등 악재의 종류는 다양한데 뉴스로 나올 때는 악재의 영향이 거의 다 주가에 반영됐을 가능성이 크다. 반면 공장 화재나 조류독감 발생처럼 예상치 못한 돌발적 악재의 경우에는 악재가 발생한 시기부터 주가에 반영되기 시작한다. 그런 의미에서 쓰는 격언이지만 그 악재 자체가 힘이 세서 회사의 존폐에 영향을 미칠 때는 '알려져 있느냐, 알려지지 않았느냐'를 구분하는 건 의미가 없다.

[이화전기]와 같은 사례를 그동안 많이 봐왔다. '세상에 이런 일이'처럼 황당하게 느껴지는 일이 반복되고 있다. 그때마다 수많은 분들이 치명적인 손실을 입지만, 신기하게도 개인투자자들에게는 교훈이 되지 않는 것 같다. 독자들도 앞으로 이와 비슷한 뉴스를 자주 접하게 될 것이다. 그때 [이화전기]를 떠올리며 냉정한 투자 판단을 할 수 있기 바란다.

저점에서 터지는 거래량의 의미

마지막으로 이야기할 게 있다. 바닥에서 거래량을 동반하며 양봉을 만드는 종목에 대한 이야기다. 차트 매매를 시작하는 초기에는 바닥 + 거래량 + 장대양봉을 좋은 의미로 생각하기 마련이다. 물론 틀린 말은 아니다. 바닥에서 반등할 때 거래량이 실리면 긍정적 신호로 보는 게 일반적이다. 그런데 지금부터 보게 될 차트들은 동일한 조건값을 충족하고 있지만 모두 거래정지를 먹었다. 거래정지를 당하면, 그나마 나은 건 1~2년 뒤에 거래가 재개되는 것이지만 적지 않은 종목이 상장폐지라는 최악의 결말을 맺는다.

[이화전기]가 거래정지를 당하기 전날에도 동일한 현상이 나타난다. 종목 토론방 등에서 '좋은 신호다', '내일 날아간다', '오늘이 마지막 매수 기회다' 하면서 매수를 부추겼다. 의견이 다른 글이 올라오면 욕 한 바가지가 날아오기 일쑤다. '주가 급등'을 외치는 건 세력이 개미를 홀리기 위해서라고 생각해야 한다. 악재가 있는 종목이 바닥에서 거래량을 만들면 마지막까지 개미들에게 물량을 떠넘기기 위한 작전일 가능성이 있다. 지옥문이 열리는 것이다.

그럼, 무엇을 보고 지옥문인지 반등인지 구분할 수 있을까? 한 가지 힌트가 되는 게 있다. '너무 많은' 거래량이다.

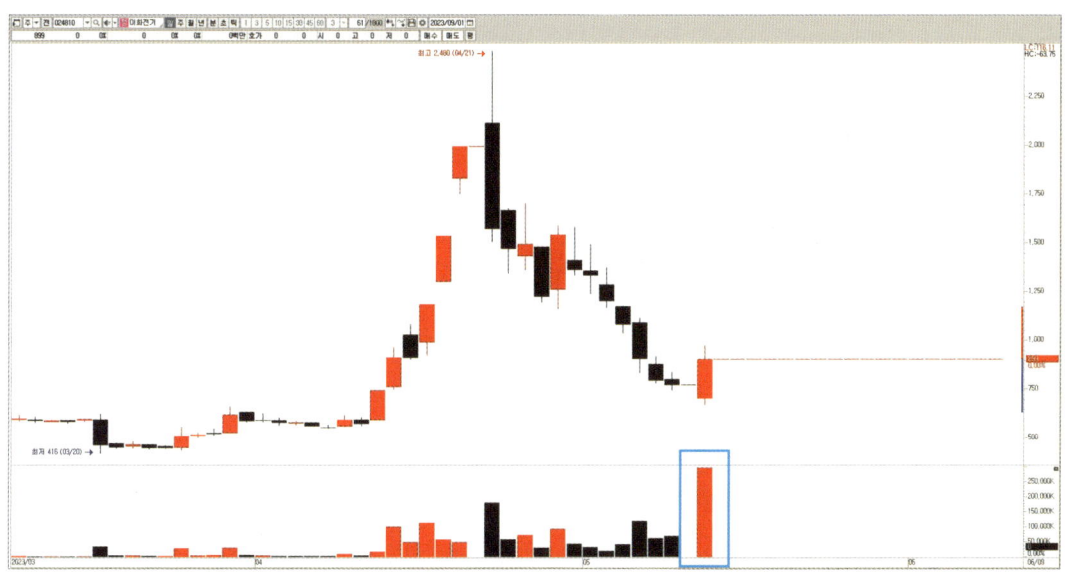

[차트4-21] 주목해야 할 곳을 파란색 박스로 표시했다.

이전 상승 구간에서 나왔던 거래량과 비교하며 박스 친 구간의 거래량을 보자. 이날 하루 거래량이 거의 3억 주에 육박했고, 거래 대금은 2,555억이었다. 상승 구간에서 나타났던 거래량 가운데 이보다 많은 거래량은 없었다. 바닥에서 저런 거래량이 나오는 게 정상인가? 보통, 상승 전에 거래량이 터지고, 이후 상승하는 형태가 만들어지면 '좋은 신호'라고 여기는 게 일반적이다. 그러나 상승을 마치고 내려온 주식이 다시 바닥에서 거래량을 터뜨리며 양봉을 만들 때는 매우 조심해야 한다. 설거지를 위한 날이 될 수 있기 때문이다. 그것도 악재가 터진 종목이라면 더더욱 의심해야 한다.

개미들이 지옥의 문으로 들어선 최근의 역사를 몇 개 더 보자. 지옥문은 화려한 폭등 뒤에 열린다. 지옥문이 열리면 미친 듯이 거래량이 터진다. 세력이 마지막 남은 찌꺼기까지 다 떠넘기기 위해 개미를 홀리는 불꽃놀이를 벌이는 중이라는 걸 알아야 한다.

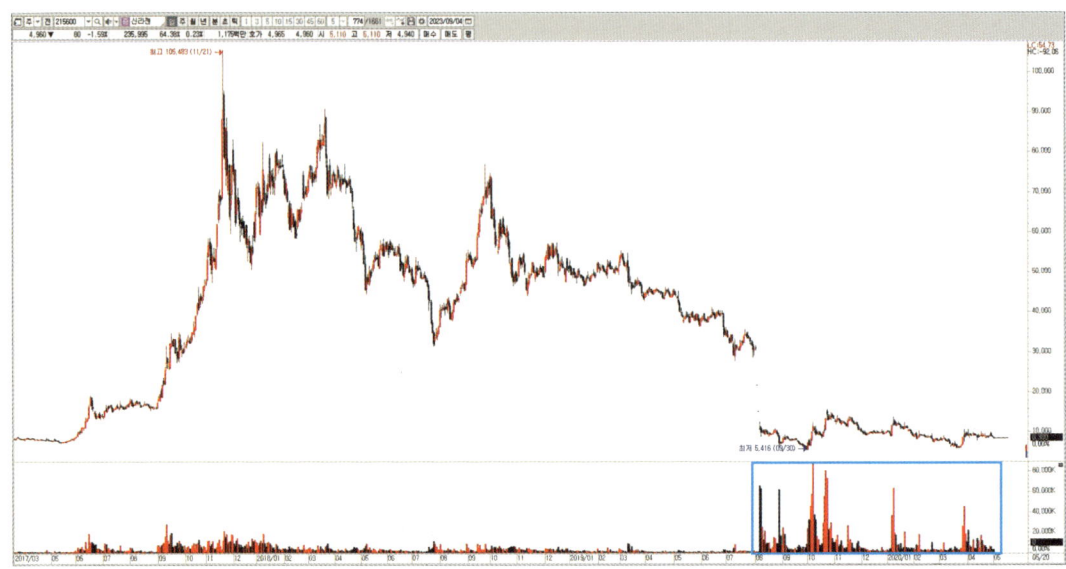

[차트4-22] 종목 [신라젠]이다. 바닥 구간에서 거래량이 터졌다. 박스 구간 이후 거래정지.

[신라젠]은 한때 코스닥 시가 총액 1위였던 종목이었다. 경영진의 횡령, 배임 혐의로 거래정지를 당했다. 거래정지가 되기 전에 어떤 일이 벌어졌는지 보자. 누가 감히 코스닥 1위 업체의 상장폐지를 예측했을까? 대상승기의 화려한 영광을 회복할 것이라고 믿은 수많은 개미들이 저 파란 박스에 묻혔다. 파란 박스를 지나는 동안 상한가도 여러 번 쳤다. 상한가 치는 날 상따를 하며 매수한 개미도 적지 않을 것 같다.

대표이사 횡령 배임 사건은 악재 가운데 가장 위험한 축에 속하는데도 불구하고, 의외로 코스닥 시장에서 빈번하게 일어난다. 횡령, 배임이 터졌는데 바닥 구간에서 거래량이 크게 터지는 종목이라면 지옥문이 임박했다고 보고 도망쳐야 한다.

[에이티세미콘]도 대표이사가 횡령, 배임 혐의로 구속되며 거래정지가 됐다. 거래정지 전에 어떤 일이 일어났는지 보자. [이화전기]나 [신라젠] 등과 패턴이 비슷하다.

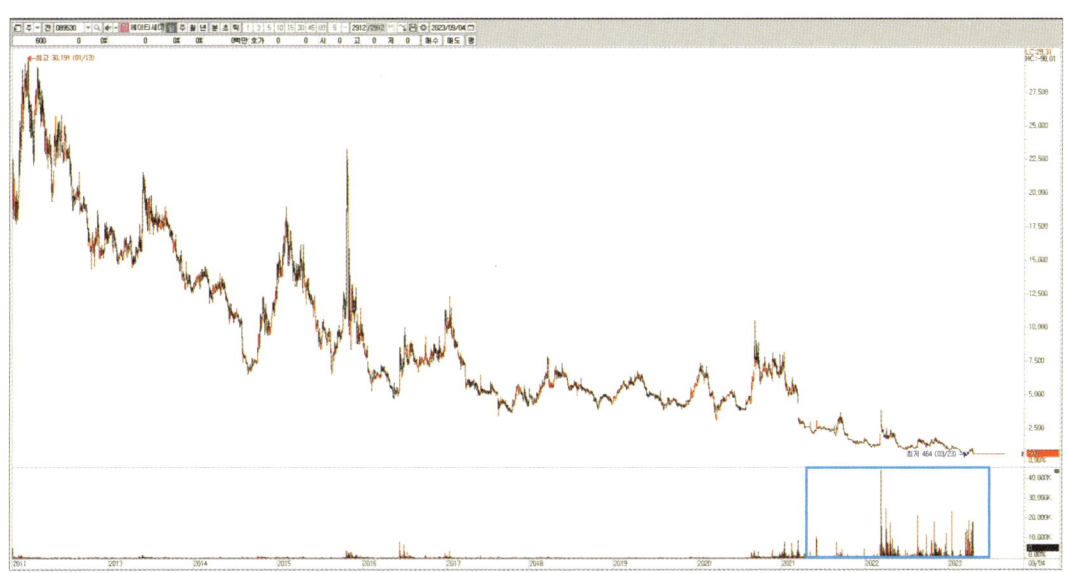

[차트4-23] 종목 [에이티세미콘]. 2023년 4월 24일에 거래정지.

대표이사 구속 수사 뉴스가 4월 24일 월요일에 났다. 마지막 거래일은 4월 21일 금요일이다. 압수 수색은 훨씬 전에 했을 것이다. 증거가 충분히 확보됐으니 구속 수사가 진행되었겠다.

이미 2021년부터 전 저점을 깨뜨리며 거래량이 터진 구간이 등장하고, 이후에도 저점 구간에서 엄청난 양의 거래가 계속 터진다. 역대급 거래량이다. 거래정지 직전에도 역시나 상승 구간을 만들면서 거래량을 동반한다.

정보를 미리 얻은 사람들과 세력은 이 기간에 보유 주식을 다 털어버렸을 가능성이 높다. 거래정지 직전에는 음봉이 연속되고 거래량도 많다. 미처 처리하지 못한 물량을 서둘러 팔아치운 흔적처럼 보인다.

주식 시장은 기울어진 운동장이다. 우리에게 정보가 알려지는 순간은, 이미 모든 상황이 종료된 다음이다. 4월 24일 뉴스가 나왔고, 그날로 거래정지가 됐다. 우리는 어떤 정보도 알 수 없었지만, 회사 관계자 등 이미 정보를 가진 사람들은 거래정지 전에 서둘러 보유 주식을 팔아 치웠을 가능성이 높다. 우리에게 정보가 왔을 때는, 이미 모든 일이 끝난 다음이다.

다시 한 번 상기하자.

내가 알게 된 정보는 '호재'를 가장한 쓰레기일지 모른다. 굴러온 호박넝쿨보다는 지옥으로 가는 티켓일 가능성이 훨씬 높다.